国家社会科学基金项目：“日韩两国依托‘产官学研’发展老龄服务产业机制研究”项目成果

天津市哲学社会科学规划课题：“日韩两国老龄服务产业比较研究”项目成果

日韩老龄产业研究

田香兰·著

天津社会科学院出版社

图书在版编目（CIP）数据

日韩老龄产业研究 / 田香兰著. -- 天津 : 天津社会科学院出版社, 2020.8
ISBN 978-7-5563-0649-7

Ⅰ. ①日… Ⅱ. ①田… Ⅲ. ①老龄产业－研究－日本②老龄产业－研究－韩国 Ⅳ. ①D731.386 ②D731.268.6

中国版本图书馆 CIP 数据核字(2020)第 134956 号

日韩老龄产业研究
RI HAN LAOLING CHANYE YANJIU

出版发行：天津社会科学院出版社
地　　址：天津市南开区迎水道 7 号
邮　　编：300191
电话/传真：（022）23360165（总编室）
　　　　　（022）23075303（发行科）
网　　址：www.tass-tj.org.cn
印　　刷：天津海顺印业包装有限公司分公司

开　　本：787×1092　毫米　1/16
印　　张：14
字　　数：214 千字
版　　次：2020 年 8 月第 1 版　2020 年 8 月第 1 次印刷
定　　价：58.00 元

目　　录

总报告

专题篇

总报告

一、日韩两国老龄服务产业的界定及产业链模型

关于老龄服务产业的界定,我国还没有一个统一的、权威的定义。本章通过对日韩两国官方及学者对老龄服务产业的内涵、外延所做的界定进行了梳理,理清老龄产业与老龄事业的关系,并利用产业链模型对老龄服务产业进行了分类划分。

(一)日韩两国关于老龄服务产业的界定

1. 老龄服务产业的定义

日韩两国官方对老龄服务产业的概念有如下解释。在日本,老龄服务产业被称为"银发产业",也称老龄服务业。据 1991 年版《厚生白书》记载,老龄服务产业是指按照市场经济原理,由民间企业或团体为老年人提供服务或商品的产业。① 在韩国,老龄服务产业被称为老龄亲和产业。韩国《老龄亲和产业振兴法》第 2 条规定:"老龄亲和产业是指研究、开发、制造、建设、流通、销售以老年人为主要需求者的老年用品或服务的产业。"②韩国低出生老龄社会委员会则规定,老龄服务产业是为满足老年人因生物老化和社会经济能力下降而产生需求的产业。韩国保健福利部规定,老龄服务产业是以老年人(或中年人)为对象,由民间

① [日]后生省:《厚生白书》大藏省印刷局 1991 年版,第 10 页。
② [韩]老龄亲和产业振兴法施行令:http://www. law. go. kr/lsInfoP. do? lsiSeq = 209880&efYd = 20190709#0000,2019 年 11 月 13 日。

按照市场经济原理,提供有助于健康、便利、安全的产品和服务的产业。这说明不仅是老年人,中年人为老年期所做的消费和投资也包括在老龄服务产业范畴内。①

日韩两国学者也对老龄服务产业做出如下定义。日本学者三浦文夫认为,老龄服务是指为谋求老年福利而提供的非公共性福利供给体系,而老龄服务产业是指上述供给体系中的市场型供给组织。② 川村匡由认为,老龄服务产业是指以老年人为对象,根据市场经济原理,由民间企业根据契约提供产品和服务的产业。③ 韩国学者李仁秀认为,"老龄服务产业是指民间企业以老年人为对象,立足于市场经济原理,提供商品和服务的产业"。④ 崔圣载认为,"老龄服务产业是指按照市场经济原理,生产和提供以老年人为对象的商品和服务或使老年期保持活力的商品和服务的产业"。⑤

由以上可以看出,老龄服务产业是人口老龄化发展的必然结果,老年人口数量增加、老年人需求多元化是老龄服务产业赖以发展的社会基础。老龄服务产业是以老年消费市场或老年消费者为对象的产业。老龄服务产业是在社会福利服务政策领域引进了市场经济原理。因此,老龄服务产业可以定义为,以具有一定经济能力的老年人为对象,为老年人提供各种商品和服务的产业,即以老龄市场或老年消费者为对象的产业。

2. 老龄事业与老龄服务产业的关系

老龄事业是指以老年人为对象,由政府主办的、为老年人提供的基本生活服务,属于非营利性的公共服务事业。老龄服务产业是以老年人为对象,以满足高层次生活和文化需求为目标,向老年人提供商品和服务的民间营利事业活动的总称,亦称老年福利产业、老龄服务产业、银发产业。⑥ 老年社会福利属于福利领域,主要追求老年社会福利最大化和公益性。老年社会福利主要靠政府财政投

---

① [韩]李元雄、高在郁:《老龄亲和产业研究》,韩进出版社 2011 年版,第 10 页。
② [韩]宣贤奎:《老人长期疗养产业的理解》,良书苑 2010 年版,第 42 页。
③ [日]川村匡由:《护理保险与银发产业》,密涅瓦书房 2000 年版,第 2 页。
④ [韩]李仁秀:《老人居住福利与老龄产业》,日进社 2005 年版,第 45 页。
⑤ [韩]高在郁、黄振秀:《老年社会福利论》,良书苑 2010 年版,第 247 页。
⑥ [韩]李元雄、高在郁:《老龄亲和产业研究》,韩进出版社 2011 年版,第 10 页。

入对低收入老年人提供社会福利。而老龄服务产业虽然同样考虑老年人的社会福利,但强调产业的营利性。老龄服务产业主要是在社会福利政策中引入市场经济原理,以民间部门为供给主体,依靠市场经济原理,提供商品和服务。但是,由于老龄服务产业与老年人的日常生活息息相关,因此需要政府的积极引导。①日韩两国在福利领域引入市场经济原理,使民间企业参与社会福利事业,利用者靠自主选择及签约的形式得到相应的服务。也就是说,社会福利供给主体从原先的国家和非营利民间部门扩大到以营利为目的的民间企业,把福利纳入市场经济框架内,福利服务供给主体之间展开竞争,实现社会福利供给多元化。

3. 老龄服务产业的特点

老龄服务产业遵循受益人负担的营利原则,与以非营利为基本原则的社会福利有着根本区别。老龄服务产业既不同于一般产业,也不同于老年社会福利。其特点概括如下:第一,以营利为目的。老龄服务产业遵循市场经济原理,以民间为主要供给主体,依照市场经济原理,提供商品和服务。第二,以多品种、少批量生产为主。老年人对商品的需求多样化,老龄服务产业范围广,市场规模大,因此老龄服务产业具有产量少、品种多的特点,适合中小企业生产。第三,具有福利性和公益性。老龄服务产业是福利产业的分支。老龄服务产业以老年人为对象,满足老年人的需求。但是,为了维护老年人的权益及安全,需要国家干预,因此,老龄服务产业还具有社会福利性质。老龄服务产业通过销售商品和服务,创造利润,同时又向老年人提供安全感和信任感,还具有公益性。第四,由女性主导。目前,女性比男性平均多活7~8年,在60岁以上老年人中,女性所占比例超过60%。因此,老年女性需求比老年男性需求多。而且,平时多是女性负责购买生活用品,因此在某种程度上,女性消费者在主导老龄服务产业。第五,属于信息产业。在信息化社会,所有产业都具有信息产业性质,只有及时掌握老年人的多样化需求,提供具体信息,才能实现老龄服务产业效益最大化。第六,属于服务产业。一般来说,老年人最关心健康和生命,因此满足与健康、生命有关的需求将会改变老年人的生活质量。第七,属于劳动密集型产业。老龄服务产业

① [韩]朴贤植、李允正等:《老龄亲近产业及福利经营的理解》,良书苑2009年版,第82页。

与其他产业有着密切联系。比如,老龄服务产业既与保健、医疗产业联系密切,还必须与各种医疗、保健设施和服务联系起来。老年人中,不仅有健康的老年人,还有需要护理的老年人,因此其所提供的服务不能一刀切,必须丰富多样,不仅需要细分,还需要很多专业劳动力。

(二)日本"三维产业链"模型

老龄服务产业是一个产业链。由于老年期需求的多元性、多层次性,关联度高的相关产业部门形成老龄服务产业的上、中、下游,从而形成老龄服务产业的层次。目前,国内外有关老龄服务产业市场分类的系统研究较为薄弱。本书主要采用日本鞠川阳子的"三维产业链"模型来细分老龄服务产业市场。"三维产业链"是指以老年人为目标客户,根据老年人群的基本需求和深层需求,将养老产业划分为本位产业、相关产业、衍生产业三个维度。① 本位产业包括:养老设施和机构、老年房地产、老年护理服务业、老年服饰、老年食品、老年医疗等;相关产业包括:养老设施和机构供应链上的专业家具、专业设施、专业易耗品等,老年护理服务业供应链上的护理人员的培训、劳务派遣、老年护理专业用品、治疗和康复器械等,来自老年人深层需求的娱乐、学习、旅游、医疗保健、营养保健、心理咨询等;衍生产业包括:老年储蓄投资理财产品、老年地产的倒按揭等金融产品,寿险产品的证券化产权产品、长期护理保险产品、老年融资等资本市场。②

"三维产业链"模型明确指出老龄服务产业所涵盖与涉及的产业板块。老龄服务产业要形成本位产业为基本,相关产业提供支持,衍生产业为有益补充的发展格局,充分开发"三维产业链"的附加价值,三个产业维度之间相互补充,形成经济与社会效益良性循环的产业链,从而促进养老服务和老龄服务产业的发展。老龄服务产业内部三个维度产业之间关系密切,相关产业起着为本位产业提供

① [日]鞠川阳子:《银发产业三维产业链的潜力》,《第一财经日报》2009 年 10 月 30 日。
② [日]鞠川阳子:《银发产业三维产业链的潜力》,《第一财经日报》2009 年 10 月 30 日。

基础设施、人力资源以及丰富老年生活内容的作用;本位产业的发展则对相关产业和衍生产业有很强的促进作用;衍生产业能够为本位产业和相关产业的发展提供资金支持。[①] 本位产业、相关产业、衍生产业之间相互补充,可以形成经济和社会效益的良性循环,共同促进老龄服务产业的健康发展。因此,养老产业要发展,在其内部三个维度的产业就要协调统一。

(三)日韩两国发展老龄服务产业的理论依据

1. 市场经济原理

日本发展老龄服务产业之前,主要由家庭承担老年人护理,只有极少数无依无靠的老年人需要由政府根据措施制度[②]给予公共福利服务。在 20 世纪 70 年代经济危机背景下,发达国家采取抑制财政支出,促进国有企业民营化政策。1979 年,英国撒切尔政权上台后立即制定民营化法案,减少国家对经济活动的介入、促进市场化、放宽各种限制。主要措施有积极推进国有企业民营化、公共住宅民营化及向民间福利机构提供补贴等政策。20 世纪 80 年代以后,日本深受撒切尔主义和里根主义等新自由主义影响,日本社会福利领域也开始逐渐引进民间活力。普遍的福利服务带来福利服务供给方式的变革,使原先的供给体系发生变化,实现了供给主体多样化。而在韩国,随着人口老龄化的加剧,单靠社会福利部门很难满足日益扩大的社会福利需求,于是改变原先社会福利只靠公共部门供给的方式,积极引进市场经济原理,使民间企业、保险公司、医疗法人、生活合作社、劳动合作社、非营利组织积极参与社会福利供给。

2. 福利多元主义

1978 年,英国发行《沃尔芬登报告》(*Wolfenden Report*)首次探讨福利混合经

---

① 冯佺光等:《养老产业开发与运营管理》,人民出版社 2013 年版,第 216—218 页。

② 措施制度,是指在社会福利制度中由行政机关判断向利用者提供的服务种类和福利机构,利用者无权自主选择服务和机构。2000 年实施《护理保险法》,措施制度转变为契约制度,利用者可以自由选择服务和机构。

济问题。报告指出，在非正式组织、民间营利组织、民间非营利组织及公共组织四个组织间的多元分工维持混合经济。福利多元主义用语从此获得市民权。福利多元主义认为，单一的福利供给主体导致了福利国家的危机，解决危机的出路不能完全依靠市场或依靠国家，而应该由国家、市场、社区、非政府组织、家庭共同承担福利责任，或者由国家、市场和家庭提供。① 之前由单一组织垄断福利供给的结果，是使利用者的选择权受到限制，降低了福利供给的有效性。只有市场、国家和家庭共同组成“福利三角”，或由市场、国家、社区和民间组织组成“福利四元”，共同发挥邻里和志愿组织的作用，才能使福利最大化。② 日本式的福利多元主义强调增加国家福利投入的同时，加强家庭、社区、企业间的连带与互助。

3. 服务供给市场化

20 世纪 70 年代后期，日本社会福利领域出现公私分担论。公私分担论是指改变社会保障、社会福利领域的单一供给模式，引进民间供给主体。日本受两次石油危机影响，国家财政陷入困境。为了摆脱财政危机，日本政府开始重视民间作用。日本学者八代尚宏认为，福利服务领域采取市场经济体制，不仅可以保障利用者的选择权，还可以通过福利服务供给者之间的竞争，淘汰服务差的供应商。③ 丸尾直美指出，政策理念的变化（新自由主义流行），大政府和政府财政赤字，对凯恩斯扩张性的经济政策的怀疑和批判，使得福利国家不得不在福利服务领域引进市场经济原理。她将福利民营化形式概括为以下几点：第一，所有权的民营化也就是福利部门的民营化；第二，实现功能市场化，委托民间经营，采取竞标形式购买服务，提高个人负担比例。④

① 杨立雄：《老年福利制度研究》，人民出版社 2013 年版，第 31 页。
② 杨立雄：《老年福利制度研究》，人民出版社 2013 年版，第 32 页。
③ 转引自［韩］宣贤奎《老人长期疗养产业的理解》，良书苑 2010 年版，第 23 页。
④ 转引自［韩］宣贤奎《老人长期疗养产业的理解》，良书苑 2010 年版，第 23 页。

二、日韩两国“产官学研”联合机制的内涵、模式及特点

中国学界较少关注“产官学研”联合机制在老龄服务产业发展中的支撑作用，这不仅影响老龄服务产业的政策设计及制度安排，也影响老龄服务产业发展中“产官学研”的互动协调。“产”是指产业界、企业，“官”是指政府，“学研”是指学术界，包括高校和科研机构。研究日韩两国“产官学研”联合机制的异同对发展中国“产官学研”联合意义重大，这不仅有助于我们从中发现我国“产官学研”联合机制发展过程中的一些弊端，更有利于选择适合中国文化、市场环境的联合发展机制。

1. 日本“产官学研”联合机制的内涵及模式

第二次世界大战结束后，日本政府采取诸多措施促进本国科技与经济的发展，逐渐形成独特的“产官学研”合作模式，即由政府、企业、高校和科研机构等为主要参与者的联合模式。日本新兴产业的发展离不开政府、高校和科研机构与企业的通力合作。“产官学研”结合之路，是加快发展老龄服务产业的重要途径，它需要从一个国家整体发展的战略高度来思考高校、科研机构与老龄服务产业之间的关系，优化“产官学研”联合机制。

日本推进“产官学研”合作时，主要依靠政府主导型“产官学研”合作推进机制（参考图 1－1）来制定相关政策措施。一是 1995 年颁布的《科学技术基本法》是制定“产官学研”合作政策的前提，为“产官学研”合作提供法律保障。在综合科学技术会议主导下，制定并实施科学技术基本计划，并对其实施效果进行评价评估等；各专业调查会议为基本计划提供技术保障，各省厅根据基本计划的基本要求推进“产官学研”合作；同时通过“产官学研”合作会议和专业调查会将实施

过程中的问题和评价结果反馈给综合科学技术会议,以便及时对“产官学研”合作问题进行调整,并为制订下一期科学技术基本计划提供依据。①

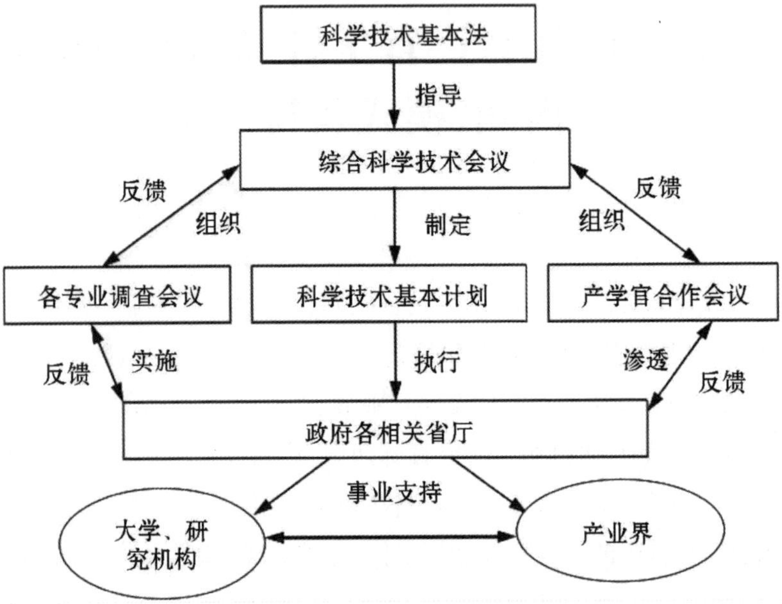

图1-1　日本政府主导型“产官学研”合作推进机制

资料来源:秦玉萍:《基于开放式创新的日本产学官合作模式研究》,华中科技大学硕士学位论文,2011年,第52页。

1998年,日本修改《研究交流促进法》,制定《大学技术转让促进法》,促进了各种技术转让机构的出现。这种技术转让机构,为促进高校科研成果的专利化、实用化和商品化做出了巨大贡献,在大学与企业之间发挥了桥梁作用。随着高校功能从人才培育、科研到社会服务的延伸,高等教育、科技、经济一体化趋势的加强。尤其是在知识经济社会中,大学将被推向社会发展的中心,成为社会经济发展的重要动力。日本“产官学研”联合形式包括:企业和高校联合共建研究中心、研究所和实验室;建立科技园,实施科学研究与成果孵化;合作攻关科技项目

① 秦玉萍:《基于开放式创新的日本产学官合作模式研究》,华中科技大学硕士学位论文,2011年,第52页。

与培养人才;设立产学研合作专项基金。其中,大学科技园作为教学、科研与产业相结合的重要基地,成为高校技术创新基地、高新技术产业辐射催化基地、高新技术企业孵化基地和创新创业人才培育基地。

在日本政府的支持下,日本高校与企业逐步形成了各种形式的合作方式。一是委托研究制度。主要由政府和企业委托国立大学进行某项研究,而接受委托的大学使用企业提供的经费开展研究,向企业提供科研成果,以此协助企业研发。二是共同研究制度。国立大学研究人员就共同课题与企业开展合作研究,将高校研究能力和企业技术能力结合起来,创造出优秀的研究成果。三是委托研究员制度。主要由企业技术人员到国立大学接受研究生水平的指导,了解最新的研究动态,提高研究素质和研究能力,为企业未来研发赓续人才。四是共同研究中心。从 1987 年开始,日本的一些国立大学相继建立"共同研究中心",作为与产业界合作的窗口,既是共同研究的场所,又是企业人员接受培训的课堂。①

日本产官学研各方非常重视科技创新和科研成果转化,从政策、法规的实施,社会各界对人才的培养,到为科研成果转化提供各种有利条件,日本政府为产学研联合提供了非常便利的环境。同时,产学研联合也促进了科技创新能力的提高和国民经济的发展。政府为产学研联合发展提供良好的运行环境和有力的法律保障,为产学研联合发展提供必要的财政资金支持。② 政府为推动产学研联合发展,提供法律上的规范和支持,如在知识产权、利益分配、税收减免、项目审批等方面做出具体规定。"产官学研"联合一般由企业出资,高校或者科研机构提供人才和科研设备,但是对于共性技术或一些技术难题,企业对出资可能会有所顾虑。此时,政府就可以通过设立专项资金的方式,鼓励并投入该项技术的研发,这样,一方面减少了企业投资的风险,增加了企业参与创新的积极性,另一方面,也缓解了产学研联合资金不足的现象。

2. 韩国"产官学研"联合机制的内涵及模式

为了促使科研成果转化为生产力,韩国政府非常重视产学研合作机制,通过

---

① 中国驻日本使馆教育组:《日本大学的产学研合作》,《中国高等教育》2001 年第 4 期。
② 张珂:《产学研联盟中的技术创新型企业的发展战略研究》,吉林大学硕士学位论文,2014 年。

竞争与合作促进科技创新,使产业具备竞争优势。韩国政府于1997年颁布实施《关于振兴产业教育及促进产学研合作的法律》,并于2016年进行了部分修改。2000年3月,韩国政府出台《技术转让促进法》,成立了国家技术交易所。国家技术交易所的成立是一种政府行为,其目的在于构筑公共与民间有效的技术转让体系,搞活技术交易、技术评估以及企业交易,提高产业技术竞争力。

为加强职业高校和企业之间的"产官学研合作",韩国各地还成立了"产学合作教育协议会",并采取了以下举措:一是提供产学研合作研究经费。自20世纪90年代中期,科学财团每年为产学研合作提供15亿韩元(约175万美元)的研究经费,由企业赞助搞合作研究的,科学财团向他们提供相匹配的资金。二是设立产学研合作研究园区。"产官学研"合作研究园区的主要职能是:高校研究成果向企业转让和对新建企业的支持,加强人才交流,促进人才培养。如以高校为中心,协同科研机构、老龄企业合作兴办老龄服务产业园区,既培养新的科技人才,又开发新技术和新产品。三是建立综合性高新技术创业市场服务体系。韩国建有"研究开发信息中心"和"产业技术信息院",系统收集国内外科技发展动向、成果和产业信息,定期进行产学研合作的重点课题研究,并向企业无偿转让政府研究机构的技术成果。①

此外,政府对产学研合作研究减免税收;对工业技术开发费、风险资金及技术开发奖金给予优惠贷款;建立计算机网络服务;在园区内设立产业技术开发中心,对中小企业提供技术援助。

3. 日韩两国"产官学研"联合机制的异同点

日韩两国"产官学研"联合机制的相同点主要有以下三个方面:一是政府制定完善的政策法规支持产学研联合发展;二是具有明确的国家创新战略目标;三是政府高度重视产学研联合发展并给予一定的资金支持。同时,由于日韩两国在社会文化、市场环境方面存在差异,使产学研联合在两国发展过程中存在诸多不同,如政策法规、合作方式、资金来源等。但不管差异多大,产学研联合在两国

---

① [韩]韩国产业技术振兴协会:《产学研合作》,http://www.koita.or.kr/eng/data/Brochure.Pdf,2017年3月30日。

都取得了巨大成功,并为两国科技经济的发展做出了重要贡献。

日韩两国实践证明,通过产官学研联合,可以实现知识、人才与资金的良性循环。只有综合考虑产学研各方的优劣势,才能充分体现优势互补,才能将联合优势发挥至最大化,实现共赢。企业是技术创新投入、研发、转化的关键,在产学研联合中发挥重要作用。这有助于将传统科研的"供给模式"引导为"需求模式",即根据实际市场需求进行技术攻关,将攻关成果交给企业进行转化和生产。

日韩两国都重视产业竞争力的提高,具体措施如下:一是建立数据库并促进数据的广泛使用;二是促进知识产业战略和产业标准化;三是促进制度改革,使其被社会接受;四是促进能力开发和人才培养。尤其是把健康、医疗相关的产业作为战略产业来扶持,使其成为应对超老龄社会的经济增长方式,并着力推进健康医疗领域的研发。2013 年 8 月,为了促进健康医疗产业及医疗领域的研发,日本内阁设立"健康医疗战略促进本部",由总理大臣担任本部长。同月,还设立医疗健康研发专门调查会,从学术及技术角度探讨医疗健康领域的研发及制定综合战略有关内容的调查、讨论。2014 年 5 月 23 日,日本为了制定《健康医疗战略促进法》,设立承担医疗领域研发的独立行政法人,颁布《独立法人日本医疗研发机构法》,并根据该法,同年 7 月 22 日由内阁会议制定"健康医疗战略",由健康医疗战略促进本部制定"医疗领域研发促进计划"。2015 年 4 月 1 日,成立由健康医疗战略本部领导的国立日本医疗研究开发机构,并根据"医疗领域研发促进计划"从事基础及应用研究。该机构致力于药品及医疗器械开发,提高健康医疗产业的竞争力。

目前,日本正在进行社会 5.0① 研究,产学研合作模式也发生变化。日本进行产学研合作时,努力将产业发展与社会变革相结合,解决社会经济问题。两国成立各种形式的恳谈会,这种恳谈会是政府、学界、产业界相互交流与合作的窗口。为了实现社会 5.0,产业界和学术界以及政府相互联系,将研发成果转化为

---

① 社会 5.0 是继狩猎社会、农耕社会、工业社会、信息社会之后的社会,是经过了物质大量生产和信息爆炸时代,是物质和信息饱和高度一体化的社会,通过信息虚拟空间对现实空间带来冲击,这与信息社会不同。社会 5.0 以人为本,重视感性,重视人与人的沟通方式,对人类和社会的关系具有深刻的认识,这一点与信息技术主导的信息社会具有本质上的不同。

现实需要。日本将“综合科学技术创新会议”作为统管科学技术创新政策的指挥部，与政府各部门共享国家发展方向及价值观、国家战略，明确各部门的职能，建立政府各部门、产业界、学术界的联合机制。在政府主导下，企业、大学及研究机构发挥各自长处，建立一种能够合作和融合的体系，提高人才、知识及资金的流动性。

三、日韩两国依托“产官学研”发展老龄服务产业经验

日韩两国根据老龄服务产业特点，由政府出台相关法律、各种扶持政策及监管制度；产业协会制定规范化的行业标准；企业和研究机构根据市场需求研发各种康复器械和护理产品；而教育机构专门培养老龄服务人才。尤其是政府积极推进企业之间、企业与高校、科研机构之间的共同研究，在“产官学研”机制中发挥了主导作用。

（一）日本依托“产官学研”发展老龄服务产业经验

1. 政府制定相关政策和法律促进老龄服务产业发展

20 世纪 70 年代，日本进入人口老龄化社会，20 世纪 80 年代，人口老龄化不仅影响经济增长，还增加了社会保障领域的财政负担。为了减轻财政压力，也为了满足老年人多层次需求，日本政府将福利职能委托给民间，将“公共福利”和“市场服务”相结合，形成老龄服务产业。为了促进老龄服务产业的发展，政府在制定一列法律和政策的同时，还建立了相关组织机构（参考表 1－1）。① 1982 年，在第二次临时行政调查会第一次答辩会上，提出在部分领域鼓励民间部门投资老龄服务产业。1988 年制定“居家护理服务及居家入浴服务指南”，1990 年制定“护理用品及护理用具租赁指南”，1996 年制定“居家配餐配送服务指南”，1997 年全面修改“设立和运营收费老人之家指针”和“日间护理事业指针及短期入所生活护理事业指针”。

---

① ［韩］朴株天：《通过日本老龄服务产业对韩国老龄服务产业的政策提案》，《老人福利研究》2005 年夏季号，第 129 页。

表 1－1 日本老龄服务产业政策及法律

概念	民间以受益者负担原则向老年人提供商品和服务。
发展时期	20 世纪 70 年代进入老龄化社会,国会和内阁制定相关法律和政策。
法律及措施	按领域制定行政指南(1970—1990 年)、《关于完善由民间事业者提供的老后保健及福利有关综合设施的法律》(1989 年)、《老龄社会对策基本法》(1995 年)、《关于研究开发及普及福利用具的法律》(1994 年)、《关于利用民间资金促进公共设施管理的法律》(1999 年)、《护理保险法》(1997 年制定,2000 年实施)
组织机构	厚生省老龄服务产业振兴指导室(1985 年)、老龄服务产业振兴会(1987 年)、福利用具及生活支援用具协会(2003 年)、健康长寿村促进中心(1990 年)
业务	五个领域实行老龄认证制度(1989 年)、福利用具消毒管理、技术开发标准化、护理实习普及中心、福利用具信息体系、国家资格考试(义肢装具师)、人力培养进修(助听器、社会福利士、护理福利士等)、老龄服务产业展示、国际福利器械展、调查研究事业、护理保险事业

资料来源:[韩]朴株天:《通过日本老龄服务产业对韩国老龄服务产业的政策提案》,《老人福利研究》2005 年夏季号,第 129 页。

2000 年制定《护理保险法》,将原先中央政府主管的老年社会福利责任下放到地方自治体,使地方自治体分担部分责任。如将市町村作为护理保险投保人,都道府县和市町村在护理保险给付中各负担 12.5%,而中央政府承担 25%。《护理保险法》从利用者的角度规定,个人负担护理费的 10%,剩余的 90% 由国家和地方财政负担一半,另一半由受保人缴纳的保险费充当(参考表 1－2)。①利用者只要负担 10% 的费用,就可以利用护理保险给付②享受居家护理、机构护理及社区紧贴型护理。参加护理保险,并符合相关条件的利用者,只要支付 10% 的费用就可以利用护理保险给付改造自己居住的住宅、租赁或购买福利用具。

① [日]和田胜、唐泽刚、稻川武宣:《护理保险手册》,协成出版社 2012 年版,第 24 页。

② 保险给付是指护理费用中扣除个人负担的 10% 以后的剩余费用。交付金是为了调整各个地区差距,国家拿出国库负担的 5% 作为交付金交给财力较差的市町村使用。

表 1－2 护理保险费负担比例

<table>
<tr><td colspan="5">利用者负担全部护理费的 10%</td></tr>
<tr><td rowspan="4">财政负担保险给付的 50%</td><td rowspan="2">国家财政（居家给付的 25%、机构等给付的 20%）</td><td>固定费率（居家给付 20%、机构等给付 15%）</td><td rowspan="4">保险负担保险给付的 50%</td><td rowspan="2">1 号保险费（23%）</td></tr>
<tr><td>调整交付金（5%）</td></tr>
<tr><td colspan="2">都道府县（居家给付 12.5%、机构等给付 17.5%）</td><td rowspan="2">2 号保险费（27%）</td></tr>
<tr><td colspan="2">市町村（12.5%）</td></tr>
</table>

资料来源：厚生劳动省：《护理保险制度概要》，https://www.mhlw.go.jp/content/0000213177.pdf，2020 年 2 月 18 日。

除了《护理保险法》外，日本政府还从供需两方面出台了一系列法律。首先从供给者角度出台三项法律，分别是 1989 年制定的《关于完善由民间事业者提供的老后保健及福利有关综合设施的法律》（简称《WAC 法》）、1994 年制定的《关于研究开发及普及福利用具的法律》（简称《福利用具法》）、1999 年制定的《关于利用民间资金促进公共设施管理的法律》（简称《PFI 法》）。《WAC 法》主要鼓励民间事业者综合提供公共老人保健福利设施。根据该法设立的“特定民间设施”需要配备预防老年疾病的有氧运动室、功能训练室、诊所及综合设施。其中，综合设施提供各种咨询、教育、休闲活动以及为护理对象提供入浴、用餐、排泄等日常生活便利。该设施必须取得厚生劳动大臣批准才能设立，并享受法人税等税收优惠和融资特例措施。《福利用具法》主要促进老年人及残疾人自立，减轻护理人员负担，提高相关产业技术。民间主动融资制度（PFI 制度）规定在公办护理设施内引入民营机制。根据该法，建设和运营的设施不仅包括生活福利设施，还包括文化、医疗、废弃物处理、上下水道、消防等设施。2002 年，为了更加有效地利用民间资金搞活公共服务，制定民间主动融资制度。① 2004 年 6 月，PFI 推进委员会提交中间报告，提出建立官民伙伴关系、提高地域活力。另外，从保护消费者角度，相继出台了三项法律，一是 2001 年颁布实施的《消费者

① 民间主动融资制度是指利用民间资金、经营能力及技术能力，建设、管理和经营公共设施的制度。

契约法》,明确规定对不符合规定的服务内容取消合同,并规定解决纠纷注意事项;二是2002年实施的《个人信息保护法》,规定从事社会福利业务的单位要妥善处理消费者个人信息;三是2004年制定的《消费者保护基本法》,明确规定国家保障消费者基本消费生活、生活环境健康、自主合理选择商品、获取必要信息、平等教育机会、发表意见、挽回损失、关照老年消费者等内容。① 而且,通过《产品责任法》(简称《PL法》)和成年监护人制度,保障消费者权益不受侵犯。

国家和地方自治体通过金融税收及许可制扶持护理产业发展。为了扶持护理企业和民间团体,1988年修改《社会福利医疗事业团法》,对从事收费老人之家、居家护理、居家入浴服务等业务的企业和团体提供低息贷款。1992年,政府制定关于护理用品及护理用具租赁的行政指导指针,规定由社会福利医疗事业团提供贷款。为了及时了解消费者需求,定期开展调查研究。根据《福利用具法》,厚生劳动省和经济产业省采取税收优惠措施促进福利用具研发、普及及宣传。1995年至2000年,政府大幅度提供税收优惠及放宽融资条件,扶持护理产业有关的新技术开发、测试、调查研究。2001年,全面修改有关收费老人之家的开设及运营指导方针,由社会福利医疗事业团对收费老人之家项目提供贷款。

2. 高校和教育培训机构负责培训专门人才

人才是产业发展的关键。2000年实施护理保险制度后,为了满足多样化护理需求,需要培养能够提供优质服务的专业人才及护理人员队伍。日本有关护理人才的教育培训体系可以归纳为两点:一是广泛而深入地开展正规的学校教育培训,这就保证了大量的社会福利专业毕业生进入护理产业队伍。二是对护理人员进行定期综合培训。为了做到护理服务创新,定期开展培训教育,及时掌握技术难题。日本护理有关的专业职称有社会福利士、护理福利士以及社会福利主事。日本社会事业大学是专门培养护理人才的大学,每年培养的本科生有150人、专科生120人、硕士博士课程20人、社会福利主事培训课程800多人。此外,全国还有188所专门的社会福利大学和专科学校,209所大学设有社会福利专业。另外,还有专门培养社会福利士的培训机构48家、护理福利士培训机

① [日]渡边孝雄、服部治等:《福祉产业经营》,同文馆出版社2008年版,第110—112页。

构419家、社会福利主事培训机构83家。而家庭护理员培训机构每年培养350971人。① 公益法人和社团法人也提供各种培训和教育。如中央福利学院专门培训社会福利机构在职人员和行政机关相关公务员。公益社团法人全国老人保健设施协会开展针对护理领域的医生、护士、护理人员以及康复专业人员的进修培训。每年针对全国护理机构人员提供200次以上的进修机会,接受培训人员达到5000人以上。② 该协会开展的教育培训事业多达13种,如职员基础进修、现场进修、管理人员进修、骨干人员进修、护理经纪人讲座、康复技术进修、医生进修、认知症护理进修、护士进修、防止设施内感染对策进修、通所康复进修、老人保健设施管理探讨会、各种护理研讨会等。此外,社团法人日本医师会、公益社团法人日本护士协会、社团法人日本药剂师会、社团法人日本营养师会、社团法人日本护理福利士会、社团法人日本社会福利士会、社团法人日本理疗师协会、一般社团法人日本语言听觉士协会、一般社团法人日本护理支援专门人员协会、特定非营利活动法人日本护理经营学会等机构也提供各种进修和培训。

3. 产业协会规范行业标准及质量认证体系

(1)社团法人老龄服务产业振兴会及老龄产品认证制度

在护理产业发展阶段,成立了多个与护理产业相关的行业协会来进行行业指导。1987年3月,为提高老龄产品质量,由厚生劳动省带头成立社团法人老龄服务产业振兴会。该会在行政机关和利用者之间发挥牵线搭桥的作用,主导日本老龄服务产业的发展。老龄服务产业振兴会会员有民间企业、市民团体、大学、行政职能部门、各种非营利机关。截至2019年2月,正式会员有114家,预备会员32家(参考表1-3)。③ 老龄服务产业振兴会主要开展以下业务:收集和公布护理服务信息,开设和管理护理信息支援中心;调查有关老龄服务产业发展情况,对从事护理服务的人员进行各种职业教育;实行老龄产品认证制度;促进健康长寿村建设;管理福利用具相关认证制度;宣传和普及老龄产品;联系行政及其他团体,

---

① [日]公益社团法人全国老人保健设施协议会:《介护白书》,TAC出版社2011年版,第101页。

② [日]公益社团法人全国老人保健设施协议会:《介护白书》,TAC出版社2011年版,第101页。

③ [日]一般社团法人老龄服务产业振兴会:《老龄服务产业振兴会现状》,http://www.espa.or.jp/shinkoukai/member/associate_member.html,2020年3月18日。

提出政策建议；开展国际交流（派遣海外调查团）；机构会员共同举办研究会等。

表 1-3 老龄服务产业振兴会会员（截至 2019 年 2 月）

正式会员（114 家）		预备会员（32 家）
1. 护理有关机构	7. 休闲有关机构	自治体
2. 住宅设施有关机构	8. 调查研究机构	公益团体
3. 金融有关机构	9. 食品有关机构	其他
4. 生命保险机构	10. 医药品有关机构	
5. 建筑、设计机构	11. 公益团体	
6. 信息通信、广告、出版机构	12. 其他	

资料来源：[日]一般社团法人老龄服务产业振兴会网站：http://www.espa.or.jp/shinkoukai/member/associate_member.html，2020 年 2 月 18 日。

1989 年，社团法人老龄服务产业振兴会建立了老龄服务（品质保证）认证制度，对那些提供优质服务的企业和民间团体提供产品质量认证。老龄服务产业振兴会制定和实施的老龄产品认证制度主要针对从事居家护理服务的企业和民间团体。该会根据产品的稳定性、道德性、舒适性原则制定严格的认证标准，只有那些遵守有关法律，持续有效地提供高质量的服务，遵守相关管理标准和服务标准的企业，经严格审查后，才能取得认证标志。另外，根据服务特点，对从事居家服务的企业制定认证标准，严格规定职员人数、职员培训、服务实施等认证标准。老龄产品认证制度因具有公信力，对提高护理服务企业的服务质量，保护消费者权益方面发挥了积极作用。

（2）财团法人技术用具协会

1987 年，财团法人技术用具协会成立，注册资金为 5 亿日元，由厚生劳动省管辖。1993 年，根据《关于促进福利用具研发及普及的法律》，该协会成为指定法人。设立该协会的目的在于研究和开发福利用具，示范及评价福利用具，提供信息，培养义肢装具师，增进残疾人及老年人福利。为方便利用者和企业使用信息，建立“福利用具信息系统”数据库，通过“福利保健医疗信息网”提供服务。内容包括：福利用具总量、福利用具选择方法、福利用具利用方法说明（DVD）、福利用具使用指南、护理实习、普及信息等。该协会还提供研发补贴。该协会从长寿社会福利基金获得经费，对经过审查合格的企业和研究机关提供研发补贴，这些经费对福利用具的商业化做出了贡献。截至2019年，技术福利用具协会成员达到808家，生产13063种技术福利用具产品。①

（3）日本福利用具及生活支援用具协会

日本福利用具及生活支援用具协会成立于2001年，是由制造、流通福利用具的企业组成的任意团体。该团体由1996年成立的制造事业者协会（厚生省主管）和日本健康福利用具工业会（经济产业省主管）合并而成，旨在从硬件上提高福利用具的安全性，从软件上提高利用者的便利性。该协会的职能，一是评价福利用具的安全性和标准；二是收集事故有关的信息并采取对策；三是调查国外信息及健康老人的市场需求；四是提供有关开发及流通的咨询；五是对护理保险、建筑基本法及税收等提出政策建议。该协会定期调查全国福利用具产业状况。

（二）韩国依托“产官学研”发展老龄服务产业的经验

1. 政府制定相关政策和法律促进老龄服务产业发展

（1）政府陆续颁布老龄服务产业相关法律

进入21世纪，韩国政府陆续出台了《低出生老龄社会基本法》（2005年5月）、《老龄亲和产业振兴法》（2006年12月）及《老人长期护理保险法》（2007年4月）扶持老龄服务产业发展。第一，《低出生老龄社会基本法》为老龄服务产业的发展奠定了基础。2005年9月1日，韩国政府颁布实施《低出生老龄社会基本法》。该法宗旨在于应对低出生及人口老龄化带来的人口结构变化，规定低出生老龄社会政策的基本方向及具体事项，增强国家竞争力，提高国民生活质量，促进国家可持续发展。根据《低出生老龄社会基本法》，设立低出生老龄社会委员会，实施低出生老龄社会基本计划。第二，《老龄亲和产业振兴法》从供给层面上

---

① ［日］技术福利用具协会：《技术福利用具协会会员概要》，http://www.techno-aids.or.jp/kyokai/h30hokoku.pdf，2020年2月18日。

促进了老龄服务产业发展。2006 年 12 月，韩国制定《老龄亲和产业振兴法》，主要目的在于扶持和培育老龄亲和产业，奠定其发展基础，提高老年人生活质量。表 1－4 对《老龄亲和产业振兴法》中扶持老龄服务产业的有关条款进行了梳理。① 第三，《老人长期护理保险法》从需求层面上促进了老龄服务产业发展。2007 年 4 月，颁布《老人长期护理保险法》（简称《长期护理保险法》），主要目的在于规定长期护理给付有关事项，增进老年期健康，减轻老年人家庭负担，扩大老年护理需求，提高国民生活质量。

表 1－4 《老龄亲和产业振兴法》部分条款

区分		条款	主要内容
维护消费者权益		第 15 条	采取维护老年消费者权益的措施
奠定老龄亲和产业发展基础	培养专门人力	第 6 条	培养老龄服务产业所需专门人力
	奖励老龄服务产业研发	第 7 条	奖励老龄服务产业技术研发
	实行老龄服务产业标准化	第 8 条	为提高产品质量，实行产品标准化
	促进国际合作及出口	第 9 条	了解国际市场动向，促进国际合作
	设立老龄服务产业支援中心	第 10 条	设立老龄服务产业支援中心，提高老龄服务产业扶持效率
	金融及财政支援	第 11 条	为老龄企业技术创新及老龄服务产业发展提供金融及财政支援
提高老龄产品的质量	指定和标示优秀产品	第 12 条	指定优秀老龄产品及优秀企业
	取消优秀产品指定	第 13 条	取消有问题的优秀产品指定
	禁止已取消资格的产品使用标示	第 14 条	禁止已取消优秀产品资格的产品使用标示
	支援优秀企业	第 15 条	支援优秀产品和优秀企业

资料来源：［韩］韩国保险产业振兴院：《老龄亲和福利用具产业先进化战略开发研究》，2009 年。

① ［韩］韩国保险产业振兴院：《老龄亲和福利用具产业先进化战略开发研究》，2009 年，第 89 页。

（2）成立“低出生老龄社会委员会”统筹规划老龄服务产业发展

进入21世纪，韩国老龄化速度加快，在社会保障制度逐步完善的情况下，韩国政府着手促进老龄服务产业发展。2003年10月，韩国政府为了应对急剧人口老龄化采取了综合政策，在总统直属社会统合企划团下设立老龄社会对策组。2004年2月，将其更名为总统咨询“老龄化及未来社会委员会”。主要目的在于预测急剧人口老龄化背景下的社会经济形势，确保国家竞争力，制定老龄社会对策路线图，并确定老龄服务产业发展方向。当时，韩国老龄服务产业处于发展初期，需要放宽对老龄服务产业的各种政策限制，支援并制定老年福利用具及用品研发和标准化作业。同时，加强老龄服务产业的财政税收体系，构建老龄产品和老龄服务信息体系。同年6月，为了鼓励民间企业参与，建立老龄亲和产业协会，成立“老龄亲和产业扶持促进委员会”。同年9月，公布老龄服务产业发展战略。2005年1月，召开第57届国政课题会议，将老龄服务产业确立为国家重点扶持产业，制定扶持方案。同年，先后指定两个老龄服务产业支援中心。同年6月，制定《低出生老龄社会基本法》，9月，将“老龄化及未来社会委员会”更名为总统直属“低出生老龄社会委员会”。该法规定低出生及人口老龄化的基本方向及体系，增强国家竞争力，提高国民生活质量。委员会的委员长一职由总统担任，财政经济部等12个部委长官和12名民间专家任委员。“低出生老龄社会委员会”作为审议调整低出生老龄化对策的最高机构，下设运营委员会、事务局及专门委员会。2008年4月，该委员会从总统直属调整为保健福利部长官所属机构，主要负责应对低出生及人口老龄化分析中长期人口结构，预测社会经济变化，审议低出生老龄社会政策中长期政策目标及努力方向。委员会由委员长（保健福利部长官兼任）和委员共25人组成。委员来自有关部委（次官）和有关专家（采取委任的方式，任期2年），由委员长选拔任命。委员会下设事务委员会和分科委员会。2009年，韩国政府明确有关老龄服务产业的政策由保健福利部（现保健福利家庭部）所属低出生老龄社会政策本部（现低出生老龄社会政策局）统一管理，下设老龄亲和产业组（现老龄亲和产业课）主导产业振兴政策。

（3）实施“低出生老龄社会基本计划”促进老龄服务产业与市场的发展

按照《低出生老龄社会基本法》，政府每五年制定一次“低出生老龄社会基本计划"。2006 年 8 月,制定第一次"低出生老龄社会基本计划"(2006—2010 年),由政府 15 个部门和各地方自治体共同制定并推进。《老龄亲和产业振兴法》第 19 条明确规定:"国家和地方自治体必须大力发展福利产品和服务产业,开发、生产、普及福利用具。"2008 年,修改第一次"低出生老龄社会基本计划",补充新实施的基础老龄年金、老年人长期护理保险制度等内容。2008 年,针对第一次"低出生老龄社会基本计划",中央投资预算为 8.9 兆韩元,地方投资预算为 1.8 兆韩元,共计 10.7 兆韩元。

表 1-5 "低出生老龄社会基本计划"及政策目标

时期	政策目标
第一次(2006—2010)	创造养育子女的有利环境,构筑应对老龄社会的基础。
第二次(2011—2015)	阶段性恢复出生率,建立应对老龄社会体系。
第三次(2016—2020)	恢复出生率,达到"经济合作与发展组织"(简称"经合组织")平均水平,适应老龄社会。

资料来源:[韩]大韩民国政府:《第二次低出生老龄社会基本计划》,2010 年。

从表 1-5 可以看出,第一次"低出生老龄社会基本计划"重点放在老龄社会基础建设上,第二次"低出生老龄社会基本计划"则重点放在恢复出生率,确立老龄社会政策体系上,并采取更加具体的计划。第二次"低出生老龄社会基本计划"于 2015 年完成。第三次"低出生老龄社会基本计划"依然把重点放在低出生率上,争取出生率达到"经合组织"平均水平。在第一次"低出生老龄社会基本计划"中,围绕老龄服务产业,主要从基础建设、促进技术开发及扩大标准化三个方面进行扶持。第一,在基础建设领域,为了建立制度基础,颁布实施《老龄亲和产业振兴法》,制定老龄产品(服务)指定制度,设立老龄产品综合体验馆。第二,在技术开发领域,促进阶段性技术开发,建立老龄服务产业支援中心及产业集群,开办优秀产品展示会。第三,为了扩大标准化,制定并修改老年人、残疾人福利标准,并密切关注国际标准化动向。从第一次"低出生老龄社会基本计划"实施的效果来看,不仅建立了老龄服务产业基础,还促进了老龄产品技术开发,扩大了老龄产品标准化。在第一次“低出生老龄社会基本计划”期间建立了与老龄服务产业有关的法律和制度。2006 年，颁布《老龄亲和产业振兴法》，2007 年，制定《基础老龄年金法》，2008 年制定《老人长期护理保险法》，实施长期护理保险制度。《基础老龄年金法》的颁布，保障了老年人的收入，领取基础老龄年金的比率从 2005 年的 14.2% 提高到 2016 年的 65.3% 。①

实施长期护理保险制度后，接受老人长期护理服务的比率从 2005 年的 1.3% 提高到 2010 年的 6.3%，极大地促进了护理产业的发展。比较两次计划，在提高老年人生活质量方面，第一次计划明确为老人创造工作岗位及建立老人长期护理保险制度，而在第二次计划制定了更加具体的措施。在确保低出生老龄社会增长动力方面，第一次计划加强了金融基础，第二次计划完善了制度。关于扶持老龄服务产业方面，第一次计划制定优秀老龄产品（企业）指定制度，而第二次计划进一步完善了该制度。第一次计划为促进技术开发，建立产业集群，而第二次计划为扩大国内需求及打入国外市场，进一步完善和扩大制度，并推进具体支援事业。第二次计划决定通过提高产品及服务质量，确保产业竞争力，搞活国内外市场，奠定老年食品产业基础。

（4）成立老龄服务产业产学研专家协议会，促进产官学研合作

为了依托产学研发展老龄服务产业，韩国政府根据《老龄亲和产业振兴法》第 10 条第 2 项，成立老龄服务产业产学研专家协议会，挖掘政策课题，改善制度环境，调查分析老龄服务产业，积极促进老龄服务产业发展。在三个领域（护理、食品、用品）组成产学研专家协议会，人数控制在 10 人以内。比如有关护理服务产业产学研及政府有关专家组成“老龄优秀企业指定制度促进会”，加强护理产业基础，提高护理服务竞争力，积极开展优秀企业指定制度。2006 年，成立老龄服务产业发展研究会，由老龄服务产业有关的产学研及政府有关专家共同研究老龄服务产业政策课题、开展信息交流、挖掘解决方案。另外，还组织老龄服务产业有关的产学研合作体，共享成功案例及国外市场信息。产业界具有打入国

① 韩国国民年金公团：《国民年金制度》，https://www.nps.or.kr/jsppage/info/easy/easy_01_01.jsp，2020 年 1 月 13 日。

外市场的经验,有关研究机构掌握和了解政府政策,因此产学研合作体可以帮助企业开拓国外市场,提高中小企业产品的竞争力,扩大销路。

为了促进老龄服务产业发展,韩国各部委开展分工合作。财政经济部从税收上支持老龄服务产业有关的投资、开发、流通,挖掘住宅反向抵押贷款等与老年人有关的金融产品。教育人力资源部促进老年人终身教育。文化观光部增加老年人休闲设施及休闲项目、开发老年旅游产品、开通老年广播。产业资源部支援老龄用具、用品开发及标准化。农林部建设农村地区的老年城项目。信息通讯部扶持 e－健康、e－护理等新的老龄信息通讯产业。建设交通部制定老年人居住有关标准、制度上支援宅基地供给、住宅改造。

(5)加强老龄产品及服务竞争力

第一,加强老龄产品质量管理。一是到企业检查产品质量。对产品进行实验前质量检查,及时解决不合理因素,减少实验过程中出现错误。二是加强产品售后管理。三是评价产品性能,改善质量。收集有关消费者特点及需求信息,开发产品评价指标,寻找改进事项。通过专家会议,每年选定三种产品。比如,2012 年选定电动轮椅、运动器械、入浴用椅子;2013 年,选定能交流的机器人、移动辅助机器人、清扫机器人;2014 年,选定拐杖、垫子、可调高洗漱台。四是质量管理培训及人才培养。教育培训项目包括质量负责人基本教育、深化教育、质量管理人教育。第二,宣传和促销老龄优秀产品。每年指定四次老龄优秀产品。已指定但到期需要延长时还要再审查,调查优秀产品使用效果。通过博览会和体验馆宣传优秀产品,提高国民对老龄优秀产品的认识。国内代表性博览会有一山老年人及残疾人博览会、光州国际老龄博览会、釜山国际老龄博览会。第三,支持老龄企业开拓国外市场。有关部门调查分析国外老龄产品市场供求状况以及外国企业研发及投资的品种信息,还开拓人口老龄化程度同样严重的日本和中国市场。为此,不仅努力提高本国产品和服务的技术竞争力,还需要对国外市场进行调查和分析。主要调查并挖掘重点老龄市场及著名展会和有潜力的新兴市场。调查国外代表性的老龄服务产业博览会,调查中小企业产品出口动向及市场,调查国外市场需求状况。支持中小企业参加国外博览会,为此,政府提供场地租赁费、安装费、运费、翻译及宣传册制作费。

2. 产业协会规范行业标准及质量认证体系

(1)老龄服务产业支援中心负责产业指导

根据《老龄服务产业振兴法》第10条,为了有效地支援老龄服务产业,指定有关研究机构、团体或法人为支援中心。目前已指定的支援中心有两个,分别是保健福利部指定的韩国保健产业振兴院和知识经济部指定的财团法人釜山福利用具协会。

保健福利部于2008年1月指定韩国保健产业振兴院为老龄服务产业支援中心。老龄服务产业支援中心业务分为三种。一是从加强政策基础角度,通过运行产、学、研专家协议会,挖掘政策课题,完善制度,制定产业扶持政策。老龄服务产业支援中心积极推进老龄服务产业发展计划,评估实施效果。解决老龄服务产业各阶段(研发、许可、制造、流通、市场、销售、出口)出现的问题。二是从提高服务质量角度,对老年人使用频率高的产品进行评价及认证,建立老龄产品性能评价体系。开展老龄服务产业发展所需技术及标准化研究。培养专门人力,鼓励创业,表彰优秀企业。三是从宣传及信息供给角度,加强国际合作,支持老龄企业开拓国外市场,指定优秀产品及优秀企业。经营老龄服务产业信息网站,为企业提供信息平台,便于企业收集信息、共享信息,支持企业开辟国外市场。为了宣传优秀产品、政策、制度,在各地区设立老龄亲和体验馆。老龄服务产业支援中心与有关协会、团体、民间专家建立联系网络,通过多学科跨领域开展信息交流。

产业资源部(现更名为知识经济部)于2008年6月指定财团法人釜山福利用具协会为老龄服务产业支援中心。其主要业务,一是建立老龄产品产业化支援基础;二是构建韩处方药健康产业扶持体系;三是按照人体工学设计老年鞋;四是老龄产品短期实用化技术开发事业;五是扶持东南部地区IT融合电动福利器械产业;六是功能性脊椎辅助仪器开发;七是提供优秀老龄产品免费体验服务及开展老龄产品宣传大使活动;八是老龄福利仪器IT融合技术专门人力培养事业。

(2)建立老龄服务产业产学研专家协议会,规范行业标准及质量认证体系

为了依托产学研发展老龄服务产业,韩国政府根据《老龄亲和产业振兴法》

第10条第2项,成立老龄服务产业产学研专家协议会,挖掘政策课题,改善制度环境,调查分析老龄服务产业,积极促进老龄服务产业发展。在护理、食品、用品领域组织产学研专家协议会,人数控制在10人以内。2006年,成立老龄服务产业发展研究会,由老龄服务产业有关的产学研及政府有关专家聚在一起,研究老龄服务产业政策课题、开展信息交流、挖掘解决方案,开展共同研究。另外,“老龄优秀企业指定制度促进会”,加强护理产业基础,提高护理服务竞争力,积极开展优秀企业指定制度。这些产学研合作体,共享成功案例及国外市场信息。研究机构掌握和了解政府政策,而产业界了解国外市场动向,因此产学研合作体可以帮助企业开拓国外市场,提高中小企业的产品竞争力,扩大海外销路。

3. 高校和教育培训机构负责培训专门人才

自2008年实施老人长期护理保险制度以来,为了促进老龄服务产业健康发展,韩国非常注重有关护理人才的教育和培训。一是通过正规的学校教育培养了一大批社会福利和老人福利专业毕业生进入护理产业队伍。全国各地共有115家大学本科和108家专科学校开设社会福利(包括老年福利)专业。这些专业毕业生可以成为老年心理咨询师、老年福利专家、老年健康管理师、老年福利机构经营者、老年教育、老年护理、老年生涯设计指导。二是对在职护理人员进行定期综合培训,及时提高护理相关知识。2007年由保健福利部成立韩国保健福利人力开发院,其主要职能有:社会福利教育和培训保健福利领域公务员和相关人才;研发、普及和管理保健福利领域讲师培训项目;研究有关保健福利领域人力开发事项;收集国内外保健福利领域信息和资料,开展保健福利领域国际合作。同时,该院下设保健福利教育、保健产业教育、社会服务教育、康复训练等部门。另外,还有很多民间开设的社会福利有关资格培训机构。其中代表性的民间组织有韩国疗养(护理)保护协会。该协会主要培养护理机构管理人才、护理讲师、康复护理师、痴呆专业护理师、老年营养管理师等,还开发护理教材。

四、中国老龄服务产业现状、趋势及存在的问题

经过多年的发展,中国老龄服务产业取得了一定的成就和进展,且未来趋势向好,但从目前状况分析还正面临着产业结构单一、总体规模小、功能泛化、效率低下的困境,远远不能满足老年人日益增长的高质量、多层次的养老服务和老年产品需求。从经济学意义上讲就是没有达到帕累托最优状态,存在其改进的可能性。①

(一)中国老龄人口与老龄化社会(与日韩两国比较)

国际上发达国家老年人年龄起点标准为65岁,发展中国家的标准为60岁,中国属于发展中国家,因此采用60岁作为标准。《中华人民共和国老年人权益保障法》第2条明确规定,老年人的年龄起点标准是60周岁,即凡年满60周岁的中华人民共和国公民都属于老年人。1956年联合国发表的《人口老龄化及其经济社会含义》提出了老龄化社会的判断标准,即60岁以上的人口占总人口的比例超过10%,或65岁以上的人口占总人口的比例超过7%。目前,世界发达国家大多进入老龄化社会,许多发展中国家也已经或正在进入老龄化社会。

根据2000年全国第五次人口普查数据,到2000年底,中国65岁及以上老年人口比例为7%,60岁及以上老年人口占总人口的比例为10.3%,可以认为,中

① 王曼:《日本老龄产业的发展与启示》,《特区经济》2012年第7期。

国在2000年已经进入了老龄化社会①,人口已面临老龄化形势。2015年末,中国60岁及以上的人口达到2.22亿,占总人口的比重已经达到16.1%;其中,65岁及以上人口为1.44亿,占总人口数的10.5%。② 与日韩两国相比,中国人口老龄化程度相对较低,不仅进入老龄化的时间较晚,而且人口老龄化的比重也相对低于日韩两国(参考表1-6)。

表1-6 中日韩三国老年人口比重对比(1950—2050年) 单位:%

年份	中国	日本	韩国
1950	7.5	7.7	5.4
1960	7.2	8.9	5.3
1970	6.8	10.6	5.4
1980	7.4	12.9	6
1990	8.4	17.4	7.7
2000	10.1	23.3	11.4
2010	12.5	30.3	16
2020	17.1	34.3	23.1
2030	23.8	37.7	31.2
2040	28.1	42.4	38.1
2050	31.1	44	42.2

资料来源:据麻凤利主编《中国老龄产业发展的机遇与挑战》,中国社会出版社2010年版,第6页数据整理。

但总体来看,中国老年人口的增长速度始终保持上升趋势。据中国有关部门预测,到2020年,中国60岁及以上人口数量将达到2.55亿人,到2030年,将达到3.71亿人,到2050年老年人口将达到4.83亿人,占总人口比重为33%以上。老年人口以每年近千万的速度增加,人口老龄化趋势明显加快。

① 2000年中国总人口中,60岁及以上人口所占比重达到10.5%,65岁及以上人口所占比重达到7.1%。
② 国家统计局:《2015年国民经济和社会发展统计公报》,2016年2月29日发布。

2050 年之后,中国将进入稳定的重度老龄化阶段。老年人口规模将稳定在3 亿~4 亿人,老龄化水平基本稳定在31%左右。与此同时,老年人口中高龄化特征明显。从2013 年到2050 年,80 岁以上的高龄老人,将从2300 万人上升至1.08亿人,2054 年达到峰值1.18 亿人,之后,80 岁及以上高龄老人占老年总人口的比重将保持在25%~30%。可见,2030 年以后,开发老龄服务产业的整体战略重点应当逐步转向中高龄老年人口。①

从中日韩三国的老年抚养比②看,三者之间也存在较大差距。从表1-7 看出,中国老年人口抚养比虽低于日本和韩国,但总体仍呈现上升态势,进而表明中国老龄社会面临着严峻的形势。

表1-7　中日韩三国老年抚养比比较(1950—2050 年)　　单位:%

年份	中国	日本	韩国
1950	7.23	8.30	5.50
1960	8.59	8.95	6.08
1970	7.70	10.25	6.03
1980	7.95	13.41	6.13
1990	8.14	17.22	7.23
2000	10.01	25.25	10.24
2010	11.60	35.08	15.58
2020	17.10	47.33	21.96
2030	24.38	52.33	36.29
2040	35.73	64.69	51.58
2050	38.81	73.82	64.51

资料来源:根据麻凤利主编《中国老龄服务产业发展的机遇与挑战》,中国社会出版社2010 年版,第21页数据整理。

---

① 吴玉韶、党俊武主编:《中国老龄产业发展报告(2014)》,社会科学文献出版社2014 年版,第29 页。

② 老年人口抚养比,是指某一国家总人口中65 岁及以上人口数与15 至64 岁人口数之比,通常用百分比来表示,用以表明每100 名劳动年龄人口要负担多少个老年人口。

中国老龄化进程中还表现出区域不平衡的状态。从区域发展看，呈现出由东向西的区域梯度推进特征。1979年上海最早进入人口老龄化，而宁夏在2012年才进入人口老龄化行列，时间跨度达33年。① 目前，老龄化超过全国平均值的省市包括，重庆、四川、湖南、安徽等，同时，这些省份人均GDP低于全国水平。据有关部门预测，从区域老龄化状况看，到2030年，65岁及以上老年人口占总人口的比重超过20%的依次是黑龙江、吉林、辽宁、北京、天津、山东、江苏、上海、浙江和重庆10个省市，到2050年，65岁及以上老年人口占总人口的比重超过30%的依次是吉林、上海、黑龙江、浙江、辽宁、天津、内蒙古7个省市。② 表明以上省市是发展老龄服务产业的重点区域，在制定总体发展规划时应注意省市间的需求差异。如果考虑经济发展相对落后的农村劳动年龄人口常年外出打工等因素，则老龄化省际的不平衡突出表现在城市和农村之间，农村老龄化水平高于城镇老龄化水平，城乡倒置明显。③ 老年人口的增加在一定意义讲是社会进步的标志，但同时也对传统家庭养老和国家社会福利提出严峻挑战。

（二）关于中国老龄服务产业的几个基本理论问题

1. 老龄服务产业的概念与内涵

老龄服务产业又称老年产业、养老产业、银色产业以及福利产业，是随着全球人口老龄化的发展而产生的新概念。老龄服务产业最初是1997年5月在北京召开的第一届老龄服务产业研讨会上由中国老龄协会会长张文范正式提出的。他认为老龄服务产业是由老年市场需求增长带动而形成的产业，它包括所有满足老年人特殊需求的生产、经营、服务的经济活动、设施以及发挥老年人才作用兴办的各种经济实体等。目前学术界对老龄服务产业的概念还没有明确的界定，《中国老龄服务产业发展报告（2014年）》指出，老龄服务产业是面向全体公民老年期生产提供

---

① 冯永华：《我国老龄产业发展问题与对策研究》，《经济研究导刊》2011年第35期。

② 吴玉韶、党俊武主编：《中国老龄产业发展报告（2014）》，社会科学文献出版社2014年版，第30页。

③ 郭琳、刘永合：《中国老龄产业为何"叫好不叫座"？——对我国老龄产业发展现状及趋势分析》，《理论界》2011年第1期。

产品和服务的各相关产业部门组成的业态总称，包括四大板块，即老龄金融业、老龄用品业、老龄服务业和老龄房地产业四个有机组成部分。①

在西方经济学中，经典的产业定义是："在完全竞争市场的分析框架内，产业是指生产同质产品的、相互竞争的一大群厂商。"②从这一角度来讲，"产业"并不以服务人群为划分标准，它更多体现的是经济活动和经济属性的同一性、市场性和独立性。但在老龄服务产业的界定中，是以"老龄人群"来作为划分这一产业的标准。当我们以某一人群对一个产业进行划分时，就会发现这与"产业"定义中"同一属性的经济活动"原则是相悖的，因为人的需求是包罗万象的，老年人也不例外，满足老年人诸多需求的经济活动分属于不同的行业类别。"老龄服务产业"的提法，严格意义上来讲并不是传统意义上的一个独立的产业部门，而是涵盖了多个产业领域的综合性的产业体系。有学者认为，在对老龄服务产业的概念进行界定时，既要看到其与传统产业部门的不同，也要以发展的眼光重新认识"产业"的定义，随着社会经济的发展，"产业"本身的内涵和外延及其类别的划分也在发展创新。③ 目前国际上通行的三次产业的分类划分，就突破了传统理论将产业范围仅限于物质生产部门的陈见。同时，人们也按照产业活动组织与市场需求的要求，提出了许多横跨现行国民经济统计规范的多个行业的综合性产业类型，如海洋产业、环保产业、旅游产业、老龄服务产业等。④

对于老龄服务产业的内涵，至今中国理论界尚无一致的表述，仍存在不同观点，主要包括三种⑤：第一，狭义的观点，即认为老龄服务产业"隶属于第三产业，以专门为老年人提供劳务服务为主，独立存在的经济性、服务性的特殊部门"，并认为"从产业归属看老龄服务产业属于服务业"。⑥ 第二，广义的观点，即认为老

---

① 吴玉昭、党俊武主编：《中国老龄服务产业发展报告（2014）》，社会科学文献出版社 2014 年版，第 2 页。

② 台恩普、陶立群等：《促进老龄产业发展的机制和政策》，科学出版社 2009 年版，第 51 页。

③ 吴玉韶：《对老龄产业几个基本问题的认识》，《老龄科学研究》2014 年第 1 期。

④ 郭正模、魏宇非：《老龄产业的弱质性与政府对老龄产业的扶持政策探讨》，《天府新论》2014 年第 3 期。

⑤ 吴玉韶：《对老龄产业几个基本问题的认识》，《老龄科学研究》2014 年第 1 期。

⑥ 张智敏、唐吕海：《发展老龄产业的经济学分析》，载程勇主编《21 世纪的朝阳产业——老龄产业：第二届全国老龄产业研讨会论文集》，华龄出版社 2001 年版。

龄服务产业是一个以满足老年群体各种需求为目的的综合产业体系。认为只要是为满足老年人的各种消费性需求而提供生产和服务的行业均属于老龄服务产业，即包括第一、第二、第三产业中涉及为老年人提供产品和服务的行业。① 第三，宽泛广义的观点，即在广义老龄服务产业的内容上，再把老年人作为生产者的行业也增加进来。也就是增加老年消费市场、为老年人服务市场以及老年人劳动市场。② 虽然对于老龄服务产业的内涵还存在争议，但总体来讲，目前广义老龄服务产业内涵的表述是具有代表性的观点。

2. 老龄服务产业的性质与特征

关于老龄服务产业的性质，一直存在争论。主要焦点是，老龄服务产业是事业性还是产业性，具有营利性还是非营利性。对此，主要有两种观点：一是坚持老龄服务产业的市场性和营利性。认为凡是进入产业或产业集群中的主体，就要遵循市场规律来进行经济活动，该产业即使微利，也必须保证其营利性和市场性的特点。③ 认为老龄服务产业作为一种产业，就必须具有“产业”所拥有的基本属性——市场性，即通过市场机制来配置资源，通过市场竞争的模式来提供产品和服务。政府对老龄服务产业的政策扶持等并不影响老龄服务产业本身的市场性和盈利性。④ 二是认为老龄服务产业兼具福利性和市场性，认为利润不是该产业追求的唯一目的，最终目的是最大限度地满足老年人的消费需求。老龄服务产业是一个具有经济性和福利性双重属性的特殊产业集群。⑤

老龄事业和老龄服务产业是两个界限分明的概念，前者属政府提供公共物品、公共服务的范畴，体现了保障老年人基本生活需求的政府责任，是普遍性福利概念；后者是满足老年人生活多样化、更高层次生活需求的市场模式的产业概念。⑥ 不同于纯粹的营利产业，老龄服务产业尤其是老龄服务业具有明显的福利性质。民办养老机构的涌现，是社会福利社会化的体现之一，也是老龄服务产业的重要起

① 汪雁：《对老龄产业内涵及性质的再思考》，《市场与人口分析》2004 年第 3 期。
② 顾鉴塘、谢蔼：《老龄产业—— 一门在人口老龄化过程中兴起的特殊产业》，《人口研究》2001 年第 2 期。
③ 汪雁：《对老龄产业内涵及性质的再思考》，《市场与人口分析》2004 年第 3 期。
④ 吴玉韶：《对老龄产业几个基本问题的认识》，《老龄科学研究》2014 年第 1 期。
⑤ 陆杰华：《我国老龄产业研究述评及展望》，《北京大学学报》(哲学社会科学版)2002 年第 1 期。
⑥ 陈叔红主编：《养老服务与产业发展》，湖南人民出版社 2007 年版，第 49 页。

步。民办养老机构的发展,一方面有效发挥了社会资源的作用,缓解了养老问题的社会矛盾;另一方面也是市场机制在社会福利上的尝试。① 经济学意义上的最基本的资源配置方式,分为市场方式和非市场方式。就老年人口而言,通过政府的行政管理机制,对财政公共产品以二次分配的方式为老龄人口提供产品与服务的经济活动,可以成为老龄事业;而利用市场和价格机制,以初次分配方式为老龄人口提供产品和服务的经济部门与行业,则可以成为老龄服务产业。

从福利三角理论看,国民的福利可以由国家或政府、市场和家庭共同来提供。当前,国家为老年人提供基本养老保险和福利,家庭继续发挥其应有的福利供给功能。但由于家庭规模核心化的演变导致其福利功能的弱化。因此,通过市场为老年人提供福利产品和服务是重要的制度选择。② 应对人口老龄化主要采取发展老龄事业和发展老龄服务产业两种方式。日韩两国为了填补社会老龄保障体系覆盖面不足,满足中高收入老年人口的多样化需求,在社会保障体制和政府公共服务之外,充分利用社会资本的投入,扩大为老年人提供特殊产品和服务,逐步形成较为完善的老龄服务产业体系。

老龄服务产业的特征表现在以下几个方面:一是特殊性,即老龄服务产业服务的目标对象为老年人;二是综合性,即它不是一个单独的产业部门,而是覆盖第一、第二、第三产业中为老年人提供产品和服务的综合产业体系;三是微利性,指从事老龄服务产业的企业,不以投资利润的最大化为目的,从而在单项产品或服务中获取的利润相对较低;③四是依附性,老龄服务产业由服务对象决定,其产业活动必然具有一定的社会公益功能。在一定时期内,以社会资本为主体的老龄服务产业的发展必然带有强烈的对政府社会福利事业的路径依赖性质。这种依附性表现在:许多老龄产品的市场供给扩大都包含有政府财政的福利性补贴扶持因素;或者在社会福利、救助性质的老龄事业活动中,内生出一定的商业性质的老龄服务产业活动,如政府部门依托"社区养老"事业性质的机构建设,开拓

---

① 刘凤歌:《我国福利保障制度下老龄产业的可持续意义》,《品牌》(下半月)2012 年第 4 期。

② 张兴杰等:《老龄产业发展:需求评估与问题梳理——基于 400 份问卷数据的分析》,《浙江学刊》2012 年第 5 期。

③ 冯永华:《我国老龄产业发展问题与对策研究》,《经济研究导刊》2011 年第 35 期。

多种为家庭老人的收费服务项目；一些由民政部门兴办的社会福利院，也往往向社会中高收入老年人开放，并按照商业经营的标准收取服务费用等。①

3. 老龄服务产业的行业划分

国际上一般将老龄服务产业分为五大类，包括：(1)老年服务业领域。老年人养老主要分为机构养老和居家养老两种方式，据此，老年服务领域可以分为两大市场，即机构养老服务业和居家护理服务业。(2)老年用品制造业领域。是指以老年人为主要消费对象制造和销售的各种机械、器具、用品和食品。(3)老年房地产领域。主要包括老年公寓、老年住宅小区、老年人健康设施以及各种养老设施的建设、改造和管理。(4)老年金融、保险领域。主要包括老年资产(金融资产和房地产)的运用和管理以及各种老年险种业务。(5)老年休闲、文化服务业领域。包括旅游、老年教育、兴趣、文体活动等方面。②

有学者认为，凡属于第三产业范围的老龄行业又可以统称为老龄服务业。在现实市场经济体制下，它是以老年人为供给对象，以养老服务为主要内容，主要通过市场化运作配置资源，以市场交易方式向老年人提供商品和服务，以老年人口需求导向而拉动的综合性产业。③ 从具体行业来看，根据老年人的特殊需求和未来产业发展趋势，老龄服务产业大致可以分为十个行业：(1)养老服务业，如各类养老服务机构、居家养老服务业、社区养老等；(2)老年卫生保健业，如老年药品、保健品及老年医疗辅助设备等；(3)老年日常生活用品业，如老年人必备的生活用品等；(4)老年金融业，如专门为老年人设计的健康储蓄计划、证券投资规划等；(5)老年保险业，如与涉老相关的人寿、健康和养老保险等；(6)老年房地产业，如老年住宅、养老院、养老社区建设等；(7)老年文化娱乐业，如老年旅游，老年文化、体育和娱乐等；(8)老年教育产业，如老年大学、老年培训班等；(9)老年咨询服务业，如为老年人提供法律维权、心理、职业、婚姻咨询服务等；(10)其他老年相关产业。④

---

① 郭正模、魏宇菲：《老龄产业的弱质性与政府对老龄产业的扶持政策探讨》，《天府新论》2014 年第 3 期。
② 陈茗：《日本老龄产业的现状及其相关政策》，《人口学刊》2002 年第 6 期。
③ 郭正模、魏宇菲：《老龄产业的弱质性与政府对老龄产业的扶持政策探讨》，《天府新论》2014 年第 3 期。
④ 陆杰华等：《中国老龄产业发展的现状、前景与政策支持体系》，《城市观察》2013 年第 4 期。

也有学者认为,按照公共物品理论,对于老龄服务产业的行业划分,应从竞争性和非竞争性角度进行研究,并可以依据老年产品的市场属性,划分为"公共物品""准公共物品"和"私人物品"。[①] 公共物品,应该由政府直接提供,至少也是市场提供政府购买,通过民政等部门免费提供给老年人,纳入老龄事业范畴;如果是准公共物品,既带有公共性又带有私人性,老年人以低于市场的价格获得由特定的组织和团体提供的产品和服务。准公共物品和私人物品都可以进入市场。准公共物品,具有很强的公共性,市场机制在该行业容易"失灵",不容易在市场上获得充分的经济补偿和价值实现,企业处于"无利"或"微利"状态,如老年公益服务设施、社会养老机构等,可以通过政府财政补贴、税收减免等公共财政措施引导市场提供,以满足市场的有效供给。私人物品,应该由市场提供,老年人按照市场价格获得相应的产品和服务,由竞争性行业提供的产品和服务,应以盈利为目的,在市场得到完全的价值实现,获得社会平均利润率,如老年生活用品、老年家政服务、老年健康服务等(参考表1-8)。[②]

表1-8　老龄服务与产品分类表

分类	属性	投资主体
公共品	由政府财政和民政等部门免费为老年人提供服务。	各级政府部门投资。
准公共品	老年消费者以低于市场价格获得的,由特定组织或团体提供的服务。	由社会各方投资,政府对其适当进行财政补贴。
私人物品	老年消费者通过市场,并按照市场价格获得的产品和服务。	由社会投资,享受政府的产业优惠政策。

资料来源:据复旦大学老年经济学研究所《发展中国老龄产业的理性思考》,载《上海市退休职工管理研究会2007年优秀论文选集》,整理得出。

① 复旦大学老年经济学研究所:《发展中国老龄产业的理性思考》,载《上海市退休职工管理研究会2007年优秀论文选集》。

② 复旦大学老年经济学研究所:《发展中国老龄产业的理性思考》,载《上海市退休职工管理研究会2007年优秀论文选集》。

由于资源有限,老年人实际能够享受的服务和产品,主要由老年人自身收入水平、家庭状况以及所在地区的社会经济发展水平所决定。但从一定意义上讲,发展老龄服务产业主要在于鼓励市场提供更多的老龄“准公共物品”和“私人物品”,因为,以提供“公共物品”为目的的老龄服务属于“老龄事业”,而非属于“老龄服务产业”范畴。因此,认同老龄服务的“产业”性质,并弱化其福利性,至少在现阶段对于鼓励更多的社会资本介入老龄服务领域,促进老龄服务产业规模化、市场化具有重要意义。① 发展老龄服务产业,政府可以从“准公共物品”和“私人物品”两个领域退出,让位于市场。

还有学者提出,根据老年人口的需求性质的不同,老龄服务产业可以分为两大类:老龄产品和老龄服务。老龄产品属于物质产品,其生产属于第二产业;老龄服务属于非物质产品,其生产属于第三产业。老龄服务包括照料护理、医疗服务等;老年产品包括老年保健用品、老年生活用品等。②

4. 中国老龄服务产业的发展与市场培育

(1)中国老龄服务产业发展背景

一是中国进入老龄化社会时仍然是发展中国家,而发达国家是在社会经济高度发达后进入老龄社会的。中国是在尚未实现现代化,经济尚不发达的情况下,提前进入老龄化社会的,具有明显的“未富先老”的特征,因此,应对老龄化的经济实力还比较薄弱,没有足够的经济实力来实施高福利的养老事业,还要通过发展部分老龄服务产业,实行社会化养老。二是中国老龄化的速度快于大多数发达国家。许多发达国家进入老龄化社会早于中国,如日本在 1970 年就已经成为人口老龄化国家,但中国的老龄化速度很快。中国老龄人口比重从 7% 上升到 14% 仅用了 26 年时间,而发达国家约用了 100 年时间来完成这一进程。三是满足不同经济收入的老年人对养老服务和产品的多层面、高质量的需求,以及消费的灵活偏好,也必须通过发展老龄服务产业实现。四是家庭结构的核心化致使传统家庭养老模式受到严重冲击。一方面,长期以来实行的独生子女政策,使

① 吴婵君:《浙江老龄服务产业市场化融资模式创新研究》,《浙江学刊》2011 年第 4 期。

② 郭琳、刘永合:《中国老龄产业为何“叫好不叫座”?——对我国老龄产业发展现状及趋势分析》,《理论界》2011 年第 1 期。

“四二一”的家庭结构中的年轻人难以承担老年人居家养老职责；另一方面，改革开放以来，城市化进程的加快，使大量农村年轻人转移到城市，农村老年人也无法通过子女照料实现居家养老。因此，加快发展老龄服务产业既是国家应对老龄化的重要举措，也是老龄化家庭结构产生的现实需求。

（2）老龄服务产业的发展与演进

中国老龄服务产业发展大致可以划分为三个阶段①：

第一阶段，1999 年以前。中国老龄服务产业起步于 20 世纪 80 年代初，当时中国还未进入老龄社会，虽在老龄服务产业的许多基本理论问题上还未达成共识，但已经形成积极发展老龄服务产业，努力满足老年人的需求的基本理念。随着老年人口的增加，老龄服务业和老龄用品业取得一定的发展，并被纳入社会经济发展总体规划和可持续发展战略。但受计划经济体制的影响，产业发展比较缓慢。

第二阶段，1999 年底至 2009 年。2000 年，中国 60 岁及以上老年人口占比超过总人口的 10%，标志着中国进入老龄化社会。国家成立全国老龄工作委员会，确定了老龄工作的目标、任务和基本政策。国家出台了《关于加强老龄工作的决定》《中国老龄事业发展“十五”规划》等一系列政策文件，老龄服务产业受到高度重视，已经成为国民经济中亟待加快发展的重要产业，初步形成了“政府主导、企业参与、社会支持、市场推进”的产业发展格局。②

第三阶段，2010 年至今。2010 年 1 月，中国老龄服务产业协会挂牌成立，标志着中国老龄服务产业发展的外部政策环境和市场运行机制基本形成。特别是党的十八届三中全会召开以来，中央做出了“积极应对人口老龄化，大力发展老龄服务事业和产业”的战略部署，各级政府也相继出台了一系列政策措施，推进老龄服务产业发展和“应对老龄化新政”正在形成，为今后老龄服务产业的快速发展奠定了基础。③

---

① 参考吴玉韶、党俊武主编《中国老龄产业发展报告（2014）》，社会科学文献出版社 2014 年版，第 40 页，三个阶段划分法。

② 陆杰华等：《中国老龄产业发展的现状、前景与政策支持体系》，《城市观察》2013 年第 4 期。

③ 吴玉韶、党俊武主编：《中国老龄产业发展报告（2014）》，社会科学文献出版社 2014 年版，第 42 页。

（3）老龄服务产业的市场结构

目前中国老龄服务产业中的养老服务业、老年教育业和老年住宅业呈现出快速兴起的态势，同时，传统的老年用品业和老年医疗保健业也有较好的发展，而老年金融保险业发展相对不足。从投资主体和经营形式看，老龄服务产业的投资主体由国家、集体的单一投资转变为国家、集体、企业、社团、外资等多元化投资，其经营方式由原来的国营转变为国营、国办民营、民办公助、私营、股份制、合资经营等多种经营方式。[①]

老年服务业。目前，生活照料、医疗康复护理和精神文化服务是老年人需求旺盛、市场发展空间较大的行业。目前养老服务主要集中在生活照料服务、医疗康复护理服务等方面。截至2013年底，共有各类养老服务机构42475个，床位数493.7万张，其中，公办养老机构约占总数的72%。[②] 目前，养老服务形式主要有居家养老、社区养老和机构养老三种。但养老服务业经营领域现阶段主要指机构养老。随着老年人养老观念的转变、家庭结构的变化（与子女分开居住）以及高龄人口（80岁以上）的增加，社区养老和机构养老服务得到更快的发展。

老年住宅业。老年住宅业虽然起步较晚，但发展态势良好。中国是全球最大的老龄房地产市场，并成为众多资本争夺的热点，国内大型房地产商，如万科、绿城、保利、绿地、华润首创置地等均有所介入。老龄房地产开发资金需求量大、投资回报周期长、投资收益稳定的特点与保险企业的投资需求条件相符合，目前已有泰康人寿、中国人寿、中国平安、中国人保等保险企业进入老龄房地产业。此外，国际上一些知名的养老服务集团、房地产投资基金等投资主体，国内一些大型央企和政策性银行，还有一些做养生、健康管理等高级服务的专业公司，也开始跨界做一些养老地产项目。目前，养老地产包括三种产品形态。有养老资金推出的升级版养老机构，如养老院把养老地产视为商业地产项目长期经营；开发商推出的养老地产项目，采取在开发过程中配建针对老年人的住宅；此外各地政府还积极推出有福利性质的养老设施。近年来，全国兴建了大量的老年社区

---

① 陈英：《中国老龄产业发展路径探析》，《人才资源开发》2011年第2期。

② 吴玉韶、党俊武主编：《中国老龄产业发展报告（2014）》，社会科学文献出版社2014年版，第129页。

项目。如北京的太阳城、三亚的清平乐、上海亲和源、杭州金色年华等。

老龄金融业。与发达国家相比，目前，中国老龄金融产品类型较少，选择单一，也没有很好的依据老人的心理和生理方面的需求来进行设计，主要存在三方面的问题。一是中国有近90%的老年人选择储蓄养老，较为常见的形式是一年定期这样的短期储蓄，以备不时之需。① 二是养老保险体制存在缺陷。企业年金未成规模、职业年金尚未推开、补偿保险占比较小，主要依靠基本养老保险的保障。同时，养老资产证券化还处于探索阶段，养老基金运作实体受到国家政策严格管制。三是养老信托业务亟待创新。目前除了少数企业有年金信托外，大部分还是采用银行与信托合作的方式推出养老理财产品，产品类型以养老金信托为主。目前国外养老信托的品种很多，如遗产信托、财产传承转移信托服务等，可以学习借鉴。

老龄用品业。中国拥有世界上最大的老龄用品市场。一是老龄医疗保健用品（包括保健用品、康复辅具、医疗器械）市场需求增加迅速。二是老龄生活用品（包括食品、服装、家具用品等）供给不断扩大。三是老龄文化休闲用品（包括文化体育用品、休闲娱乐用品等）正成为新的消费热点。总之，随着老龄社会的发展，老年人及其家庭的消费观念也将不断改变，对各类老龄用品的需求也将逐步释放，并对诸如移动设备、智能产品等科技含量较高的产品需求明显增加。

5. 中国老龄服务产业发展趋势分析

老龄人口的快速增长，规模扩大导致老年人口消费需求的增加是老龄服务产业发展的基础，而老龄人口的需求又取决于老年人的收入水平和消费倾向，导致中国老龄服务产业的供给与需求的制约因素在短期内很难出现大的转变，但从中长期发展看，趋势向好，获得突破性发展。

（1）老龄人口的快速递增为产业发展提供了广阔的空间

随着中国2000年进入老龄化社会，老年人的比重呈上升趋势，2008年中国65岁及以上老年人占总人口比重为8.3%（国家统计局，2009年）。1990—2010年65岁及以上的老年人口比重由5.6%达到8.3%，上升了2.7个百分点，累积

① 胡湛、彭希哲：《发展型福利模式下的中国养老制度安排》，《公共管理学报》2012年第3期。

增加50%左右。[①] 在未来二三十年里，中国60岁及以上人口将以每年3%的速度递增，80岁及以上的人口以5%的速度递增。到2050年，中国60岁及以上人口将达到4亿人以上，约占总人口的25%以上。这预示着未来几十年中，中国社会总需求中，老年人需求市场将占据越来越重要的地位。

据中国老龄科学研究中心的调查数据显示，2010年中国完全失能老年人的比例为6.8%，其中愿意入住养老机构的比例为16.6%。假设老年人完全失能比例和入住养老机构的意愿比例不变，可对老龄机构进行如下服务需求和预测（表1－9）。以天津市老龄化和失能老人的状况为例，据天津市民政局发布报告显示：截至2014年底，60岁及以上的户籍老年人口达到215万人，占户籍总人口的21.18%，其中失能老人达14.33万人，失能老人的照料护理问题凸显，并成为人口老龄化带来的最严峻挑战之一。[②]

表1－9 中国失能老年人所需养老床位和护理人员数量预测

年份	完全失能老年人口（万人）	入住老年机构比重（%）	床位周转率（年）	所需床位数（万张）	护理员数量（万人）
2020	1638	16.6	2.1	571	190
2025	1915	16.6	2.1	668	223
2030	2312	16.6	2.1	806	269
2035	2632	16.6	2.1	918	306
2040	2720	16.6	2.1	948	316
2045	2815	16.6	2.1	981	327
2050	2986	16.6	2.1	1041	347

资料来源：中国老龄科学研究中心："中国城乡老年人口状况追踪调查"，2010年。

（2）老年人收入的增长为产业加快发展提供了可能

据《中国老龄产业发展报告（2014）》预测，从2014年到2050年，中国老年人口

① 郭琳、刘永合：《中国老龄产业为何"叫好不叫座"？——对我国老龄产业发展现状及趋势分析》，《理论界》2011年第1期。

② 《天津新闻》2015年5月13日。

的消费潜力将从4万亿元左右增长到106万亿元左右，年均增长3万亿。预计随着人口老龄化和城镇化加速，“十三五”之后，将迎来老年人口消费潜力增长的高峰。预计到2020年，老年群体消费总量与GDP的比率可上升至9%以上，到2030年该比率可上升至15%以上，到2050年，该比率将达到28%以上（参考表1－10）。

表1－10　老年人消费潜力估计（城镇与农村之和）基准方案（2014—2050年）

年份	可比价总额（2010年可比价，亿元）	增长率（%）	老年人消费与GDP的比率（%，2010年可比价）
2014	38145	14.3	6.9
2015	43469	14.0	7.3
2016	49328	13.5	7.7
2017	55982	13.5	8.1
2018	62837	12.2	8.5
2019	69699	10.9	8.8
2020	76592	9.9	9.0
2030	222535	10.4	15.4
2040	470402	6.2	21.5
2050	888846	6.9	28.0

资料来源：吴玉韶、党俊武主编：《中国老龄产业发展报告》，社会科学文献出版社2014年版，第204页。

同时，随着一大批消费观念新、中高收入老年人的退休，老龄消费市场规模将迅速扩大。据老龄科学研究中心的一项调查显示，2010年中国城市老年人退休金为8383亿元，2020年，将增加到28145亿元，①到2030年为73219亿元。②此外，在60～65岁的老年人口中，约有45%的人会选择继续就业，并会增加额外收入，提高了老年人的即期消费能力，进而促进老龄服务产业的发展（参考表1－

① 于继斌、朱学超：《老龄产业朝阳渐红》，《商业周刊》2010年第1期。
② 张梅：《探索我国老龄产业发展之路》，《现代管理》2012年第7期。

12)。然而,有关部门的测算结果还显示,按照现有城镇和农村结构的发展趋势,城镇与农村老年人的消费上升幅度是不协调的,表现为城镇老年人的消费潜力增长率远高于农村老年人的消费潜力增长率。因此,如何在未来使城乡老年人的消费协调、均衡发展是一个重要问题。

(3)政府职能的转变使老龄服务产业加快发展

随着中国行政管理体制的改革,中国政府有望在2020年成为公共服务型政府,这意味着中国政府作为公共产品和准公共产品的主要提供者,并通过完善各项法规政策以及产业规范和标准,营造老龄服务产业发展的良好环境,将使老龄服务产业获得更大的发展。①

(4)社会保障体系的不断完善将提高老年人消费能力

社会保障体系的逐步完善和各项社会保障制度的确立,将使老年人消除养老、医疗、住房等方面的后顾之忧,从而保证老年人基本生活需求得到保障,进而将提高老年人即期消费能力和养老生活的质量,老龄服务产业结构得到优化和提升。②

6. 中国典型区域老龄服务产业的发展

(1)浙江省老龄服务产业发展与模式

①老龄化状况与老龄市场

根据第六次人口普查,浙江省60岁及以上的人口占全省总人口数的13%,65岁及以上人口占全省总人口数的9.34%,高于此次人口普查的全国平均数据。同时,浙江"空巢家庭"老人不断增多。浙江省老龄工作委员会发布的《2010年浙江省城乡老年人口生活状况调查》显示,城镇老年人家庭空巢率已达74.96%,农村老年人家庭空巢率已达59.56%,呈现出较快增长的趋势。根据联合国的估算,老年型人口的消费比年轻型人口消费高18%左右。浙江省如果按照每年每人消费10000元计算的话,浙江老年人需求市场将超过750亿元,包括

---

① 郭琳、刘永合:《中国老龄产业为何"叫好不叫座"?——对我国老龄产业发展现状及趋势分析》,《理论界》2011年第1期。

② 辛本禄、高和荣:《拉动经济增长的新兴消费产业研究——以老龄产业为例》,《西部人口》2012年第4期。

服装、食品、特殊商品、交通、旅游、娱乐、老年福利设施、住宅、机构和社区养老服务等。

②老龄服务产业发展环境和状况

一是产业发展环境不断优化。针对老年服务业的发展,下发了《浙江省人民政府办公厅关于促进养老服务业发展的通知》《关于加快推进养老服务体系建设的意见》等文件,按照政府主导、政策扶持、社会参与、市场化推动的原则,加快推进养老服务社会化,全面提升养老服务水平。2010 年浙江省被列为全国基本养老服务体系建设设点省份,对于发展老龄服务产业具有重要推动作用。

二是浙江特殊产业资源丰富。浙江拥有满足老年人健身休闲需要的旅游资源,包括东部舟山群岛等沿海地区“蓝色”海洋休闲资源,丽水、金华等地区的山体休闲旅游资源以及平原湖、河、江等自然景观资源。

三是养老服务机构迅速发展。以杭州为例,2011 年,共有注册疗养机构 11 家,床位 2000 多张,年接待疗养人口达 10 多万人次以上,数量和规模居全国领先地位。截至 2011 年,浙江省共有各类养老机构近 2000 家,床位 19 万张,全省建立居家养老服务组织 2100 个,经培训上岗的专职护理人员近 3000 人。①

③老龄服务产业发展举措与趋势

第一,编制老龄服务产业发展规划,制定老龄服务产业配套政策。依据浙江老龄化发展的特点和国内外老龄化发展趋势,结合浙江“十三五”经济社会发展现实状况,加快编制浙江老龄服务产业发展规划,提出老龄服务产业发展思路和目标,主要任务和保障措施,引导老龄服务产业有序健康发展。借鉴国内外老龄服务产业发展经验和政策,重点扶持各种类型和经营方式养老机构的发展,提高从业人员的专业化水平,建立职业资格制度,制定鼓励民营企业参与老龄服务产业发展的各项配套政策和落实措施。

第二,建立老龄服务产业示范基地。结合浙江经济发展和资源环境的特点,加快建设一批老龄服务产业发展示范基地。重点依托高校、研究机构和院所的智力资源,建设老龄服务产业研发基地;依托本地环境资源优势,建立老龄服务

---

① 廉军伟:《构建浙江特色的老龄产业体系》,《浙江经济》2011 年第 17 期。

产业休闲度假基地;依托本省制造企业,建设老龄服务产业生产制造基地;依托市场贸易优势建立老龄服务产业交易服务基地。加快形成研发、咨询、设计、制造、服务等为一体的完整产业链,形成一批优势企业和特色服务机构。

第三,培育老龄服务产业人才队伍。重点建设管理者队伍,包括养老院、养老服务中心等各类服务机构的管理者,加强基本知识和业务水平的培训;强化护理员人员的专业知识和服务技能的培训,培养一批业务水平高、热爱本职工作的护理人才;建设志愿者队伍,特别是社区志愿者,发挥其在老龄服务产业体系建设中的重要补充作用。

(2)四川省老龄服务产业发展与机制创新

①老龄化状况与特征

四川省于1997年就先于全国成为老龄化地区,是老年人口的大省,基数大,增长速度快,在未来10~20年,将迎来人口老龄化高峰。根据第六次全国人口普查,截至2010年11月1日,四川省常住人口中,65岁及以上老年人口880.8万人,占四川省总人口的10.95%。与全国相比,四川省的老龄化呈现出三个特点:一是老年人口绝对数量大。在全国31个省市(统计不包含港、澳、台)中,四川省老年人口数量仅比山东省少62.2万人,居全国第二位。二是老年人口比重高。四川省65岁及以上老年人口占全国的比重为7.4%。与全国平均水平相比,其比重高2.08个百分点。三是老年人口比重上升快。2000年四川省老龄人口占总人口比重为7.56%,2010年该比重上升了近3.5个百分点,其上升幅度高出全国平均水平1.6个百分点,居全国首位。预计到2020年,四川省老年人口比重将达到17.8%。

②老年人消费需求状况

据有关部门调查数据,2011年,在四川省老年人口中两成以上的老年人是80岁以上的高龄老年人,达151.3万人,这一年龄组的老年人,特别需要生活照料、康复护理等基本老年服务。截至2011年,四川省公办养老福利机构,农村敬老院和民办养老机构总床位数为29.1万张,居全国先进水平。同时在65岁以上的老年人中有48.5%的老年人有各种各样的服务需求,其中,家政服务占25.2%,护理服务占18.4%,精神慰藉等服务占13.8%。同时,老年人对交通出行工具、旅游、服装、金融等老龄产品也具有不同程度的需求。老年人丰富多样的消费需求,为老龄服务产业发展带来广大的市场商机。

③老龄服务产业发展现状与问题

四川老龄服务业发展中还面临一些亟待解决的问题。一是养老服务业机构与庞大的老年人口规模和养老需求相比有很大差距。目前,老年人口与养老机构床位比为48∶1,存在很大缺口。二是服务水平不高。各类养老机构的人员配备、基础设施以及服务水平参差不齐。不少民办养老机构缺乏必要的医疗设备、医护人员和娱乐设施,管理水平低,不能满足不同层次老年人的养老需求。三是不少民办养老机构运行困难。由于民办养老机构在土地、用水、用电和通讯等方面缺乏政策支持,致使一半以上的民办养老机构近于亏损状态。同时,老龄产品仍然处于品种单一、数量不足的状态,特别是适应老年人需求的科技含量高、质量好、经济适用的产品严重不足,且没有形成规模化和专业化生产,不能满足老年人的生活和精神需求。

④老龄服务产业发展举措与趋势

一是制定老龄服务产业发展规划。积极制定未来10年乃至中长期老龄服务产业发展规划和专项发展规划。对老年产品和服务的质量、养老机构的居住标准和环境、管理规则、服务内容等,制定具体的标准。二是制定和完善扶持老龄服务产业发展的优惠政策。政策扶持包括土地、财政、信贷等方面。按照老龄机构的性质和运营方式划拨或协议供地,并搞好用地服务,减免基本建设的各项配套费用;明确税费减免的税种和比例;引导加大养老机构的信贷支持,适当放宽贷款条件以及利率优惠;进一步落实在用水、用电、燃气、电信等方面的优惠政策。三是加大财政投入力度,设立财政养老专项基金。加快建设公办养老机构,所需资金列入各级财政预算和福利彩票公益金。落实养老机构的民办公助政策,明确养老机构建设的财政补贴额度。四是明确养老产业发展的优先领域。现阶段四川老龄服务产业发展的重点首先集中在养老服务业,养老服务包括老年人生活照料、健康护理、文化娱乐、心理咨询服务等;包括养老机构服务、社区养老服务等,满足老年人老有所养的最基本的生活需求,应该优先重点发展。①

(3)吉林省老龄服务产业发展模式与机制

①老龄化状况与特点

2003年吉林省60岁以上的老年人口占总人口数的比重为10.54%,开始进入老龄化社会,并呈现快速增长的趋势。截至2011年底,全省60岁及以上的老年人口达395万人,占人口总数的14%,其中80岁以上的高龄老年人口达57.74万人,占老年人口总数的14.62%。如此严重的人口老龄化对社会经济发展提出新的挑战,同时也为老龄服务产业的发展提供了巨大的市场发展空间。

②老龄服务产业发展状况

吉林省于2012年1月印发了《吉林省人民政府关于加快推进养老服务业发展的意见》,指出,将养老服务机构建设优先纳入规划,并在养老服务项目的立项、审批上给予支持,并重点做好老龄服务产业中长期发展规划。截至2012年底,吉林省各类性质的养老服务机构已达1608个,床位总数为119200张,共收养老年人总数达69770人,共配备养老护理员4100名;共建立社区老年人日间照料服务中心1171个,互助式居家养老服务站点5600个,积极开展适应老年人需求的各类服务。② 养老服务业得到优先发展。

③老龄服务产业发展存在的问题

一是养老服务供需矛盾突出。一方面,出现养老设施严重不足,不能满足老年人需求的现象。另一方面,出现养老服务设施的相对过剩,老年人消费能力不足。二是老龄服务产业管理体制、制度陈旧,法制政策不完善。同时,缺乏引导和规范老龄服务产业发展的法规政策,已有的一些针对老龄服务产业发展的政策规定比较笼统,缺乏具体的落实政策与措施。三是产业发展资金投入严重不足。由于老龄化进程的加快,老年人数量快速增长,致使老龄服务产业发展在资金上仍面临严重不足。四是市场秩序混乱,缺乏行业规范和标准。各类养老服务机构服务和管理能力相对薄弱,服务质量差,致使老年人合法权益难以得到正

---

① 伏绍宏、李俊霞:《四川省人口老龄化及老龄产业发展态势及对策研究》,《理论与改革》2012年第4期。

② 金太顺:《吉林省老龄产业存在的问题及对策研究》,《经济视角》(下)2013年第3期。

常维护。

④加快老龄服务产业发展措施与趋势

一是建立合理的资金投入机制,扶持老龄服务产业发展。通过政府财政投入、税收、信贷等手段给予老龄服务产业提供必要的资金支持。加大民间投资的比例,按照“谁投资,谁受益”的原则支持不同所有制性质的单位和个人投资老龄服务产业。二是培育老年产品市场,引导老年人消费。根据老年人的整体消费水平和不同需求,积极开发适合老年人的服务和产品,着力打造一批老龄服务产业知名品牌,探索老龄用品产学研一体化平台。按照老年人的习惯和需求设立“老年用品专卖店”或在大型商场设置“老龄商品展柜”等。三是加强专业化服务队伍建设。一方面鼓励有条件的高等院校和中等职业学校增设老年护理、养老管理与服务、老年产品开发等课程,为本省老龄服务产业的发展培养新型专业人才,提高养老服务的质量和技术水平。另一方面加强老龄服务人员的培训教育。要严格按照《养老护理员国家职业标准》的要求,强化对在岗护理服务人员的职业培训,提高服务意识、业务水平及道德修养教育,稳定和扩大养老护理人员队伍建设,同时,全面推行养老护理员的学历教育和资格认证制度,建立科学合理的考核标准和评定体系,逐步实现从业人员队伍的专业化和规范化。四是加强对老龄服务产业的监管力度。制定老龄服务产业的行业服务标准,加强对各类养老机构的业务指导和行业规范。对无照经营、服务设施和服务质量达不到标准的服务机构进行及时的整顿和清理,促使老龄服务产业持续健康发展。①

(二)中国老龄服务产业发展面临的问题

1. 老年人口有效需求不足

老年人的需求或市场规模主要取决于老年人口的规模、收入水平和消费倾

① 金太顺:《吉林省老龄产业存在的问题及对策研究》,《经济视角》2013 年第 3 期。

向。[1] 老龄人口数量的增加和预期总消费规模的扩大一定程度上为老龄服务产业的发展提供了市场发展空间。但其现实的消费需求增长远远低于预期市场有效需求的增长。事实上,随着中国传统家庭结构的变化,空巢家庭的增加,中国老龄人口需要通过社会满足生活上的各种需求,但目前,其人均实际购买力还低于其他年龄组群体。一般来讲,城镇老年人的退休工资(养老保险金)水平大体上可以反映其消费的基本水平。2011 年,全国企业参保退休人员月人均基本养老金为 1516 元,年人均基本养老金为 18192 元。加之受经济运行中通货膨胀因素的影响,城镇老年人的实际购买力在下降。农村老年人的购买支付能力更低。在社会养老保障(退休金、养老金)覆盖率方面,城镇为 84.7% 远高于农村的 34.6% 。2012 年,农村老年人平均月养老金为 74 元,仅为城市老年人平均月退休金 1527 元的近 5% 。老年人平均年收入结构中,城市中老年人的养老保障占到86.8% ,而农村目前主要还是靠家庭和土地养老,养老保障只占到 18.7% 。

2. 老龄服务和产品供给存在结构性矛盾

老龄服务产业结构性矛盾主要表现在:一是产业整体有效供给不足。以老龄服务业为例,虽然近年来民办养老服务机构有了一定的增长,但仍然严重不足,供需矛盾十分突出。例如,在经济相对发达的北京市,每百名老年人拥有床位数仅为 3 张,经济不发达地区这一比例则更低。[2] 同时,适应老年人现实消费水平,以社区服务为中心的各种居家养老服务,如家庭医疗、家庭保健、家庭清洁、家庭膳食服务等也没有形成规范有序的市场,远远不能满足老年人的需要,结果导致养老服务严重失衡的状况。从老年产品供给市场状况看,由于老龄产品附加值和盈利水平低,许多企业不愿专门生产和经营老年人专用产品,市场上质量好、功能强、适宜老年人使用的各类产品的开发严重滞后,市场上经常以款式过时、且质量差的产品冒充老年产品,损害了老年人的消费权益。例如,目前针对部分老年人使用的保健品价格偏高,销售宣传带有一定的欺骗性质,主要通过夸大产品医疗功效等达到高价销售的目的。二是产业供给与需求存在结构性

---

① 查建华:《中日两国老龄产业发展比较研究》,《上海金融学院学报》2011 年第 4 期。

② 张洋、韩俊江:《我国老龄产业存在的问题和对策探析》,《税务与经济》2012 年第 4 期。

矛盾。据有关部门调查,由于家庭结构小型化以及传统养老观念的变化,目前,许多城镇老年人倾向于社会养老服务机构或以提供社区服务为内容的居家养老。但由于老龄服务具有一定的公益性,部分老龄服务具有较弱的竞争性和排他性,因此需要由政府和第三方非营利机构提供产品或服务。① 而现实情况是,享受政府补贴、收费较低,且适应老年人消费水平的民政部门公办的养老服务机构很少,远远不能满足老年人的需求,从而形成"一床难求"的局面。近些年来,虽然各城市积极兴办民营养老机构,但往往不能提供优质低价的养老服务,致使一些老年人不得不消费质次价高的养老服务。一些养老院和福利院生活单调、服务质量不高,对老人缺乏吸引力,而有些又过于奢华,收费过高,致使老年人无能力消费,出现养老服务有效供给不足和相对过剩的局面。②

3. 行业发展存在结构失衡

从老龄服务产业的行业发展状况看,存在着一定的结构性失衡。由于缺乏深入的市场调研和细分市场,目前老龄服务产业大都投资在养老服务业、老年教育、老年医疗保健、老年旅游等行业,而老龄金融与保险业(如老年理财、老年商业保险等)、老年医疗健康服务业、老年住宅业、老年休闲娱乐业等发展相对滞后。同时,在老龄服务产业行业内部,产品供给与需求也不平衡,有些产品过剩滞销,而有些产品开发严重不足。例如老年产品制造业中,传统的老年代步轮椅供过于求,而智能化新型轮椅产品稀缺,不能满足老年人需求。产业发展不均衡或行业内部产品供给不平衡的原因,还在于缺乏推进老龄服务产业发展的供给动力机制,即政府、社会、企业、学校与科研机构等还没能形成产业的协调供给发展机制。

4. 老龄服务产业投资成本高,经营风险大

按照经济学原理,市场产品和服务价格由市场供求关系决定,由于老年消费者支付能力低而导致的市场有效需求不足,使老龄产品和服务的价格偏低,处于成本价格或低利润之间,微利性质明显。同时,养老服务机构投资成本高,资金

① 郭琳、刘永合:《中国老龄产业为何"叫好不叫座"?——对我国老龄产业发展现状及趋势分析》,《理论界》2011 年第 1 期。

② 李珊珊:《江苏连云港老龄产业的 SWOT 分析》,《统计科学与实践》2012 年第 8 期。

回收周期长，盈利水平低，使许多企业难以为继。以民办养老院的投资建设为例，在城市地区通过经营性购买土地的方式获取建设用地一般成本较高，且建成后养老住房收费标准低于市场房屋租赁价格，企业难以承担，而且还要进行文化娱乐、体育、绿地等配套设施建设，高昂的建设投资成本和低利润致使投资者望而却步。此外，老龄服务产业中的老龄服务业、老龄保健医疗和老龄旅游业等行业，多存在较高的经营风险。例如，由于老年人的生理特点所决定，老年人突发性疾病和意外事件率高于其他年龄组，况且事件责任界定也存在一定困难，在企业经营中往往产生“医疗不及时”“医疗处置不当”“未及时通知家属”等责任纠纷。目前，类似的经营风险在中国养老服务业和老龄旅游业等经营性服务活动中经常发生，由于现行相关法律和社会保险体系不完善，此类风险给经营者带来不同程度的经济损失。①

总体来看，政府对老龄服务产业投资不足，社会投资有限。政府对老龄服务产业的资金投入一般通过直接投资和引导社会投资两种方式影响产业发展。目前，全国很多地区的养老服务还没有建立稳定的财政资金投入机制。例如，广东省的许多社区或街道的“星光之家”或“老年之家”投入使用后，由于缺乏后续运作资金而改作他用。许多养老服务和老龄用品业由于投资不足，主要依托慈善机构捐助的形式运作，影响产业的可持续发展。总之，由于缺乏政府的引导性投资驱动和政策性资金支持，社会投资老龄服务产业的积极性不高。同时，由于老龄服务产业发展所需的信息平台、参与主体沟通平台、管理服务协调平台等的缺乏，导致社会力量对老龄服务产业的发展前景和预期缺少明确的认知，从而弱化了其投资意愿。

5. *老龄服务产业制度环境与政策中的问题*

从法律法规制定与颁布方面看，相对许多发达国家，中国关于养老、医疗等保险的法律法规尚不健全，特别是在规范、推动和引导老龄服务产业发展方面的法律法规还相当欠缺。中国虽然已经颁布了保护老年人权益的《中华人民共和

---

① 郭正模、魏宇菲：《老龄产业的弱质性与政府对老龄产业的扶持政策探讨》，《天府新论》2014 年第 3 期。

国老年人权益保障法》,为老龄服务产业发展提供了宏观的法律依据和指导,但缺乏具体的、具有可操作性法律法规以及管理办法,如在老龄产品的开发和营销,引导老年消费等方面,缺少配套和可操作性的实施办法。

从产业政策制定看,按照产业经济理论,在产业发展初期,政策的引导和支持至关重要。但目前国家和地方政府对发展老龄服务产业的支持政策还较为缺乏。具体表现在:一是在市场培育和开发方面缺乏相关的产业发展政策指导,老龄服务产业长期处于无序和盲目发展的状况。① 二是缺乏综合性、系统性的产业发展政策,使老龄服务产业发展长期处于供求两不旺的状态。三是已经出台的政策有的也难以落实。例如,国家十一部委出台"对老年福利和服务机构建设,按照当地最优惠价格供电、按照居民生活用水价格供水,使用电话等电信业务给予优惠和优先照顾"等政策,但不少地方在老龄服务产业发展中没有落实。② 此外,国家对全部养老机构的政策仍定位在福利性和非营利性的性质上,工商登记部门也按照民办非企业单位登记,这就使非公养老机构难以按照市场化方式运作和经营。③

从社会保障体系建立方面看,社会保障制度的建立与完善不仅是社会经济发展的基础,也是政府社会福利制度建设的宗旨和目的。目前中国已经初步形成了以职工养老、医疗、失业保险以及居民最低生活保障为重点的社会保障制度体系框架。但总体而言,社会保障体系还不健全和完善,主要表现在两方面。一是覆盖面不广。社会保障体系主要以城市职工和居民为对象,而占国家人口近70%的农村人口没有纳入国家社会保障体系。二是地区之间社保资源不均衡,相对贫困地区的社保资源匮乏,资金落实不到位。社会保障制度的不完善制约着养老模式的转变和养老质量的提高,进而影响老龄服务产业的发展。④

从产业市场培育状况看,老龄服务产业缺乏行业标准和市场规范。中国老龄服务产业的市场管理和运行机制还延续计划经济的模式,缺乏统一和行业标

① 陈英:《中国老龄产业发展路径探析》,《人才资源开发》2011 年第 2 期。
② 王洪梅:《我国老龄产业发展面临困境的原因分析》,《特区经济》2010 年第 6 期。
③ 陈英:《中国老龄产业发展路径探析》,《人才资源开发》2011 年第 2 期。
④ 陈英:《中国老龄产业发展路径探析》,《人才资源开发》2011 年第 2 期。

准和规范,许多产品和服务质量无权威行业标准,无专业行业分类与知名品牌,无规模化生产基地,无畅通的商业流通渠道,无规范的交易市场,进而无法对其进行测评、监督和现代化管理。① 同时,政府职能部门在老龄服务产业管理上处于条块分割、多头管理的局面,还没能完成从管理型政府向服务型政府的职能转变,使产业发展缺乏可持续性。②

6. *老龄服务产业缺乏创新驱动机制和专业性人才支持*

老龄服务产业发展需要人才、知识和相关研究等智力支持。总体上看,目前,老龄服务产业各领域,由于缺乏与科研机构和高校的合作与支持,在经营方式、管理模式、产品研发等方面尚未引入创新驱动机制运作发展,基本停滞在低水平发展的"陷阱"中,一方面养老服务和老龄产品服务单一,层次低;另一方面老年文化娱乐、精神享受以及老年金融保险等产品没有得到很好的开发,缺少高科技产品和高质量的品牌产品。以老龄服务业为例,目前中国许多养老机构的专业技术人才和管理人才十分缺乏,在职员工(管理人员和护理人员)大多没有经过专业知识学习和技术培训,受教育程度低。例如,据华南农业大学劳动与社会保障系"社会化养老课题组"对广州市民办养老机构护理人员的调查显示,有90%以上的护理人员的学历在初中及初中以下,高中(含中专)学历只占9.59%,大专及以上的为零。由于学历低并缺乏相关专业知识的学习和技术培训,这些护理人员难以有效胜任养老护理服务工作。③

---

① 张梦冰:《我国老龄产业发展策略探讨》,《科技创业月刊》2011 年第 3 期。

② 张梦冰:《我国老龄产业发展策略探讨》,《科技创业月刊》2011 年第 3 期。

③ 张兴杰等:《老龄产业发展:需求评估与问题梳理——基于 400 份问卷数据的分析》,《浙江学刊》2012 年第 5 期。

五、日韩两国老龄服务产业发展启示

日韩两国虽是市场经济国家，但两国政府均在老龄服务产业发展中通过适当的制度安排和灵活的政策措施，对产业发展进行宏观引导和干预，并积极探索“产官学研”合作发展机制，取得了较好的成效。研究和总结其经验，对于中国发展老龄服务产业具有一定的启示意义。

（一）日韩两国老龄服务产业发展启示

1. 注重老龄事业与老龄服务产业的定位和协调发展

老龄事业与老龄服务产业是解决社会人口老龄化的两条重要途径。1963年，日本在尚未进入老龄化社会之前，政府颁布了《老人福利法》。根据这部法律，日本的公共部门主要面向低收入阶层和供给不足的部门，其他领域则委托给民间部门，从而提高效率。同时，将老年福利事业定位为：“以低收入阶层为主要对象，提供民间企业不愿涉足，市场机制无法充分供给的必要服务。”①1989年，日本福利关系第三审议会合作企划分科会提交报告书强调：从保护利用者角度出发，积极制定完善的政策，确保老年人和残疾人利用收费老人之家；对民间服务，不是采取直接限制的手段，而是行政机关积极引导民间自律，通过公共融资政策积极培育民间服务。在养老产业化、市场化进程中，政府对老龄服务产业采

① 陈茗、兰荣生：《发达国家老龄服务产业的发展及相关政策——以日本为例》，载《老龄问题研究论文集（十）——积极老龄化研究之二》，2006年，第109—119页。

取从许可到放开，再到扶持等一系列政策措施，最终使老年人的大部分需求尽量通过市场机制来满足。为促进老龄服务产业发展，日本政府还提出“搞活民间活力”方针，放宽各种限制，扩大“官办民营”委托业务。韩国政府采取双重战略，使老龄事业和老龄服务产业均衡发展，将老龄事业界定为低收入老年人口，这部分老年人，由政府通过老年社会福利政策保障其最低收入、医疗及护理需求；而对于大多数普通老人，根据收入水平及需求多样性变化，发展老龄服务产业，提高养老生活质量和水平。

2. 制定产业发展战略和规划

从20世纪80年代开始，日本企业就把老龄服务产业作为战略产业加以重视和开发，积极投入开发经费和研究新的营销策略。由于大企业牵头，中小企业积极跟进，形成老龄产品和服务市场的不断细分和精致化发展，不同特色的老龄服务质量提高，老龄用品品种多样化。[①] 1990年，日本政府实施了《老年人保健福利推进十年战略》，又称作“黄金计划”（1990—2000）。但1995年将其更名为“新黄金计划”（1995—2000），并于2000年，又实施了“黄金计划21”（2000—2004）。三次黄金计划的实施，进一步完善了老年社会福利，同时也扶持了老龄服务产业的发展。实施黄金计划期间，日本政府向企业提供福利器械的开发费用，从1993年开始，连续3年，每年支援1000万日元。而且在2000年实施《社会福利法》后，日本政府更是鼓励民间营利企业和特定非营利活动法人、组合法人、医疗法人等参与老龄服务产业的发展。2009年12月30日，日本鸠山政府在临时内阁会议上确定了未来十年（2010—2020）“新发展战略”基本方针。“新发展战略”涉及六个重点领域，其中包括医疗护理和健康相关产业。战略目标为实现价值45万亿日元，创造280万人的新就业岗位。2011年1月25日，日本内阁通过了“新增长战略”2011方针。其中，有关健康领域的内容共四项。一是积极扩大与医疗、护理有关的护理员、药剂师、护理支援等职业的作用，大量增加医务人员。在厚生劳动省还举办“护理职员制度研讨会”。二是积极实施24小时社区巡回型上门服务，减轻家庭护理负担。三是允许医疗法人经营特别养护老人之

① 查建华：《中日两国老龄产业发展比较研究》，《上海金融学院学报》2011年第4期。

家，修改对公益性运营主体的各种限制，废除对机构服务供给总量控制的参考标准，使地方自治体根据各个地方的情况，灵活制定护理保险事业计划。四是完善社区综合护理的法律体系。2012 年制定“第五次护理保险事业计划”，提出“护理保险制度修改意见”。另外，计划到 2020 年将医疗市场规模扩大到 59 兆日元，护理市场规模扩大到 19 兆日元，新增就业人数 201 万人（其中护理就业人数达到 131 万人）。

韩国政府通过制定产业发展规划发展老龄服务产业。早在 2001 年，国务总理室就成立老人保健福利对策委员会，着手制定老龄服务产业发展规划。2005 年，韩国政府制定《低出生老龄社会基本法》，2006 实施“低出生老龄社会基本计划”，并规定每五年制定一次。目前已完成第一次计划（2006—2010 年），其政策目标是创造生育和养育子女的有利环境，构筑应对老龄社会的基础。第二次计划（2011—2015 年），政策目标是阶段性恢复出生率，建立应对老龄社会体系。第三次计划（2016—2020 年），政策目标是把出生率恢复到经合组织国家平均水平，以适应老龄社会发展。第一次计划主要内容包括扶持老龄服务产业的发展计划。2006 年，韩国颁布《老龄亲和产业振兴法》，实施老龄亲和产业发展计划，促进老龄服务产业标准化，加强国际合作，采取优惠措施鼓励打入海外市场，另外还建立老龄服务产业支援中心。

3. 制定产业发展的法规政策

1974 年，日本厚生省公布了《民营养老院设置和运营指导方针》，对民营养老机构的属性、设施标准、人员配置、服务标准等做了规定。20 世纪 90 年代，日本老年人的购买力不断增长，但由于经济发展不景气，相关产品和服务供给不足。为培育老龄市场、理顺供求关系，日本政府有重点地引导老龄服务产业发展。例如国会通过了《促进福利用具器具机械研究、开发和使用的法律》等法规政策，调整和引导产业结构和市场产品结构，培育新兴产业，使老龄服务产业成为经济增长点和发展动力。为促进老龄住宅产业的发展，公布了《长寿化社会住宅设计的指导方针》，同时，政府还通过在城市规划的早期为老龄服务产业和老年设施预留发展用地的方式,降低产业土地、租金等经营成本。[1] 2002 年,颁布《老龄社会对策大纲》,将老年住宅期货化列入老龄化对策中。

进入 21 世纪后,韩国政府先后出台了三项扶持老龄服务产业发展的法律。2005 年 5 月出台《低出生老龄社会基本法》,为老龄服务产业发展奠定基础。主要为应对低出生及人口老龄化带来的人口结构变化,规定低出生老龄社会政策的基本方向及具体事项,增强国家竞争力,提高国民生活质量,促进国家可持续发展。2006 年 12 月颁布《老龄亲和产业振兴法》,主要目的在于扶持和培育老龄亲和产业,建立其发展基础,提高老年人生活质量。2007 年 4 月出台《老人长期护理保险法》,主要目的在于规定长期护理给付有关事项,增进老年期健康,减轻老年人家庭负担,促进老年护理需求,提高国民生活质量。韩国政府决定从 2008 年开始,利用 10 年时间发展老龄服务产业,配合 2018 年"团块世代"退休潮的到来。为此韩国政府制定发展老龄服务产业的政策,即三大方向、五大政策目标、四大战略。三大方向是指确保国际竞争力、提高市场吸引力、提高公共性;五大政策目标为减少财政风险、减少低增长风险、减少健康风险、减少财务风险、减少生活风险;四大战略是指选择与集中、阶段性推进、制定和修改有关法律、建立政府推进计划。各部委也分别提出相应策略。

4. 指定专门机构对产业发展进行指导

20 世纪七八十年代,日本进入老龄化社会不久,时值日本老龄服务产业市场规模小,一些中小企业便开始涉足投资成本较低的机构养老业。对此,政府指定以厚生省为主,制定出台一系列措施,扶持老龄服务产业的形成和发展,并通过制定老龄服务产业产品和服务规范和标准,使市场有序发展,保障老年人权益,同时推进老年福利社会化和产业化。20 世纪 90 年代,日本厚生省成立了"老龄服务产业指导室",通产省成立了"福祉用具产业室",对产业发展进行指导。厚生省为养老机构和老龄服务产业提供最长期限为 50 年的信用贷款,贷款利率可在基准利率的基础上上下浮动 50% 。

2003 年 10 月,韩国根据《低出生老龄社会基本法》,设立"低出生老龄社会

---

① 王曼:《日本老龄产业的发展与启示》,《特区经济》2012 年第 7 期。

委员会”,实施低出生老龄社会基本计划。由“低出生老龄社会委员会”统筹规划指导老龄服务产业发展。2003 年 10 月,韩国政府在总统直属社会统合企划团下设立老龄社会对策组,2004 年 2 月,更名为总统咨询“老龄化及未来社会委员会”。该委员会制定老龄社会对策路线图,并确定老龄服务产业发展方向。6 月,为了鼓励民间参与,建立“大韩老龄亲和产业协会”和“老龄亲和产业扶持促进委员会”。2005 年 9 月,“低出生老龄社会委员会”归总统直属,由总统任委员长,财政经济部等 12 个部委长官和 12 名民间专家组成 25 人委员会。该委员会作为审议调整低出生老龄化对策的最高机构,下设运营委员会、事务局及专门委员会。2008 年 4 月,该委员会从总统直属调整为保健福利部长官所属。主要应对低出生及人口老龄化,分析中长期人口结构,预测社会经济变化,审议低出生老龄社会政策、中长期政策目标及努力方向。同时,韩国政府根据《老龄亲和产业振兴法》,指定“老龄服务产业支援中心”负责产业指导。

5. 建立行业指导、认证制度和职业资格制度

20 世纪八九十年代是日本老龄服务产业的成长和发展期。厚生省下属的“老龄服务产业室”以及由老龄服务和产品企业组成的“老龄服务产业发展协会”的成立,标志着政府和企业开始日益重视老龄服务产业。之后,着手制定了“老龄服务产业伦理纲领”,以加强行业和企业的自律。继而建立了“银色标示制度”,成立了由消费者、厂商代表以及学者组成的“银色标示认证委员会”,对符合条件的社会养老机构、老龄服务和老龄产品及其厂商进行认证并公布于众。民间养老院还成立了全国性的行会,其下设立了基金会,以备个别养老院倒闭时对入住老人进行补偿和救济。[①] 日本“社团法人老龄服务产业振兴会”负责建立老龄产品认证制度,至 2019 年已批准 613 家企业获得认证。[②] 日本实施老龄产品认证制度的目的,在于使老年人能够放心地选择产品和服务,并且通过设定标准,引导企业提供更加优质的产品和服务,从而促进老年福利和服务的健康发展。认证制度的主要认证对象为福利器械的租借、销售服务、上门入浴服务等。

① 查建华:《中日两国老龄产业发展比较研究》,《上海金融学院学报》2011 年第 4 期。

② 社团法人老龄服务产业振兴会:《平成 30 年事业报告》,http://www.espa.or.jp/shinkoukai/img/shinkoukai_disclosure_pdf_18.pdf,2019 年 11 月 16 日。

1987 年日本国会通过了《社会福利师和护理员法》，规定护理从业人员必须经过专业的培训和考试，具备了一定的医疗护理、饮食营养、功能康复等专业知识，才能持证就业。社会福利师主要为老年人的身心健康和日常生活提供咨询和指导，护理员则主要为老年人提供具体的护理和日常生活服务。日本于 1989 年进行了两项国家资格的首次考试。专业化人才的培育和培训为日本老年人提供了高质量的养老服务，满足了不同层次老年人的多样化需求，缓解了日本老龄社会中的压力和矛盾。据日本厚生劳动省在 2010 年的统计公报，至 2010 年，日本从事福利事业的人员在 328 万左右，其中从事护理社会保险服务的人员约为 112 万人，拥有社会福利师资格的超过 4 万人，拥有介护福利士资格的超过 30 万人，以及大量拥有资格的家政助手等。

韩国为保证老龄产品质量，提高国际竞争力，也采取积极应对措施。一是开发和实施老龄产品评价体系。根据老年人的身体特点，开发和普及产品标准。二是老龄产品（服务）标准化。至 2008 年，51 种老龄产品获得韩国产业规格认证。同时已制定老年护理设施服务标准（KS）。三是实施老龄产品（服务）的指定及标示制度。2008 年 4 月，实施老龄优秀产品的标示制度（S 标志），到 2010 年，共有 774 个产品获得 S 标识。这些产品大多集中在长期护理保险市场，而这一市场占老龄市场的 5.5%。

6. 完善的社会福利制度促进老龄服务产业发展

较为完善的社会保障体系是日本老龄服务产业迅速发展的主要原因。养老保险、医疗保险制度是社会保障体系中的主要组成部分，而护理保险制度在很大程度上可以免除人们对晚年特别是高龄期经济保障方面的担忧，促进老年人的现实消费，进而扩大老龄服务产业相关产品和服务的市场规模。① 随着老龄化社会的发展，高龄老人所占比重不断增大，同时，由于家庭结构小型化导致传统依靠子女养老的功能弱化，使老年人护理需求不断增长。护理保险制度要求老年人经过专门机构体检认定确属需要，就可得到不同等级的居家护理和生活服务，

---

① 陈茗、兰荣生：《发达国家老龄产业的发展及相关政策——以日本为例》，载《老龄问题研究论文集（十）——积极老龄化研究之二》，2006 年，第 109—119 页。

也可入住养老院、托老所等，甚至老年人住宅无障碍化改造、老人购入或租赁康复辅具费用也可以通过护理保险制度解决。据测算，日本护理保险制度受益对象中，65 岁～80 岁的老年人占 13%，80～84 岁的老年人占 25%，85 岁以上的老年人占 50%。

韩国于 1988 年以全体国民为对象实行国民年金制度。这之前，韩国实行了公务员年金制度、私立学校教职员年金制度以及军人年金制度，共同承担国民老年期收入。但是实施国民年金制度的时间短，只有 20 多年，因此领取国民年金的人口不多。2013 年，领取公共年金的比例只占全体老人的 37.6%，其中大部分老人属于 60～65 岁的前期老人。韩国于 2008 年 7 月实行了老人长期护理保险制度，该制度属于社会保险制度的一种，投保人为韩国国民健康保险公团，受保人为全体国民，资金来源是全体国民缴纳的护理保险费和国家和地方政府的财政投入。保险给付对象是 65 岁以上老人，但是 65 岁以下，身患认知症或脑中风的患者也可以获得保险给付。老人长期护理保险制度的保险给付分为机构给付和居家给付。前者是指老人入住护理机构时就可以得到保险给付，后者是指老人居家利用护理服务时领取保险给付。老年人利用上述服务时本人只负担部分费用，其他费用由保险公团支付给供应商。利用机构服务时，老年人本人负担总费用的 20%，利用居家服务时，只负担总费用的 15%。因此，老年人一旦入住老人护理机构，只负担 20% 的生活费和房费；接受居家护理时，在保险制度允许范围内可以利用服务。护理保险制度大幅度减轻了老人的负担，并使需求大幅度增加，同时，促进了营利企业参与老人护理设施和居家服务机构建设。随着领取护理保险给付的老年人数量的增加，与长期护理服务有关的老龄服务产业将会得到更大发展。

7. 根据国家发展战略，选定优先发展产业

2009 年 12 月 30 日，日本确定的未来十年（2010—2020 年）“新发展战略”涉及六个重点领域，其中包括医疗护理和健康相关产业。目前，医疗护理产业成为日本老龄服务产业的发展重点，成为拉动经济增长的重要产业。2000 年日本实施护理保险制度，当时护理认定者数为 256 万人，护理保险给付费为 3.6 兆日元。但是到了 2010 年，护理认定者数增加到 500 万人，护理保险给付费增加到 8 兆日

元。这说明,10 年间,护理认定者数增加了近 1 倍,护理保险给付费增加了 2 倍以上。2000 年,护理市场规模为 4 兆日元(包括利用者个人负担费用),其中老年护理机构 1 兆日元,老年保健机构 1 兆日元,疗养型护理机构 1 兆日元,居家护理服务 1 兆日元。也就是说,75% 的费用支付给护理机构。到 2010 年,居家护理服务占护理市场的 51.5%,紧贴社区型护理服务占 9.1%,机构护理服务下降到 39.4%。

韩国政府为了在 2020 年之前把老龄服务产业发展成经济增长动力产业,根据选择与集中的原则,以国际竞争力、市场吸引力作为标准,第一阶段选定八大产业(护理产业、器械产业、信息产业、休闲产业、金融产业、住宅产业、韩方产业、农业)19 个品种作为重点扶持领域。第二阶段选定六大产业(交通产业、食品产业、药品产业、丧葬产业、服饰产业、教育产业)15 个品种作为重点扶持领域。

8. 加强与国际老龄服务产业合作,积极拓展国际市场

为推进老龄服务产业发展,韩国加强与国外发达国家的交流与合作。目前已经与日本、德国等老龄服务产业较为发达的国家建立了政策交流及技术合作共同体。2004 年在东北亚合作论坛上,由韩国提议成立"中日韩标准合作体",并通过了中日韩老龄产品标准协议。协议要求按照东方人的体型制定各种规格的产品。韩国通过对老龄产品的标准化需求调查,选定标准化对象,推进产品标准化,例如,制定老年护理设施服务标准(KS),促进安全手把、体位转换用具等老年用品的标准化,并按照产品种类及案例开展小组活动,推行新标准。通过中日韩产品标准化合作,提高产品的质量和国际竞争力,进一步开拓老龄产品的国际市场。同时,韩国政府为帮助企业占领老龄服务产业的国外市场,积极为企业收集提供中国和日本等亚太地区老龄市场的相关信息,并鼓励企业参加国外产品认证,其所需费用由政府给予补贴,如注册费、技术资料审查费、检查测试费、咨询费等;支持老龄企业参加国外老龄产品博览会,开辟稳定的出口渠道。

（二）推进中国老龄服务产业发展的思路与对策建议

1. 老龄服务产业发展的原则

鉴于目前中国的国情和人口老龄化状况，发展老龄服务产业应把握以下原则：一是老龄事业和老龄服务产业均衡发展原则。鉴于养老需求具有一定的福利性和多样性，从国家宏观层面考虑，解决人口老龄化问题既不能完全依赖由政府投资和经营的老龄事业，也不能完全发展以市场化经营为主导的老龄服务产业，而是应依据不同时期国家经济发展实力和社会保障体系完善程度，使老龄事业和老龄服务产业发展保持合理比例，协调均衡发展。这是基于理性和现实发展的基本抉择。二是市场性与公益性兼顾发展原则。即作为产业主体进入市场的老龄服务产业，在发展和运作中必须遵循市场经济的内在规律，通过市场机制进行资源配置，按照价值规律进行产品（服务）生产和定价，依照市场竞争规律组织生产和经营。同时，在发展中还兼顾一定的福利（公益）性，不应以谋求经济利益最大化作为终极目标，在社会效益与经济效益发生矛盾时，应将社会效益放在首位，保障社会利益的最大化。三是内生性与外扩性融合发展原则。由于老龄服务产业投资的长期性和微利性，其发展还应坚持内生性与外扩性融合发展的原则，即在一定时期内，以社会资本为主体的老龄服务产业的发展必然带有对政府福利事业路径依赖的性质。如在社会福利、救助性质的老龄事业活动中，内生出一定的商业性质的老龄服务产业活动，或在许多老龄产品和服务市场的供给与扩展中都包含政府财政的福利性补贴和扶持性质。

2. 中国老龄服务产业发展的基本思路

根据国际老龄服务产业发展趋势和中国老年人口对老龄服务业的需求，结合中国老龄服务产业发展的阶段和特点，借鉴日韩两国老龄服务产业的发展经验，中国今后老龄服务产业的发展应坚持产官学研合作，实现老龄服务产业与外部产业协同推进，产业内行业之间均衡发展的良性循环新格局。产官学研合作不仅需要政府制定相关政策进行推动，还需要充分利用市场机制，自发筛选合作伙伴，优胜劣汰，才能形成高效的产官学研合作。

第一，产官学研合作需要政府引导，就是指政府要在把握国家宏观经济与社会发展状况和趋势的基础上，依据中国老龄化状况和老龄服务产业发展水平和特点，对老龄服务产业的发展进行宏观指导和统筹规划，制定产业发展战略规划和实施策略，并营造良好的法制和政策环境以及有序的市场规则和秩序，为产业发展提供良好的制度安排，推进老龄服务产业有序、持续、健康发展。

产官学研合作需要市场运作，就是指老龄服务产业的发展要遵循市场经济规律和原则发展，既要抓住国内老龄人口对老龄服务产业发展的巨大市场需求空间，积极开拓国内老龄人口需要的服务和产品，又要抓住国际社会老龄化发展趋势，主动参与国际老龄服务产业的合作与发展，在巩固老龄服务产业国内市场的基础上，进一步拓展国际市场，特别是亚太地区老龄服务产业的市场，为老龄服务产业发展谋求更大的市场发展空间。

产官学研合作需要科教支持，包括科技和教育两方面的内容：在科技方面，一是通过相关科研技术机构加强对老龄服务业和老龄产品等行业发展模式和管理方式的创新，提升产业发展整体水平；二是加强老龄产品等技术的研发和创新，加快产业自主研发能力的提高和产业技术水平的提升，使老龄产品向智能化、舒适化、便捷化方向发展，推进老龄服务产业与国际接轨，向国际化高端水平发展。在教育方面，主要是为老龄服务产业培育所需人才，包括企业管理人才、产品研发技术人才以及其他方面的专业人才等，为老龄服务产业发展奠定人才基础。

产学研合作需要社会参与，指除了政府和老龄企业外的其他社会组织、公益部门以及公众的广泛参与和支持。社会组织（包括老龄服务产业协会）发挥管理沟通与服务功能；公益组织发挥产业宣传、引导消费以及从道义上保障消费者利益的作用；广大公众（包括消费者）通过对产品质量的监督、信息反馈以及提出积极改进建议等，更好地提高老龄服务和产品的水平和质量，促进老龄服务产业的快速健康发展。

3. 加快老龄服务产业发展的对策建议

日本与韩国先于中国进入老龄社会，面对老龄化社会带来的种种挑战，两国以产官学研合作的方式，积极采取战略措施，使老龄服务产业不断发展壮大，并积累了一定的经验。特别是在养老社会化和产业化中政府的职能定位和作用发挥，产官学研合作的具体做法和经验都值得我们研究和借鉴。结合中国老龄社会的发展状况、产业发展阶段以及老龄服务产业发展中面临的问题，提出以下对策建议。

第一，理顺老龄事业与老龄服务产业的关系，加快制定老龄服务产业发展规划和目标。老龄事业和老龄服务产业是世界各国和地区应对人口老龄化采取的重要方式，因而，应在明确其职能定位的基础上进行市场细分。鉴于目前中国的经济发展水平和养老收入水平的限制，老年人无力完全自费接受社会提供的养老服务，同时，政府也不能为所有老年人提供公共养老服务和产品。因此，在对一定时期老年人口的经济实力和养老能力进行评估基础上，应对老龄事业和老龄服务产业进行市场细分。根据中国国情和老龄化发展阶段，老龄事业应定位于保障贫困而失能的老年人的基本生活和健康服务，即发挥“兜底”作用，其他让位于老龄服务产业和社会组织，并发挥市场在老龄服务产业资源配置中的决定性作用。

近年来，党和政府非常重视养老事业与养老产业均衡发展。2011 年国务院印发《中国老龄事业发展“十二五”规划》，强调要充分发挥政府的宏观指导作用，着力提升老年人群的合理消费和有效需求，同时规范涉老产品的质量标准，不断繁荣老年用品消费市场，创立老龄服务产业发展基金，进一步拓宽老龄服务产业发展融资渠道，扩大融资规模。党的十八届三中全会通过的《中共中央关于全面深化改革若干重大问题的决定》中明确提出“积极应对人口老龄化，加快建立社会养老服务体系和发展老年服务产业”。2013 年，《国务院关于加快发展养老服务业的若干意见》进一步提出，要“努力使养老服务产业成为积极应对人口老龄化、保障和改善民生的重要举措”。2016 年 3 月颁布的《国民经济和社会发展第十三个五年规划纲要》提出，“全面放开养老服务市场，通过购买服务、股权合作等方式支持各类市场主体增加养老服务和产品供给”。相关文件的出台，明确传达了国家关于应对人口老龄化的重大战略部署，即积极应对人口老龄化，大力发展老龄服务事业和产业。因此，应该明确产业发展目标、方向和实现目标的具体政策机制和措施。各级政府应积极加强老龄服务产业的研究和制定符合地方现实情况和特点的具体发展规划,把老龄服务产业发展提上议事日程。在此基础上,在国家产业层面上加快制定老龄服务产业发展战略规划,明确战略重点和目标以及战略方案和具体战略措施。

第二,制定产业发展相关法律和政策。国家尽快出台《老龄服务产业发展法》《老龄服务产业管理办法》等,为老龄服务产业发展提供法律依据,使产业法制化、规范化发展。《老龄服务产业发展法》应主要包括投资政策取向、产业发展导向、产业优惠政策、老龄产品开发研制办法、行业规范与管理以及有关配套的法律法规等。各地方政府要根据该法制定好本地区的老龄服务产业发展规章,并将其纳入地方国民经济和社会发展总体规划之中。① 并且,政府法规制度的可执行性越高,执行办法越具体明确,越有利于老龄服务产业的快速健康发展。② 并通过立法尽快明确发展老龄服务产业的综合协调机构,充分调动政府各部门和社会力量参与产业发展的积极性。

在对老龄服务产业发展进行总体规划和布局基础上,分阶段适时出台相应的政策措施。加快制定、出台老龄服务产业扶持政策。老龄服务产业具有一定的社会福利性,投入大,利润低,政府给予政策扶持,加快产业发展可以缓解老龄化带来的社会压力。产业政策制定应从三方面考虑:一是清除阻碍非公有制资本参与老年产业的体制性障碍,以市场为导向,建立公平竞争机制,使非公有制养老服务机构与公有制养老服务机构一并享受政策优惠和财政补贴。二是给予税赋政策优惠。要适时出台养老机构、老年教育用地优惠政策以及非公有制养老服务机构、老年文化教育企业用水、用电、燃气、电信等优惠政策。三是实行适当的财政补贴政策。国家和地方财政部门应当根据社会经济发展情况,相应地增加对老龄服务产业的资金补贴和税收优惠,大力扶持尚处于起步阶段的老龄服务产业中的优先发展的领域和行业。四是适当增加财政投入,建立支持老龄服务产业发展的专项基金和风险基金。通过政府与企业共同设立老龄服务产业

① 张洋、韩俊江:《我国老龄产业存在的问题和对策探析》,《税务与经济》2012 年第 4 期。

② 于继斌、朱学超:《老龄产业朝阳渐红》,《商业周刊》2010 年第 1 期。

风险基金,并委托专业基金管理公司进行管理。该基金可以帮助中小企业规避投资风险,也可以帮助科研机构加快研发科技含量高的老年产品,并使之尽快产业化。① 总之,政府要通过制定产业发展政策、组织政策、规范政策以及经济政策等鼓励和扶持老龄服务产业发展。

第三,理顺产业管理体制和运行机制。应转变老龄服务产业管理理念,实现由“行政管理”向“社会化管理”的转变。中国老龄服务产业处于发展初期,政府相关部门兴办的养老服务机构在管理体制和运行机制上仍然延续了老龄事业行政化管理模式,经营权与经营责任、责任与利益相分离,致使产业发展动力不足。老龄服务产业的有效运转,就要明确政府、企业和社会组织的定位,这不仅需要政府的宏观引导,还需要市场机制作用的发挥以及社会组织的参与。具体而言,就是要改变目前“管理分散,各自为政”的局面,建立一个能够协调相关部门工作的综合管理机构,对老龄服务产业统一规划,综合协调。其主要职能:一是严格界定老龄事业经营企业和服务机构,以利于其得到相应的政策优惠,将扶持政策落到实处。二是每年对享受政策扶持的相关企业和服务机构进行重新认定,动态监督与评估这些企业的经营活动。三是为涉老生产和服务机构提供信息、咨询服务。② 同时,各级相关部门要进一步加强对老年服务机构的规范化管理,积极协调并配合城建、税务、卫生、工商等部门共同开展对养老机构的常态化监管工作,进一步提高养老机构专业化服务水平和质量。各级相关部门还要加强对公办和民办养老机构的培训,指导他们建立和完善管理工作责任制重大事项报告制,使养老服务机构的管理更加规范化、制度化和科学化。③

在规范性政策方面,国家可指定老年用品和服务的标准,建立“绿色产品(服务)认证”制度。一是政府应尽快制定养老服务和老龄用品的国家和行业标准,制定养老机构服务规范,强化服务质量监控,并加快培育老年服务中介组织,实现养老服务的专业化和规范化,老龄产品市场化和多样化。④ 二是国家和各地区

---

① 陈元刚、李雪:《发展老龄产业应突出政策措施配套》,《重庆社会科学》2011 年第 1 期。

② 陈元刚、李雪:《发展老龄产业应突出政策措施配套》,《重庆社会科学》2011 年第 1 期。

③ 黄清峰、刘恒:《典型国家和地区老龄产业管理的经验和启示》,《财政监督》2013 年第 12 期。

④ 黄润龙:《我国老龄产业发展瓶颈探索》,《现代经济探讨》2010 年第 8 期。

应建立统一的老龄服务产业鉴定、评估、管理机构，制定统一的行业标准和分级管理制度。比如养老院、服务人员等级标准，高龄老人护理等级、护理师等级、老年人家政、心理工作等级和社区工作等级标准，老年人心理、生理健康状态等级标准，按照护理等级和质量制定收费标准。同时，实行市场准入制度，加强企业的资格认证和管理。

第四，探索和完善适度普惠型福利保障体系。社会保障制度是发展市场经济，维护社会发展的一项基本的国家社会福利制度。不同于西方一些国家从福利国家化向福利社会化的演进进程，中国福利保障制度从一开始就走上了福利国家化的道路。中国已经基本构建了以基本养老、基本医疗和最低生活保障为重点的社会保障体系框架，但比较而言保障标准偏低，社会保障制度还有待完善。当然，社会福利与保障制度的改革与完善必须与社会经济发展水平相适应，既不能落后也不能超前。不完善的社会保障无法起到社会安全阀的作用，然而过度的社会福利政策也会阻碍国民收入的合理配置，对社会经济的发展起到负面作用。由社会福利保障制度的刚性所决定，社会的福利保障水平只能以上升的方式发展而非相反，这就要求中国在未来福利保障问题上的基本方向，即建立一个与中国经济水平相适应的，但能够最大限度地保证最低水平的普惠型福利保障制度。集中在老年层面上的社会福利保障制度的完善，可被同时看作社会文明程度的一面镜子，①并成为提高老年人消费水平和养老质量的重要途径。当前，要尽快把社会保障制度改革与老龄服务产业发展结合起来，要用老年护理社会保险来推动老龄事业与老龄服务产业的互动发展，用社会福利事业带动老龄用品的开发与老龄市场的成熟。② 例如，尽快建立老龄大病保险报销制度，合理扩大老年病药物公费报销品种和比例等。通过社会保障体系和制度的不断完善，促进老龄服务产业持续健康发展。③

第五，以老年人口消费需求为导向发展老龄服务产业。任何产业的兴起和发展都需要由消费需求拉动，老龄服务产业以老年人的消费需求为导向才能消

---

① 刘凤歌:《我国福利保障制度下老龄产业的可持续意义》,《品牌》(下半月)2012 年第 4 期。

② 查建华:《中日两国老龄产业发展比较研究》,《上海金融学院学报》2011 年第 4 期。

③ 张洋、韩俊江:《我国老龄服务产业存在的问题和对策探析》,《税务与经济》2012 年第 4 期。

除产业发展不均衡和产品结构失衡状态，稳定持续发展。所谓“需求导向”就是根据老年人口的消费观念、消费能力、消费习惯、消费方式以及消费决策等开发适销对路的产品。老年人的消费需求一般反映在三方面。首先是生活服务需求，由于老年人体力下降，日常生活中许多事情需要通过市场提供服务。这部分需求是老年人生活的基本需求，主要需求者为高龄老年人群。其次是医疗服务需求，大部分老年人，随着年龄的增长，身体状况的变化，对于医疗及医疗护理服务需求日益增长，医疗支出是老年人支出的重要部分。最后是精神需求。通过不同方式提供文化、教育、娱乐等精神产品，是提高老年人生活质量的重要途径。为此，要对全国各地老年人的需求、老龄产品（服务）的供给状况以及企业进入老龄市场的意愿等进行调查和预测，为制定老龄服务产业发展政策提供科学依据。① 具体而言，就是需要对老年消费市场进行深入调查，分析不同消费能力、不同消费习惯、不同消费方式的老年群体的比重，考察各类群体的消费意愿和实际需求，实行差异化发展，开发不同消费层次和消费结构的养老服务和产品，最大限度地满足不同老年人群的消费需求，将潜在购买力转化为现实消费需求。② 从养老服务现实消费状况看，鉴于目前中国老年人经济收入水平和养老观念的限制，居家养老和社区养老仍是主要养老方式。因此，要大力发展社区养老服务，充分利用社区资源，为老年人提供高质量、多样化的养老服务，形成以定点服务、上门服务、生活照料、老年护理、医疗保健、心理保健、文化娱乐为主要服务内容和一体化发展的产业格局。③ 同时要以连锁经营方式拓展老龄用品市场。企业在针对老龄市场的具体分销策略上应以增加老年人的便利的智能化产品为导向，在老年社区开设老年产品专卖店或专柜，为老年人提供产品介绍和上门咨询、售货服务等。④

---

① 陈茗、兰荣生：《发达国家老龄产业的发展及相关政策》，载《老龄问题研究论文集（十）——积极老龄化研究之二》，2006 年，第 109—119 页。

② 辛本禄、高和荣：《拉动经济增长的新兴消费产业研究——以老龄产业为例》，《西北人口》2012 年第 4 期。

③ 李倩等：《老龄产业发展策略探析——以广东省为例》，《福建论坛》（人文社会科学版）2012 年第 1 期。

④ 李倩等：《老龄产业发展策略探析——以广东省为例》，《福建论坛》（人文社会科学版）2012 年第 1 期。

第六,确定优先发展领域,带动老龄服务产业发展。进入2000年,日本护理保险制度的出台及实施,使日本老龄服务产业加速进入扩张期,形成了以老年护理产业和老年福利用具产业为引领的核心产业,带动其他相关产业发展。① 基于中国国情、产业发展特征和老龄服务产业发展的阶段性,以生活照料和健康护理为重点的老龄服务业(包括老年护理)应是现阶段优先发展的行业,因为养老服务是老年人的基本需求,也是引领产业发展的核心产业,存在巨大的市场需求空间。2013年,中国高龄人口约达0.23亿,未来10多年将以年均100万人的态势增长,其中2013年失能老人达3700多万,空巢老人约1亿人,这将为老龄服务业发展提供巨大的市场。② 2015年5月,北京卫生和计划生育委员会提出失独家庭的失能老人可优先入住公办养老院。因此,应从老龄服务产业的长远规划角度谋划好老龄服务产业发展的阶段性目标以及保障措施,整体上推动老龄服务产业的可持续发展。各省市和地区要依据老龄化状况发展与特点,创新发展机制和模式,重点发展养老生活服务、医疗、康复护理,进而带动老龄用品、老龄设施等相关产业的发展。③

第七,鼓励老龄服务产业协会和社会组织参与老龄服务产业发展。老龄服务产业作为一个跨越多行业的特殊产业,几乎涉及现有的各个行业,必然需要社会组织和各界的积极支持和参与。④ 老龄服务产业协会缺位也是影响老龄服务产业发展的因素之一。因此,应强化老龄服务产业协会作为行业管理服务机构的平台功能。为此,各地应成立老龄服务产业协会,构建老龄企业交流平台,牵头组织老龄用品推介和老龄服务产业博览会,并利用平台优势宣传老龄服务产业的发展和产品品牌,扩大老龄产品的知名度和信誉度。同时,老龄服务产业协会还应承担起企业鉴定、评估与管理服务的责任,为老龄企业提供资质认定、管理、评估、信息与咨询服务等,并制定老龄企业监管规则,定期对企业检查和监督。在老龄服务产业社会化、市场化的过程中,政府还应制定有效政策鼓励和支

---

① 查建华:《中日两国老龄产业发展比较研究》,《上海金融学院学报》2011年第4期。
② 吴玉韶、党俊武主编:《中国老龄产业发展报告》,社会科学文献出版社2014年版,第144页。
③ 王章华、黄丽群:《我国老龄产业现状、问题与建议》,《宏观经济管理》2010年第1期。
④ 于继斌、朱学超:《老龄产业朝阳渐红》,《商业周刊》2010年第1期。

持社会组织,如社团组织、志愿者队伍、慈善机构等参与老龄服务产业的发展,起到加快推进产业发展,协调和化解产业运行中的问题和矛盾的作用。①

第八,加强老龄服务产业管理人才培养和专业技术人才的培训。老龄服务产业涉及多个专业,包括医学、心理学、社会学、公共管理、管理学等相关专业。目前,中国与老龄服务产业相关的教育和专业培训机构还较少,不能适应产业发展的需要。因此,一是应积极鼓励有条件的高等院校、职业教育机构设立社会福利、福利工学、老年服务与护理、老龄服务产业开发与管理等专业,加快培养适应当前和长远的老龄服务产业发展管理和专业化人才。二是鼓励和支持有条件的高校,职业教育机构、医院和养老院等部门大力开展老龄服务人员的专业技术培训工作,提高从业人员的技能。将护理人员的职业规划纳入人力资源和社会保障部门的职业培训计划中,对目前在岗护理人员要定期进行专业教育和职业培训,造就一支较高专业护理素质和职业道德的养老护理队伍。三是对各类社会养老机构的从业人员,要实行职业资格认证制度,②逐步推行老龄护理职业资格和技术等级管理认可制度,不断提高养老服务队伍的专业化水平。③

第九,加强老龄服务产业的信息服务体系建设。在现代信息社会,老龄服务产业的发展还有赖于在企业和老年消费者之间建立起完善和规范的信息服务体系。一是从产业层面构建起供求信息服务系统。信息缺乏和不对称往往导致企业不能按照老年人的实际需求进行生产,从而导致盲目生产或投资信心不足,这也是老龄服务产业"供给不足"和"生产过剩"的重要原因,建立信息服务系统,有利于培育老龄市场,为产业发展奠定基础。④ 例如,应大力发展老龄产品的综合市场和销售中心,鼓励社区资本与社区老龄模式相结合,发展老年用品连锁专卖店。二是建立养老服务综合信息系统。老年社区网络化也是信息服务体系建

---

① 李倩等:《老龄产业发展策略探析——以广东省为例》,《福建论坛》(人文社会科学版)2012 年第 1 期。

② 李倩等:《老龄产业发展策略探析——以广东省为例》,《福建论坛》(人文社会科学版)2012 年第 1 期。

③ 郭正模、魏宇菲:《老龄产业的弱质性与政府对老龄产业的扶持政策探讨》,《天府新论》2014 年第 3 期。

④ 陈茗、兰荣生:《发达国家老龄产业的发展及相关政策——以日本为例》,载《老龄问题研究论文集(十)——积极老龄化研究之二》,2006 年,第 109—119 页。

设的重要内容。目前,中国城镇90%的老年人在社区生活,互联网、现代通信技术等手段的普及,为构建社区网络信息服务平台奠定了基础。社区网络信息服务平台将为老年消费者和养老服务企业构建起供需沟通桥梁,为老年人提供个性化和高质量的服务。例如,在大城市利用社区医院建设类似“15分钟内到达的养老服务圈”的广覆盖的老年人医疗急救网络等。三是搭建养老服务业信息合作平台。养老服务信息化建设还为众多从事老龄服务产业的企业合作发展,合理配置资源,协调发展提供了广阔的空间,打破以往盲目发展与恶性竞争的局面。目前,一些地区开展的“网络养老院”“虚拟养老院”等正是不同类型养老机构利用社区网络化平台开展合作,提高服务质量和水平的有益尝试。① 总之,构建以“数字养老”的信息化服务体系是推进老龄服务产业发展的重要方式。②

第十,形成以市场为导向的产业多元化投资新格局。中国发展老龄服务产业要转变观念,拓宽福利资金补充渠道,使福利投资主体由国家、集体单一投资转变为国家、集体、企业、社团、私人以及外资等多元化投资新格局。一是政府兴办的国有独资养老机构,主要面向“三无”和“低保”老年人,服务方式应当从提供直接服务转变为对“三无”老人实行货币化养老,对“低保”老年人给予补助。同时通过大力发展农村乡(镇)区域性中心敬老院和老年服务中心,扩展服务对象和服务范围,不断提高养老的社会覆盖面和服务水平及产业化发展程度。二是吸引外资,鼓励国外经济实体和个人投资于养老产业项目。其形式可以与国内经济组织和个人合作,合作设置老龄服务企业和服务机构,也可以独资兴办,这些企业除享受外资的一般优惠政策外,还应在用地、税收等方面给予适当优惠政策。三是积极鼓励和支持民间资本投资老龄服务产业。按照“谁投资,谁管理,谁受益”的原则,鼓励和支持不同所有制的单位和个人投资兴办养老机构,开发老年产品。对承担“三无”对象养老的民办养老机构,各级政府可按照一定比例和供养人数,采取“民办公助”的办法予以扶持和资助。四是积极推进有条件的老龄服务产业上市融资。为了降低企业的融资成本,需要扶持该类企业,特别

---

① 于继斌、朱学超:《老龄产业朝阳渐红》,《商业周刊》2010年第1期。

② 查建华:《中日两国老龄产业发展比较研究》,《上海金融学院学报》2011年第4期。

是民营企业在二板市场上市融资，促进企业按照市场化、规模化方式发展。① 五是适当加大政府财政的直接投入，把老龄服务产业所需资金列入财政经常性预算项目，优化公共财政投向。②

第十一，创新灵活多样的产业发展模式。由老龄服务产业的性质所决定，其在整体上属于微利产业，如果市场供需处于均衡状态，产业的平均利润率必然低于一般的资本盈利水平，因此，应积极创新灵活多样的产业发展模式。例如，对前期资金投入多、回收慢的养老服务机构，可采取政府投资与私人租赁经营或承包经营相结合的模式；也可采取私人投资为主，国家财政补贴为辅的“民办公助”经营模式。政府对经营中的养老服务机构，可采取财政直接补贴的方式，帮助养老服务机构尽快形成经营能力。目前，北京、上海、天津、广西等地都建立了民办社会福利机构补贴制度。对老龄产品的生产和营销，政府也应选择性地建立政府补贴政策。同时，还可以采取股份制发展模式，即国家以国有土地入股与民营企业合作经营。总之，通过创新产业发展模式，形成老龄服务产业的产权多元化和商业—福利混合型经营方式，推进老龄服务产业持续发展。

第十二，提高老年人支付能力。老年人对老龄产品和服务的有效需求是老龄服务产业发展的前提条件。因此，一是建立养老金与物价变动联动机制。应当根据社会平均工资水平变化和养老基金的支付能力，建立与物价指数协调、联动的财政养老补贴机制，及时、合理地调整社会养老保险的养老金水平，并缩小城乡之间养老金的差距。二是建立养老补贴与经济增长相关联机制。按照政府财政收入增长的情况，增加中高龄老年人的社会福利补贴项目和标准，制定老年人购买老龄产品与服务的直接补贴。三是建立和完善企业年金制度，增加企业退休老人的收入水平和支付能力。四是积极探索老年人住房反向抵押保险制度之外的其他“以房养老”模式，提高老年人对老龄产品和服务的即期消费支付能力。五是建立长期医疗护理保险制度。如山东省青岛市根据失能和半失能老人医疗护理和生活照料的双重需求，2012 年在全国率先实施了长期医疗护理保险

① 陈元刚、李雪：《发展老龄产业应突出政策措施配套》，《重庆社会科学》2011 年第 1 期。
② 张梦冰：《老龄产业发展策略探讨》，《科技创业月刊》2011 年第 3 期。

制度,有效地减轻了老年人的经济负担,并积极探索“医养结合”养老模式,取得较好成效。六是完善医疗保险制度。应建立老龄大病保险报销制度,合理扩大老年病药物公费报销品种。

第十三,建立老龄服务业风险规避和化解机制。针对养老服务业经营中的风险问题,要积极建立与完善专门规范养老机构运行的法律法规,为养老机构的正常运行以及风险化解提供法律保障,如规定养老机构的最高赔偿额度,明确意外事故与责任事故的认定。同时,要通过立法,强制养老机构参加机构综合责任险,并将此纳入养老机构的执业条件和年审的必备条件之一。对参加机构综合责任险的养老机构,政府给予每位入住老人相应的财政补贴。针对养老机构经常发生的护理纠纷,可尝试推行养老院与入住老人和监护人签订医疗风险免责协议,避免养老院在告知医疗风险的情况下,以及因监护人员或老人本身原因导致的后果承担意外责任。同时,依托保险公司开展主要针对老年人的“老年意外伤害保险”业务,以及探索养老机构建立“意外伤害互助性基金”等办法,以降低老人家庭和养老机构的风险。目前,北京市已推出老年人参与社会活动的团购意外伤害保险,每年每人保费仅 15 元,而最高赔付金额可达 20 万元。成都市大型民办养老机构“晚霞养老中心”建立了“意外伤害互助基金”,入院老人每人交纳 200 元费用,出现意外事故后,由该基金支付社保以外的其他费用。① 建立健全商业保险机制,分担养老风险。商业保险公司由于具有独特的保险保障功能和保险资金优势,国家应当鼓励和支持商业保险投入资金参与到养老机构和老龄社区的建设中,商业保险机构可以研发多种类型的健康养老服务保险产品,降低养老服务机构的经营风险损失。②

第十四,加强老龄服务产业发展的国际合作。人口老龄化已经成为全球人口发展变化的重要趋势,中国老龄服务产业的发展也要适应这一趋势的变化,在全球老龄服务产业发展中,建立与中国经济发展状况和国际社会地位相适应的老龄服务产业问题沟通研究机制,积极参与和加盟国际老龄服务产业各项事务,

---

① 郭正模、魏宇菲:《老龄产业的弱质性与政府对老龄产业的扶持政策探讨》,《天府新论》2014 年第 3 期。

② 李洁明:《政府应发挥发展养老产业的应有作用》,《今日浙江》2010 年第 7 期。

开展双边和多边交流,深化国际合作;积极学习韩国和日本以及其他发达国家老龄服务产业发展的先进经验,使中国老龄服务产业水平与国际接轨;缩短产业发展进程,借鉴其现代管理模式和经营方式;养老项目可以对外招商引资,引进老年住宅建设项目;合作开发高新技术老龄产品;吸收国外老年服务与管理职业教育培训经验;积极开拓国际市场,提高老龄服务产业的国际竞争力。

六、日韩两国依托“产官学研”发展老龄服务产业案例分析

老龄服务产业发展中既要发挥政府职能作用，也需要企业、高校和研究机构各方力量的积极参与和配合，使老龄服务产业所需人、财、物、信息等各种资源在不同层面得到优化配置与有效利用。在实践操作层面，建立由政府、企业、高校和研究机构人员参加的“老龄服务产业发展研究会”，并在做好职能分工的基础上，各司其职。

1. 日本千叶县柏市建设附带服务功能的老年住宅

2010 年 5 月，千叶县柏市政府、UR 都市机构（原日本住宅公团）和东京大学老龄社会综合研究机构共同签署合作协议，决定组织“柏市丰四季台地区高龄社会综合研究会”（以下简称研究会），在柏市进行“产官学研”合作建设附带服务功能的老龄住宅实验。千叶县柏市位于东京东北部，离东京市区 30 公里，在高速经济增长时期作为东京的卫星城市取得了快速发展。截至 2016 年 4 月，千叶县柏市人口为 41.5 万人，约有 17.6 万户家庭，65 岁老年人口为 10 万人，占总人口的 24.5%。20 世纪 50 年代，由日本住宅公团（UR）修建 4700 户住宅。由于正值经济高速发展，该地区开发了大规模住宅区。如今 50 年过去，居住在此的人们陆续进入老年期。随着老年慢性病患者的增加，需要改变以往以医院为主的医疗护理供给方式，需要以居家生活为主，提供地域医疗护理服务。当时，研究会提出：“要建设不管何时都能安心生活的街区”，“无论到何时都能健康活跃的街区”方针。① 为了实现上述方针，决定建立地域综合护理体系。主要包括促进

① ［日］西村周三：《地域综合护理体系》，庆应义塾大学出版会 2013 年版，第 279 页。

居家医疗,培养承担居家医疗护理的人员,支持老年人就业及终身学习,建设附带服务功能的老年住宅,完善交通体系。通过该项目,柏市政府希望建设让老年人安心生活的街区,而东京大学则希望创新社会体系,探索一条应对超老龄社会的样板。

在由千叶县柏市政府、UR 都市机构(原日本住宅公团)和东京大学三方参加的"高龄社会综合研究会"主导下,产官学研合作,以四种方式建设老年住宅。

第一,在市营公营住宅区开办老龄之家。由于人口老龄化,开发较早的市营公营住宅面临一半以上居民进入老年期的状况。为了使老人在社区一直生活下去,有必要在老人较为集中的社区腾出空房,将其改造成能提供用餐、送餐、开展活动、提供简单医疗护理的老龄之家。首先由地方政府通过问卷调查了解居民需求,然后由政府住宅管理部门和福利管理部门联手组建老龄之家(NPO 法人),开展护理服务和社区交流活动。社区老人可以入住老龄之家。住在附近的居民自发帮助老龄之家的老人购物或照料日常生活。运营一段时间后,行政部门退出管理,由社区居民自主管理。老龄之家受社区综合护理支援中心委托照顾老人,护理形式属于小规模多功能居家护理。老龄之家还拥有食堂和菜园,提供生活咨询、送餐、医疗护理服务。

第二,新建附带服务功能的老年住宅。建设附带服务功能的老年住宅要求将建筑面积的 50% 用于居家服务。建设采取招标形式,建筑费可以得到国土交通省补贴。附带服务的老年住宅只能出租不得出售。配套服务有生活咨询、用餐服务、医疗护理服务。新建附带服务功能的老年住宅,在地下一楼设立居家护理支援、上门看护、日照护中心,在一楼开设护理用品商店、餐厅、蔬菜店。二楼设置小规模多功能认知症护理中心、24 小时居家服务中心,三楼以上为老年住宅。入住该住宅的老人,接受医疗护理服务时支付负担一部分费用,剩余的费用可以从医疗保险及护理保险中支出。

第三,在普通租赁住宅配备服务功能。一种是将原有的普通租赁住宅变身为附带服务功能的老年住宅。将普通住宅中的部分房间改造成能使用轮椅的屋子,方便老人和残疾人入住。该住宅提供生活咨询、送餐及医疗护理等服务。还有一种是在普通住宅一楼开设诊所、居家医疗机构、日照护中心和上门护理中心以及餐厅。民间组织负责培训志愿者,举办各种医疗、护理有关的讲座,开展文化体育事业。虽然是普通租赁住宅,但因配备很多服务功能,大部分入住者属于需要护理的老人。

第四,对原有的收费老人之家(养老院及护理院)增加各种服务功能。入住老人之家的老人中有健康老人、需要护理的老人及临终关怀老人。收费老人之家配备上门护理、日间照护、小规模多功能型居家护理等服务,综合提供医疗、护理及照料服务。在收费老人之家一楼开设按摩店、诊所、图书馆、美术馆及咖啡厅、西餐厅,方便老人,同时为社区居民提供便利。住在收费老人之家周围的老人也可以得到24小时服务。

该案例说明,产官学研联合要顺利进行,需要用内外一系列机制来保障。具体包括:一是决策管理机制,指决策管理的组织设置、问题与目标的确立、解决问题方案的实施、组织运行的综合评价。二是保障与激励机制,指产、学、研合作过程中制度、经费、利益的保障。三是运作与发展机制,充分发挥各主体的积极性和创造性,寻找最佳合作点,使产、学、研合作项目不断完善、巩固和发展。四是调节、平衡、约束机制,主要通过政府和市场的调控,法律法规的约束,合同协议的规定,解决产、学、研合作中出现的矛盾和偏差。[①]

2. 韩国城南老龄亲和体验馆促进老龄产品研发及销售

韩国城南老龄亲和体验馆于2012年10月由韩国产业通商资源部、京畿道城南市、乙支大学三个部门合作建设,是韩国政府主导下的产学研合作示范基地。[②]体验馆设有展示、生涯、痴呆体验等分馆,还介绍老龄企业和产品。

乙支大学是保健医疗领域的综合性大学,设有医学系和护理学系等学科。乙支大学是乙支财团(1956年成立)旗下大学,财团还拥有乙支医院。乙支大学产学协力团负责老龄亲和体验馆的具体运营,是产官学研合作的桥梁,将中央和地方政府、大学、研究机构、企业有机联系起来,进行人力资源开发、创业支援、技术开发等活动。综合体验馆由地上三层和地下二层组成。体验馆分六个中心,

① 于富增主编:《国际高等教育发展与改革比较》,北京师范大学出版社1999年版。

② [韩]韩国城南老龄亲和体验馆:http://www.miraeseum.or.kr/contents/info_0101.php?breadcrumb=1_1_1,2017年3月30日。

分别为展示体验中心、健康增进中心、教育支援中心、企业支援中心、信息支援中心和事业运营部。体验馆主要提供老龄产品相关信息、老龄产品展示、扶持老龄企业研发,设有痴呆体验和生涯体验等活动,提供护理人员培训。

综合展示馆的具体职能部门有六个:一是展示体验中心。设有老龄产品展示体验、生涯体验及痴呆体验。老龄产品展示主要涉及日常生活用品、排泄用品、起居用品、防褥疮用品、移动用品、高科技住宅等。选定产品时主要考虑产品的代表性、多样性、技术性,重点选择韩国国产优秀产品。通过展示,可以为相关企业提供信息交流的机会,也可以方便老年人通过体验购买适合自己的产品。通过“展示 + 体验 + 信息”提高产品宣传效果,使老年消费者在短时间内了解老龄产品。老年住宅样板展示充分考虑了老年人的日常生活轨迹,老年人可以根据样板间改造自己的住房,起到普及老年住宅的作用。生涯体验及痴呆体验使参观者感受老年生活的不便,使全社会关心和爱护老年人,实现代际融合。二是健康增进中心。设有体检、健康管理、认知健康管理、健康讲座等内容。主要提供综合体检,举办健康讲座,提高人们的健康管理意识,了解痴呆症的病因及症状。三是教育支援中心。主要设有生活健康讲座、就业健康讲座、专家培训课程、俱乐部管理等内容。乙支大学产学协力团利用乙支大学和乙支医院丰富的教育医疗资源,开展老龄护理相关专业人员护理培训。韩国护理师及福利用具师实行国家资格考试,综合体验馆提供相关培训。另外,还为老年人提供健康讲座及就业讲座。四是企业支援中心。主要针对进驻体验馆的老龄企业进行扶持和管理,支援企业研发老龄产品,对企业销售活动进行支援。五是信息支援中心。主要负责网站管理,提供老龄服务产业信息,宣传体验馆。六是事业运营部。负责体验馆的组织和人事管理、编制预算及结算业务、物业管理、行政事务、财务管理、总务等内容。

目前韩国三个地方(京畿道盆堂、大邱市、光州市)设有老龄产品体验馆。老年人及其家属可以直接体验产品便利性和安全性,还可以获得各种信息(护理、住宅、文化、旅游、资产管理等)。另外,考虑到老年人行动不便,在社区开设小规模体验馆,扩大宣传范围。2011 年,作为试点已在三处老人福利馆开设老龄产品展示体验馆。韩国现有 200 多家老人福利馆,拟增设展示体验馆。通过展示体验和宣传优秀产品,不仅可以介绍正确的使用方法,还可以扩大产品宣传,提高产品影响力。

该案例主要说明,产官学研合作中,由中央政府对产官学研合作提供法律支持和优惠政策,如对合作研究减免税收;对工业技术开发费、风险投资及技术开发奖金给予优惠贷款;由地方自治体提供场地,大学产学协力团作为核心力量,负责体验馆运营和产官学研协调。政府对大学和企业的合作研发、生产和经营给予各种优惠政策,使产学研互相激励、互相协调、共同发展。企业与高校、科研机构开展合作,加强企业技术改造和技术研发,加快先进技术的推广应用,促使高科技成果商品化、产业化,加速科技成果转化为现实生产力。

总之,借鉴日韩两国老龄服务产业发展的经验,应积极探索适合中国国情的"官产学研"产业协调发展机制。政府通过制定产业发展战略与规划,明确产业发展方向与目标。通过制定法规和各项政策为产业发展奠定基础和营造良好的制度环境,支持和扶持产业发展;老龄企业在经营和运作中遵循市场经济规律和原则,为老年人提供不同层级和多样化的养老服务和产品;国家相关教育部门和机构为老龄服务产业发展提供人力资源培育和支持;老龄服务产业相关科研机构,加强与企业的合作,研制与开发出科技含量高,且经济适用的老年产品,进一步开拓老龄产品市场,满足不同层次老年人的消费需求。①

具体措施:第一,构建产学研信息沟通与交流机制。需要政府建立合作窗口、搭建合作平台、信息平台和数据库,便于产业部门与高校、科研部门彼此信息的畅通交流,设立技术转移机构和知识产权管理机构,鼓励科研机构、高校战略性地对专利进行整体管理、运营。通过各种方式及时沟通与交流老龄服务产业养老服务、产品供求、人力资源供给、市场发展状况、国外发展趋势等信息。第二,建立起产学研合作研发创新机制。建立起以老龄企业为主体,教育和科技研发机构共同参加的产业合作研发创新体系,以产品和服务创新为动力,提高老龄服务产业的市场占有率和竞争力。鼓励企业与科研机构、大学建立共同研究中

① 韩振燕等:《江苏老龄产业发展需求与对策建议》,《南京邮电大学学报》(社会科学版)2011 年第 4 期。

心，鼓励形成较为稳定的合作伙伴关系。第三，建立产业运行中矛盾与问题化解机制。针对老龄服务产业发展经营中的问题，包括法规政策的实施状况和执行中的问题、监督管理中的问题以及影响产业发展的制度和制约因素等，组织政府和专家学者研讨和提出解决方案以及提出对策建议等，化解产业运行中的矛盾和问题，促进老龄服务产业规范有序发展。

专题篇

日本老龄服务产业发展机制研究

第一章　日本老龄服务产业发展概况

老龄服务产业是老龄社会条件下的支柱性产业和战略性产业，老龄服务产业已成为日本经济发展的新的增长引擎。日本老龄服务产业经过20世纪70年代萌芽期、20世纪80年代形成期、20世纪90年代成长期及2000年后的扩张期，产业市场趋于成熟，产业制度体系趋于完善。日本政府在产业发展的不同时期采取差别化战略，通过一系列政策（鼓励民间资本投入老龄服务产业、培育老龄服务产业行业组织、规范老龄服务产业市场秩序、维护老年消费者权益）使老龄服务产业迅猛发展。尤其是老龄本位产业中的护理服务产业、居住产业，关联产业中的老龄用品产业，衍生产业中的金融产业，成为引领老龄服务产业发展的重点产业。

第一节　日本老龄服务产业界定及产业链理论

一、日本老龄服务产业界定

1. 日本老龄服务产业定义

在日本，老龄服务产业称银发产业，也称老龄服务业。日本学界首次使用老龄服务产业用语是在1986年召开的“护理产业现状及健康发展研究会”上。而日本政府正式使用该用语是在1991年版的《厚生3年度白书》中。白皮书明确指出,老龄服务产业是指“由民间部门根据市场经济原理,以老年人为对象提供服务和商品的产业”。日本学者三浦文夫认为,老龄服务是指为谋求老年福利而提供的非公共性福利供给体系,而老龄服务产业是指上述供给体系中市场型供给组织。① 学者小西康生认为,老龄服务产业是指以老年人为对象,由民间企业提供以营利为目的的商品、资金及服务的产业。②

2. 日本老龄服务产业分类

日本厚生省把老龄服务产业分为居家服务关联产业、机构服务关联产业、福利用具关联产业、金融服务关联产业、医疗关联产业、休闲关联产业、日常生活关联产业七大类。

居家服务关联产业:上门护理、上门入浴、上门看护、配餐送餐等。

机构服务关联产业:为方便老年人生活的护理机构主要有养护老人之家、特别养护老人之家、轻费老人之家、老人之家、集体老人之家、护理院等。为老年人提供便利的设施有老人福利中心、老人休息之家、老人护理之家等,这些机构都以免费或收取一些费用的形式运营。

福利用具关联产业:主要指福利用具的生产、销售、租赁。老龄用品及器械从治疗为主扩大到预防、早期诊断、维护及增进健康等个人健康管理服务。老年人使用的医疗器械要求简单便利,那种小型或便携式产品深受老年消费者的欢迎。由于老年病增加,对延长生命及提高生命质量的医疗器械需求增多,这些产业与护理产业具有关联性。

金融关联产业:金融有关的服务分为年金、保险、资产管理三个部分。

休闲服务关联产业:老年人希望有休闲时间变换心情、实现自我价值,并充分休息。主要包括老年旅游、终身教育、增进健康及体育活动。

日常生活关联产业:老年住宅建设、改造及紧急通报等。

---

① [韩]宣贤奎:《老人长期疗养产业的理解》,良书苑2010年版,第42页。

② [韩]宣贤奎:《老人长期疗养产业的理解》,良书苑2010年版,第42页。

其他关联产业:如健康保健用品产业。进入老年期,人的免疫功能及消化功能下降,骨骼脆弱。为了提高身体各种机能,出现很多保健食品,这些保健食品比一般食品附加值高。随着老年人收入的增加及健康意识的提高,对健康食品的需求急剧增加,尤其对保健食品、药用食品、营养食品的需求急剧增加。具有一定经济能力的老年人对专门服装,如运动服、休闲服、登山服的需求也相应提高。

二、鞠川阳子三维产业链理论

根据老年人群的基本需求和深层需求,鞠川阳子将银发产业分成三个维度产业:本位产业、相关产业、衍生产业。本位产业包括:养老设施和机构、老年房地产、老年护理服务业、老年服饰、老年食品、老年医疗等。相关产业包括:养老设施和机构供应链上的专业家具、专业设施、专业易耗品等;老年护理服务业供应链上的护理人员的培训、劳务派遣、老年护理专业用品、治疗和康复器械等;来自老年人深层需求的娱乐、学习、旅游、医疗保健、营养保健、心理咨询等。衍生产业包括:老年储蓄投资理财产品、老年地产的倒按揭等金融产品,寿险产品的证券化产权产品、长期护理保险产品、老年融资等资本市场。①

老龄服务产业以本位产业为核心,相关产业为支撑,衍生产业为补充,形成产业链体系,三个产业维度之间相互补充,相互促进。相关产业起着为本位产业提供基础设施、人力资源以及丰富老年生活内容的作用;本位产业的发展则对相关产业和衍生产业有很强的促进作用;衍生产业能够为本位产业和相关产业的发展提供资金支持。因此,老龄服务产业要发展,需要三个维度产业的协调统一。"阳子三维产业链"模型,明确了老龄服务产业所涵盖与涉及的产业板块。老龄服务产业形成以本位产业(养老机构和设施、老年房地产、老年护理服务、老年食品和医疗等)为基本,以相关上下游产业(专业家具、专业设施、护理服务人员培训、康复器械、娱乐、学习、旅游、心理咨询等)为支撑,衍生产业(老年储蓄投资理财产品等)为有益补充的发展格局,充分开发"三维产业链"的附加价值,使三个产业维度之间相互补充,形成经济与社会效益良性循环的产业链,促进养老

① [日]鞠川阳子:《银发产业三维产业链的潜力》,《第一财经日报》2009年10月30日。

服务和老龄服务产业的发展。①

第二节　日本老龄服务产业发展背景

日本老年人口的急剧增加及收入水平的提高，为日本政府积极发展老龄服务产业创造了消费环境。一国经济发展总体战略的改变、国家产业结构优化升级、老年人消费能力和偏好的改变，将影响老龄服务产业政策的制定和实施。日本国家产业结构升级，使老龄服务产业成为支撑日本经济可持续发展的战略产业。

一、日本人口结构变化及老年人口剧增

日本老龄服务产业的发展历程和日本人口老龄化趋势密不可分。1970 年日本人口老龄化率超过 7%，日本进入人口老龄化社会，1994 年超过 14%，进入人口老龄社会，2007 年人口老龄化率超过 20%，进入超老龄社会。② 从人口规模来看，据日本总务省统计局统计，截至 2019 年 10 月，日本总人口为 12602 万人，而到 2030 年，预计减少到 11108 万人，到 2065 年，预计减少到 8808 万人。总人口持续减少，但老年人口持续增加。2019 年，65 岁及以上人口为 3582 万人，占总人口的 28.4%。③ 老年人口占日本总人口的 1/4，达到世界最高水平。今后人口老龄化速度加快，到 2065 年，日本老龄化率将达到 38.4%，2.6 人中就有 1 位老人。④ 更为严重的是，2025 年日本“团块世代”⑤进入 75 岁高龄期，到时对医疗护理的需求进一步增加。2025 年，75 岁及以上人口将超过 2000 万人，每 5 人当中就有 1 位是 75 岁以上老人。到 2055 年，75 岁以上人口将占总人口的 25%。通常，65 ~ 74 岁以上人口中需要护理的人口约 3%，但到 75 岁以后，由于自理能力

---

① 冯佺光等：《养老产业开发与运营管理》，人民出版社 2013 年版，第 216—218 页。

② 按照联合国的统计标准，老龄化率 7% ~ 14% 为老龄化社会，14% ~ 21% 为老龄社会，老龄化率 21% 以上为超老龄社会。

③ ［日］总务省：《人口推计》，http://www.stat.go.jp/data/jinsui/new.html，2020 年 2 月 17 日。

④ ［日］内阁府：《令和元年版老龄社会白书》，日经印刷株式会社 2019 年版，第 3 页。

⑤ 战后 1947—1949 年婴儿潮时期出生的人口。

急剧下降,需要护理的人口达到27%。而且,到2025年,痴呆症人口达到700万人,需要护理的人口将达到660万人。而平均寿命的延长,加速了人口老龄化。从人口平均寿命来看,据厚生劳动省发表的“完全寿命表”显示(2018年10月1日),日本男性平均年龄为81.25岁,女性为87.32岁,创历史最高水平。[①] 预计到2030年,平均寿命将达到男性81.88岁,女性88.66岁,到2055年,进一步提高到83.67岁和90.34岁。[②] 平均寿命的增加,意味着老龄人口中高龄人口的比例进一步增加。急剧的老龄化增加了中风、认知症等需要长期护理的老年人口。而家庭抚养功能弱化,使老年护理成为深刻的社会问题。日本老年人口持续增加的同时,少儿人口却持续下降。从出生率来看,2005年,总和生育率达到历史最低点1.25,到2017年,虽提高到1.43,但依然处于生育率的更替水平2.1以下。[③] 人口结构严重失调,对经济带来负面影响,加重了国民税收负担,同时增加了老年福利有关费用支出,还激化代际矛盾。随着老年人口的急剧增加,对医疗、护理及健康有关产业需求持续增加,老年人作为消费者将对日本消费市场产生重大影响,并促进老龄相关产业发展,使老龄服务产业成为日本未来经济增长的动力。

二、家庭结构变化及老年收入增加

由于产业化及城市化的发展,家庭规模缩小,越来越多的女性参加社会劳动。这使家庭抚养功能削弱,出现各种形式的老年家庭(户主为65岁以上老年人)。从家庭构成来看,2017年,老年家庭为2378万户,占家庭总户数(5042万户)的47.2%。从老年人与子女同居情况来看,1980年,三代同堂家庭占50%,到2017年,老年家庭占到半数以上。其中,老年夫妻家庭最多,占30%,[④]这使老年家庭结构发生很大变化。家庭结构变化,导致家庭抚养意识淡化,增加了国家及地方自治体对老人抚养的社会责任。这促使增加各种老人抚养设施,增加为

① [日]厚生劳动省:《完全寿命表》,https://www.mhlw.go.jp/toukei/saikin/hw/life/life 18/dl/life 18 - 02.pdf,2019年11月8日。

② [日]内阁府:《平成28年版老龄社会白书》,日经印刷株式会社2016年版,第13页。

③ [日]内阁府:《令和元年版老龄社会白书》,日经印刷株式会社2019年版,第14页。

④ [日]内阁府:《令和元年版老龄社会白书》,日经印刷株式会社2019年版,第9页。

老服务项目。另外,随着社会经济的快速发展,老年社会保障制度日趋完善。

随着年金制度的扩大,老年人收入也在增加。2018 年老年人家庭月平均实际收入为 41.1 万日元,其中年金收入为 13.2 万日元,占实际收入的 32%。实际支出为 35.4 万日元(消费支出 29.1 万日元 + 纳税及保险费 6.3 万日元),每月有 5.7 万日元余额。① 老年消费者是老年产品市场中的主体。因此,考察老年用品市场成熟与否不仅要看老年市场的供应状况,还要看老年人作为消费者对这些产品的认知度和购买力。日本在开发老龄用品市场过程中,把市场调研放在了十分突出的位置。市场调研内容包括对整个市场规模的预测、老年消费者需求状况、消费心理、消费习惯以及消费能力调查等。②

三、日本社会福利体制变化

1973 年,日本实施老年人免费医疗制度后,老年人"社会入院"现象剧增。其背景为福利设施不足、医疗机构增加、家庭抚养意识淡化。随着人口老龄化的加剧,老年人护理成为社会问题。由于福利设施只针对低收入老年人,很多有经济能力的老年人只好入住医院和收费老人之家。

20 世纪 80 年代,在经济全球化背景和新自由主义思潮影响下,世界各国的社会福利体制发生了很大变化。日本也深受撒切尔主义和里根革命等新自由主义政治经济思想的影响,在社会福利领域主张引进民间活力。1981 年,临时行政调查会第一次答辩会上,提出尽可能发挥民间活力。1985 年,社会保障制度审议会提出《老年人福利应有的状态》报告,指出:"在老龄化社会到来及年金制度扩大的背景下,民间企业积极参与养老服务市场。"1985 年 11 月,厚生省社会局老人福利课设立了老龄服务产业振兴指导室。1986 年,在"福利关系第三次审议会共同沟通企划"分科会上提出《今后老龄服务应有的状态》报告,报告认为,随着老龄化的加剧及年金制度的扩大,具有购买力的老年人增加,老年人生活意识发生变化,他们希望得到更多元化的服务。另外,提议把公共福利服务委托给民间,使民间发挥创意,提高效率。1986 年,日本政府组建了"关于养老服务现状及

---

① 厚生劳动省:《2018 年度公共年金和 2017 年度老年人家庭收支》,https://www.meijiyasuda.co.jp/mybizsupport/contents/common/bizinfo/myilw/pdf/report_01.pdf,2019 年 11 月 18 日。

② 台恩普、陶立群等:《促进老龄产业发展的机制和政策》,科学出版社 2009 年版,第 175 页。

养老服务促进会”,开始积极探讨老年福利服务。1987 年,成立以促进养老服务健康发展为目标的民间社团法人“老龄服务产业振兴会”。1988 年,该会制定了民间部门应遵守的基本纲领、养老服务理念、社会信任、禁止事项等内容。

进入 20 世纪 90 年代后,日本国家和地方自治体的财政状况持续恶化。为了节约费用,国家和地方政府将老年社会福利委托给社会福利法人,采用公共设施民营化方式。1989 年 12 月,日本政府制定“老人保健福利促进十年战略”(即“黄金计划”)。为了顺利实施“黄金计划”,1990 年修改《老年社会福利法》,以市町村为中心提供福利服务。1991 年,日本政府把老龄服务产业振兴指导室升格为老年社会福利振兴课,加强了养老服务的振兴体制。1993 年,日本政府要求全国都道府县及市町村制定老人保健福利计划。1994 年,修改“黄金计划”目标和任务,出台“新黄金计划”。同年 8 月,内阁会议提出《21 世纪福利展望》报告。该报告指出,在放松管制和实施地方分权过程中实现社会福利目标。紧接着,老年护理及自立支援体系研究会提出《关于构筑新的老年护理体系的报告》,建议以“社会保险”方式构筑新的老年护理体系。1995 年 12 月,内阁会议制定《为结构改革制定的社会经济计划》,决定引进竞争机制,改变日本经济的高成本结构,谋求在保健、医疗、福利等服务行业创造新产业,将社会性管制控制在必要的最低限度内。[①] 1996 年 4 月,老人保健福利审议会提出题为《关于建立护理保险制度的建议》的报告,提出利用市民的广泛参与及民间活力,通过民间部门和居民参与的非营利组织,提供多样化的护理服务。同年 5 月,厚生省在“护理保险制度草案”中,提出要放宽各种限制,鼓励民间参与,扩大护理市场规模。同年 12 月,制定《财政结构改革法》,削减社会保障关系费,主要采取提高老年患者的医疗费负担,降低年金给付水平,提高年金给付起始年龄等措施。1997 年,制定《护理保险法》。1999 年,完成“新黄金计划”,12 月制定“未来五年老人保健福利政策方向”(“黄金计划 21”)。

四、日本护理保险制度的实施

实施护理保险制度的目的在于通过供给主体的多样性,提高服务质量。福

---

① [日]北场勉:《日本老年人福利政策的沿革——以介护问题为中心》,《社会保障研究》2006 年第 2 期。

利服务的生产和供给由国家、市场、社会(家庭和社区)三个部门承担。过去在行政主导的"措施制度"中,公共机关成为供给主体,不存在竞争,很难提高服务质量。第二次世界大战后,日本福利服务主要以国家的公共责任为原则,地方自治体受中央政府的委托,提供社会福利服务。这种社会福利制度就是措施制度。也就是说,由国家财政出资一半,都道府县和市町村各拿出 1/4 的财政资金,由市町村负责编制老年福利和残疾人福利预算,在预算范围内提供福利服务。因此福利服务的供给量并非由需求量决定,而是由会计年度编制的预算决定。随着少子老龄化的加剧,需要护理的老年人急剧增加,原先的措施制度无法满足日益增长的护理需求。

1993 年发表的《社会保障未来状态委员会第 1 次报告》和 1994 年提出的"21 世纪福利目标"指出,需要摆脱以家庭护理为前提的护理体系,建立由全社会共同支撑的护理体系。1994 年发表的《社会保障未来状态委员会第 2 次报告》指出,不该只由个人和家庭负担老年护理问题,应由全社会共同承担护理风险,即采取社会保险方式。此后,日本政府认真考虑由老年人护理自立支援体系研究会提交的《关于建立新型老年人护理体系的建议》(1994 年)和社会保障制度审议会提交的《社会保障体制的再构筑(劝告)》(1995 年),再次提到公私分担问题。第一,先明确公共责任,后建立公私合作关系。第二,由政府承担生活保护等现金给付,居家服务由地方自治体提供。第三,随着福利服务的扩大,地方自治体的负担增加,需要与中央政府共同分担。第四,对民间营利部门,需要政府适当支援和指导。第五,需要从需求者的角度考虑建立多元化的供给体系。提供福利服务的供给方和利用者处于同等地位,供给方和利用者签署契约,利用者可以自主选择服务,从而使福利服务从措施制度转变为契约方式,促进了社会福利领域的民营化。

2000 年 4 月,日本正式实施护理保险制度。实施护理保险制度后,民间企业开始大量提供老年社会福利服务。随着《特定非营利活动促进法》(简称"NPO 法")的颁布及社会福利基础改革的实施,地域社会的互助意识得到加强,社会连带感增强。社会福利协会根据地域居民的需求,积极接受公共委托的福利服务,开发居民参与的各种服务。护理保险制度实施后,明确了契约关系,护理服务以提供者与利用者之间的签约为基础。为了保护残疾人等签约困难的人群,2000年实施成年监护人制度。护理保险制度强调社会对老年护理的责任,实际上,这也是为了减轻因老年医疗费上涨带来的财政负担。政府逐步放宽老年社会福利领域的各种限制,使个人和企业追求营利的同时提供服务。老龄服务分为以需要护理老人为对象的服务和以健康老人为对象的服务。2003年,修改《地方自治法》,很多公营的社会福利设施委托给社会福利法人经营。对于利用者来说,能够提供优质服务的并非是公共部门,而是民间部门。过去,公营护理机构的从业人员为公务员,因此工资比民间部门高,出现了很多公办民营方式的社会福利设施。由于老年人口中80%的老人是健康老人,因此,老龄服务产业不仅要为长期护理老人提供服务,还需要满足追求更高生活品质的健康老人的需求。公共部门提供的服务往往是基础的,也是单一的,因此,老年人更愿意利用民间企业提供的多样化服务。过去,老年社会福利只针对两种人群,一种是面向低收入老年人提供公共服务;另一种是面向高收入阶层提供收费服务。结果,纳税最多的中间阶层被排除在福利服务之外。制定实施护理保险制度后,中间阶层也可以利用福利服务,这为民间企业的福利服务带来效益。

五、确定老龄服务产业发展战略

2009年12月30日,日本鸠山政府在临时内阁会议上确定了2010—2020年度未来十年"新发展战略"基本方针。新发展战略涉及六个重点领域,其中包括发展医疗护理和健康相关产业。目标为实现价值45万亿日元,创造280万人的新就业岗位。主要内容包括①:

第一,将医疗护理和健康相关产业发展成拉动经济增长的产业。日本是世界第一长寿大国,也是老龄化最严重的国家。推动医疗护理领域创新,既可以培育新服务业,也能为制造业发展提供机遇。鼓励民营资本参与,构建一套以人为本的多种服务体制。

第二,扶持日本新药品、医疗护理技术的研发;产官学三位一体,联手推动新

① [日]内阁府:《新增长战略(基本方针)——走向辉煌的日本》,http://www.kantei.go.jp/kakugikettei/2009/1230sinseichousenryaku.pdf,2009年12月30日。

药品风险投资企业的发展,促进远程医疗系统、老人用移动单车、医疗护理机器人研发和生产;缩短药品及医疗器械的审批期限,加快完善临床诊治环境。

第三,鼓励企业开拓亚洲市场。老龄化社会促使亚洲各国医疗护理和健康相关产业迅速发展。在海外销售药品及把医疗与旅游结合起来,针对亚洲富裕阶层提供体检等医疗服务;加强与亚洲成熟市场的合作,开展临床共同研究和建立合作医院。

第四,增加无障碍化住宅供给。独居和需要护理老人日益增多,采取安装扶手和消除室内台阶等措施,加快推进无障碍化住宅建设,保证老人在住宅内安全活动、防止跌倒以及减轻护理者负担。鼓励老人选择功能完善的无障碍化住宅,扶持住宅无障碍化改建,鼓励和支持民营资本参与租赁型无障碍化住宅建设。

第五,夯实医疗护理服务基础,让老人安心快乐。老人能够健康生活,是健全社会的标志,也是经济发展的基础。夯实医疗护理和健康相关服务企业的横向联合,鼓励利用信息通信技术,开展居家服务,实现各区域老人的安心生活。

第三节　日本老龄服务产业政策变迁

日本老龄服务产业经历发芽、形成、成长、成熟等产业周期的演变,在不同的发展阶段,产业政策的侧重点有所不同。老龄服务产业政策变迁与人口老龄化趋势密不可分。1970 年,日本人口老龄化率超过 7% 进入人口老龄化社会,1994 年,超过 14% 进入人口老龄社会,2006 年,超过 20% 进入超老龄社会。纵观日本的老龄服务产业政策及市场特点,其老龄服务产业的发展可以分为四个时期:20 世纪 70 年代萌芽期,20 世纪 80 年代形成期,20 世纪 90 年代成长期,2000 年后扩张期。①

一、20 世纪 70 年代老龄服务产业萌芽期

20 世纪 50—60 年代,日本从法律上确立社会福利制度。日本重视老龄社会

① 查建华:《中日两国老龄产业发展比较研究》,《上海金融学院学报》2011 年第 4 期。

对策是在1963年制定《老人福利法》以后。在制定以老年人为对象的《老人福利法》之前,日本针对老年人的政策主要由《国民年金法》以及以低收入老年人为对象的《生活保护法》。1963年颁布实施《老人福利法》以后,老年护理服务逐渐从针对低收入阶层转变为一般老人。1963年颁布《老人福利法》,制定家庭护理员派遣条例,从法律上允许民间部门开设特别养护老人之家(养老院)等收费养老机构。这是日本政府关于老龄服务产业发展的第一部法律。但实际上,因养老设施有限,只有低收入老人通过"措施制度"①入住养老机构,普通老人无法利用。以此为背景,1971年,日本实施社会福利设施紧急整备五年计划,扩大老年福利范围。1972年开展老人家庭护理员派遣事业。可以说,20世纪70年代中期以前,老人福利政策重点在于完善福利设施,但20世纪70年代中期后开始强调居家福利。1973年,日本还实行老人免费医疗制度。该制度规定,70岁以上(卧床情况下65岁以上)老人的医疗费由中央政府和地方政府财政负担。但由于发生两次石油危机,经济进入低速增长,再加上老龄化率超过7%,政府感到单靠政府提供社会福利存在局限性,开始探讨由国家和地方、公共和民间共同负担社会福利费用的方案,并制定《社会福利设施紧急整备5年计划》(1970年),扩大养老机构数量。当时国家财政出现巨额赤字,为了重建国家财政,不得不取消免费医疗制度,改革社会保障制度。

二、20世纪80年代老龄服务产业形成期

随着老龄化的发展,需要将医疗和护理结合起来提供综合服务。20世纪80年代日本开展居家护理三大事业,即日间护理服务、短期入住护理、上门护理。20世纪80年代初,老人医疗费猛增,1982年不得不制定《老人保健法》(2006年变更为《老人医疗确保法》),取消免费医疗,对75岁以上老人实行后期老人医疗制度。同年,第二次临时行政调查会向政府提议,尽可能使民间参与社会福利。1983年制定《老人保健法》,老人医疗从医疗保险制度中独立出来。当时有关福利服务的报告书和劝告主要探讨居家福利和地域福利;有效利用资源和确立个

① 措施制度是指社会福利制度中由行政机关判断向利用者提供的服务种类和福利机构,利用者无权自主选择服务和机构。2000年随着《护理保险法》的实施,措施制度转变为契约制度,利用者自由选择服务和机构。

人负担额;提出国家、地方、民间和个人共同分担老人福利责任;实行保健、医疗和福利一体化。为了促进民间参与老龄服务产业发展,政府制定三项专门法律(《民间老后综合设施完善法》《福利用具法》《护理保险法》),并制定相关的行政指导方针。作为具体政策措施,厚生省于 1985 年设立"老龄服务产业振兴指导室",1987 年变更为社团法人"老龄服务产业振兴会",组织老龄企业和团体参加该会,并制定道德纲领。同年,为了促进福利用具研发,设立财团法人"技术辅具协会"。1986 年,为使患有慢性病的老人能够得到稳定的护理及康复训练,建立了老人保健设施。为了减轻国家负担,根据老人入住设施的时限,采取定额支付方式。其结果,减少了过度医疗费,重视预防为主的医疗。1986 年日本政府制定长寿社会对策,1988 年厚生省和劳动省决定,为实现长寿福利社会,制定相应政策和目标。同年,通过修改《社会福利医疗事业团法》向收费老人之家、居家护理、居家入浴等机构提供低息贷款,并修改居家护理及居家入浴事业的行政指导方针。1989 年,为了应对老龄社会,由厚生省、大藏省、自治省共同制定"老年人保健福利促进 10 年计划"(黄金计划)。黄金计划以 1999 年为目标,加快完善市町村的居家福利对策,开展"病床老人零作战计划",进一步完善机构,完善老年人综合设施,提出目标和预算额度。为此,鼓励民间参与特别养护老人之家等有关养老机构建设。同年还实行"老龄产品认证制度"。另外,各都道府县成立老龄服务产业振兴协会,支援各地老龄服务产业发展。在此之前,中央社会福利审议会等三个福利有关审议会召开共同企划分科会,提交"今后社会福利方向"的报告书。该报告书主要内容为强调正常化理念、福利服务普遍化、促进政策综合化和系统化、扩大服务利用范围,并建议重视市町村的作用,加强福利、保健和医疗一体化和综合化,培养和确保护理人力。

三、20 世纪 90 年代老龄服务产业成长期

1990 年,受该报告书和"黄金计划"的影响,日本陆续修改跟老人福利有关的 8 部法律。修改的主要内容为一是为促进居家福利,修改《老人福利法》中有关居家福利内容,明确短期入所和日护理服务的概念。1990 年政府制定"护理用品及护理器械租赁指南",1992 年,制定"关于护理型收费老人之家(接收无自理能力老人)的业务指针"和"关于护理用品、护理器械租赁的行政指导方针",并

由社会福利医疗事业团提供贷款。1993 年制定《关于建设老人、障碍者等方便利用的特定建筑物的法律》(2003 年修改)。进入 20 世纪 90 年代后,老龄化速度超出政府的预想,1994 年全面修改黄金计划,并制定“老人保健福利 5 年计划”(新黄金计划)。新黄金计划将重点放在居家护理上,增加 17 万居家护理员及 6 万短期入住机构老人,增设 17 万家日照护中心和 1 万家居家护理支援中心,建设能容纳 29 万人的特别养护老人之家。1996 年制定“居家配餐配送服务指南”,1997 年全面修改“设立和运营收费老人之家指针”和“日间护理事业指针及短期入所生活护理事业指针”。① 2000 年实施护理保险制度后废除了该指针。1999 年“新黄金计划”结束,制定了“黄金计划 21”,重点支援认知症老人,综合促进疾病控制和社区生活支援体系。根据该计划,扩建老人福利设施及居家护理服务设施。此时,老龄服务产业限定在政府主导的公共领域。

四、21 世纪初老龄服务产业扩张期

2000 年 4 月,日本实施护理保险制度,民间企业和组织只要满足一定条件,就可以从事护理保险制度下的护理保险事业及福利仪器的开发与销售。提供的服务也能得到保险给付。《护理保险法》规定受保人为 40 岁以上国民,投保人为市町村。受保人只要缴纳保险费,并认定为需要接受护理,就可以只缴纳 10% 的费用后利用护理服务和护理用品。而且该制度不同于以往行政主导的措施制度,利用者可以直接与护理服务供给方签订合同,并自主选择服务。2000 年 5 月制定的《关于促进老人、身体障碍者方便利用交通工具出行的法律》为企业带来新的利润增长点。在社会福利领域,《社会福利法》(2000 年)第 60 条规定,社会福利事业分两种,第一种由国家、地方公共团体、社会福利法人经营。民间企业等营利法人只能从事第二种社会福利事业。迄今为止大部分第一种社会福利事业以“措施制度”为前提。在措施制度下,不仅是福利服务所需费用,就连服务供给本身也是由国家供给。政府为了使小规模法人能够稳定经营,用公费支援经营所需资金,并采取各种保护性措施,确保福利服务供给。服务利用者可以根据

---

① [韩]朴株天:《通过日本老龄服务产业对我国老龄服务产业的政策提案》,《老人福利研究》2005 年夏季号,第 114 页。

自己的经济能力，负担相应费用。但是，不管是第一种还是第二种，因为提供的服务有限，只有极少数人才能利用。但随着福利需求的扩大，福利社会化带来福利服务供给方式的变革。社会福利供给中，措施制度被契约制度代替。原先由社会福利协议会和社会福利法人提供的社会福利服务扩大到各种供给主体。随着年金制度的成熟，经济富裕的老人增加，民间企业开始大量进入福利领域。2001 年，日本全面修改有关收费老人之家的开设及运营指导指针。民间企业和非营利组织经营护理服务业务，使原先以公共服务为主的护理制度通过市场经济原理，实现供给主体多元化。也就是说，放宽对营利企业和非营利活动团体（NPO）法人的限制，使更多的民间企业和团体参与护理服务，促进了老龄服务产业发展。尤其是护理服务领域，随着服务需求的增加，从事护理服务的企业和团体急剧增加。2009 年 12 月，日本民主党鸠山政府制定"新增长战略"基本方针，确定包括健康医疗护理产业在内的六大重点产业。在健康医疗护理领域，到 2020 年实现 45 兆日元的新市场，创造 280 万人的新就业岗位。为此，日本采取措施鼓励民间资本参与，促进药品、医疗、护理技术研发，开拓亚洲等国外老龄市场，促进无障碍住宅供给，提高和改善医疗护理从业者的待遇，实现地域医疗护理一体化。

第二章 日本老龄服务产业政策法规体系

20 世纪 90 年代，随着人口老龄化的加剧，日本政府先后制定和颁布了发展老龄服务产业的政策法规，建立了良性的市场运行机制和行业管理机制，在政策的实施和监督管理方面积累了丰富的经验。尤其是与老龄服务产业有关的政府部门，对护理服务的运作方式和行业内部管理上制定了一系列的制度和规定。

第一节　日本老龄服务产业相关法律

日本政府于1995年制定《老龄社会对策基本法》,2000年制定《护理保险法》为老龄服务产业的健康发展保驾护航。本章主要阐述了两部法律的基本理念、主要内容、运行机制、资金来源、扶持体系,以期在人口老龄化进程加速发展的背景下,尽早制定与老龄服务产业相关的法律,为我国老龄服务产业发展奠定坚实的基础。

一、颁布实施《老龄社会对策基本法》

1995年,日本政府制定了《老龄社会对策基本法》(简称《基本法》)。该法第6条规定,《基本法》为"政府必须推进的,最基本的综合性老龄政策大纲"。《基本法》由总则、基本政策、高龄社会对策会议三个部分组成。①

1. 基本理念

《老龄社会对策基本法》是日本政府为了综合促进老龄社会对策,谋求经济社会稳定发展及国民生活稳步提高而制定的。其基本理念如下:(1)建设一个公正而充满活力的社会,确保国民在整个生涯中能够参与就业及其他各种活动。(2)使国民在整个生涯作为社会一员受到尊重,在地域社会立足于自立和团结合作。(3)建设富裕社会,使国民在整个生涯健康、充实地生活。国家及地方公共团体有义务基于基本理念,制定并实施"老龄社会对策大纲"。"老龄社会对策大纲"的原型是1986年制定的"长寿社会对策大纲"。1995年,修改并更名为"老龄社会对策大纲"(简称"大纲")。《基本法》明确规定在国家层面上需要就"就业及收入""健康及福利""学习及社会参与""生活环境""调查研究"制定具体措施。政府负责制定基本的也是综合性的老龄社会对策大纲,而内阁负责设立"老龄社会对策会议"。

"老龄社会对策会议"由会长、委员组成。会长由内阁总理大臣担任。总理

① [日]内阁府:《21年度老龄社会白书》,佐伯印刷株式会社2009年版,第155页。

大臣从内阁官房长官、有关行政机关官员中任命委员会成员。会议设有干事。内阁总理大臣从有关行政机关职员中任命干事。干事帮助会长及委员管理会议事务,会议以政令的形式规定组织机构及运营事项。会议负责制定老龄社会对策大纲草案,协调老龄社会对策机关之间的关系,审议老龄社会对策有关的重要事项,促进政策实施。

根据《老龄社会对策基本法》,政府负责制定老龄社会对策大纲。老龄社会对策大纲是政府推进中长期老龄社会政策的指针。根据社会经济形势的变化,定期对该指针进行修改。1996 年 7 月,第一次制定老龄社会对策大纲,后进行多次修改。在大纲中提到,今后日本将面临“团块世代”退休等老龄化问题,必须制定综合性的对策。老龄社会对策大纲是基于《老龄社会对策基本法》的基本理念确立的。为了实现基本理念,以国家和地方公共团体为主体,企业、地域社会、非营利活动团体(NPO)、家庭、个人等社会各部门齐心协力,共同推进老龄社会政策大纲。

2. 基本方针

第一,改变对老年人的陈旧认识。从总体上看,老年人身体健康、具有活动能力,而且在经济上较富有。但因性别、健康状况、经济能力、家庭结构、居住情况不同,老年人状况也多样化。因此,根据老年人的状况及多样化需求,制定适合老年人的政策尤为重要。

第二,重视预防及为老年期做准备。进入老年期,健康、经济、社会关系等方面遇到问题,需要提前预防和采取对策。特别是年轻时需要积累财产、维护健康、参加学习、参与社会,提前预防老年期问题。国家应支援国民为老年期所做的准备。

第三,加强地域社会作用。为了促进老年人主动参与地域社会活动,需要搞活地域社会的互助功能。主要根据地域社会的老龄化状况、城市农村的社会经济特点,完善各种老年人的生活环境。

第四,重视男女共同参加。根据老龄期男女平均寿命差异,重视长寿女性的生活、经济、健康状况,为她们创造更加舒适安全的生活环境。

第五,运用科学技术,发展医疗、福利、通信产业。加快科学技术研发,将成果运用到医疗、福利、信息通信等领域，使老年人充分享受科技带来的好处。

大纲还规定了以下内容：(1)支援老年人的多样化生活方式，帮助老年期生活自立。(2)改变按年龄划分老年人的制度和习惯。(3)加强代际间合作。(4)促进老年人社会参与。

3. 主要内容

《老龄社会对策基本法》第9—13条规定了“就业与收入”“健康与福利”“学习与社会参与”“生活环境”“调查研究”五个方面内容。这些内容与老龄服务产业密切相关，具体措施如下①：

(1)就业与收入

在老龄化加剧的情况下，建设充满活力的社会，改善就业环境，使老年人利用自身的知识和经验为社会做贡献。特别是根据劳动人口老龄化以及公共年金领取年龄的上调，采用延长退休年龄和继续雇佣制度，使希望继续工作的人能够工作到65岁。为了使人们在长期工作中继续发挥能力，开发职业能力、缩短劳动时间、实现男女工作机会均等、普及育儿护理休假。关于老年人退休后的收入，以公共年金为主，结合企业年金、退职金、个人年金确保收入稳定。②

第一，确保老年人雇佣与就业机会。一是确保老年人利用自身知识、经验工作到65岁。二是支援和促进中高年龄层的再就业。三是采取多样化的就业形式确保老年人雇佣与就业。四是支持老年人创业。五是实现不分年龄都能工作的社会。

第二，使劳动者终身发挥自身能力。一是使劳动者在自己的职业生涯中发挥能力。二是实现充满活力的职业生活。三是充分发挥女性在雇佣与就业中的能力。四是积极支援女性兼顾工作家庭。五是创造多种就业形式。

第三，实行公共年金制度。一是实行可持续的稳定的公共年金制度。二是建立适应个人生活周期变化的公共年金制度。三是促进公共年金制度一体化。

第四，支持老年人靠自助努力确保老年期收入。一是完善企业年金制度。

---

① [日]内阁府：《21年度老龄社会白书》，佐伯印刷株式会社2009年版，第157—168页。

② [日]增田雅畅、岛田美喜：《社会福祉与社会保障》，美的卡出版社2005年版，第111页。

二是改善退休金制度。三是促进老后资产储备。

（2）健康与福利

第一，综合实施健康措施。年轻时加强锻炼，到老年期要长期保持健康的身体。自 2000 年 12 月，日本开展“面向 21 世纪国民健康运动”，制定《健康增进法》，促进国民健康、预防疾病，并于 2001 年 5 月开始实施。护理保险制度已成为全民共同支撑的制度，需要通过改革进一步完善。2000 年，实施“黄金计划 21”，谋求高质量的护理服务，促进急剧增加的认知症患者的支援。为了保证国民能够放心接受优质医疗，提高医疗质量的同时，控制老年人医疗费增速。实行老年医疗制度改革，由各年龄层及医疗保险共同承担老年人医疗费。2005 年，实施以预防护理为目的的《健康开发战略》。2006 年 3 月，根据《饮食基本法》，制定了 2006—2010 年的“综合饮食计划”。根据《老人保健法》，以市町村为单位，面向 40 周岁以上的人普及健康教育、组织体检、开展体能训练、上门指导。发展健康产业，满足消费者多样化的需求，提供高质量的预防、护理服务。同时，增加运动设施和温泉设施。2003 年 7 月，修改健身设施标准，规定温泉设施为健身设施。培训医生、保健师。扩大海水浴场和散步道，使人们在亲近大自然中得到锻炼。为老年人创造接触森林的机会，达到保健和治疗的目的。长寿科学综合研究院负责研究老年病、残疾预防、诊断、治疗、康复等。根据护理保险制度，研究综合性的保健、医疗、福利政策方案，促进综合性的长寿科学研究。关于癌症治疗，形成癌症治疗信息网络。在国立癌症研究中心设立癌症信息中心，向国民、患者、医生提供必要的信息。长寿科学综合研究院还综合研究老化、老年病、康复研究，预防护理、老年保健福利研究，增进老年人健康、护理、保健服务研究，认知症、运动技能疾病研究等。

第二，稳步实施护理保险制度。为了把护理保险制度的重点转移到重视预防上，根据 2005 年 6 月制定的《修改护理保险法的部分内容》，从 2006 年开始，对轻度护理者提供护理服务改为预防护理。实施护理保险制度 6 年来，利用护理服务的人数比 2000 年翻了两番。护理制度已经成为支撑老年人生活的一项重要制度。为了进一步完善护理制度，2005 年 6 月，对《护理保险法》进行了修改，把护理服务体系转变为预防重视型体系，提高入住设施者承担的住宿费和伙食费负担,确立新的服务体系,提高服务质量。

第三,完善护理服务。一是确保必要的护理服务。二是提高护理服务的质量。三是促进针对认知症老年患者的支援。地方政府要进一步加强护理及福利服务基础设施建设,使老年人在自己生活圈内得到从预防护理到护理的所有服务。居家护理支援中心提供咨询、信息服务,普及护理知识。为了方便消费者,用图片和数据展示选择车载椅子和特殊床的方法,显示福利用具的大小和功能等商品信息。护理利用者和护理职员可以利用电脑网络,检索相关信息。为了消除人们对认知症的偏见,在《护理保险法修改案》中把痴呆症更名为认知症,并制定了以下具体政策:一是向居民、企业、学校宣传认知症知识,提高对认知症的理解;二是都道府县开办各种进修班,培养专门人才,提高对认知症患者的护理质量;三是在全国3所“认知症护理研究及进修中心”举办共同研究会。

第四,改革老年医疗制度。一是废除年龄限制及改革公费负担比例;二是减轻患者的个人负担;三是适当控制医疗费上涨趋势;四是创立新的老年医疗制度;五是改革医疗供给体制。在日本实行全民医疗保险制度,国民有义务参加医疗保险。医疗保险制度分为职域保险、地域保险、老年医疗三种类型。职域保险再分为雇佣者保险和自营业者保险。雇佣者保险又分为一般雇佣者保险(健康保险)和特定雇佣者保险。一般雇佣者保险的参保对象为企业在职职工,根据《健康保险法》运营实施。根据保险管理主体和参保者职业不同,健康保险分为全国健康保险协会掌管和健康保险组合掌管两种形式。国民健康保险是国家和地方政府直接管理的保险,根据个人和家庭收入水平,调整保险费率。老人保健制度是在医疗保险制度的基础上,把医疗和保健服务合为一体的制度,由市町村运作。老人保健制度主要是为解决70岁以上老人使用医疗保险费比例过高,缓解代际矛盾,健康保险组织之间矛盾而建立的。老年医疗费由国家、地方政府(都道府县、市町村)和保险机构三方共同负担。

(3)学习与社会参与

第一,创造终身学习的环境。为了满足国民终身学习的需求,国家和公共团体齐心协力创造学习机会和学习环境。为此,日本政府制定振兴终身学习的措施,支援地方教育、文化、体育等活动。2005年6月,中央教育审议会在都道府县设立了“终身学习审议会”分会,在市町村设立了终身学习责任分会。日本43个都道府县和1350个市町村制订了中长期终身学习计划和基本构想。地方政府作为促进终身学习的核心部门,采取了如下措施:一是完善终身学习体制。二是确保多种多样的在校学习机会。为了能够把学到的知识和技能应用到实际工作和生活当中,激励学习热情,实行学习成果评价制度。由独立法人大学授予学位证书,学习者可以拿到大学同等文凭。三是提供多样化的学习机会。地方政府开展的各种学习教育活动,不仅可以提高老年人的生活兴趣,还促进代际间的理解与交流。比如,给各年龄层开放公民馆、图书馆、博物馆,促进代际间交流。另外,还为老年人开设各种讲座。尤其为使老年人跟上信息技术的发展,为其提供学习信息技术的机会。四是支持市民学习活动。

第二,鼓励老年人参加社会活动。一是鼓励老年人参加社会活动,体现人生价值。积极创造各种社会环境,鼓励老年人参与社会活动。老人俱乐部负责老年人的社会活动,进一步振兴老人俱乐部活动。市町村负责启发和普及老人社会活动,支援老人志愿者活动。各都道府县都设有“建设光明的长寿社会促进机构”,形成老人知识网络。鼓励老人利用丰富的知识和经验以及学习成果参加社会活动。二是鼓励老人参与海外支援活动。国际交流越来越频繁,老人可以利用所掌握的知识、经验到海外去发展。独立行政法人国际协力机构(JICA)负责老人海外志愿者活动。三是扩大志愿者活动范围。越来越多的人对志愿者活动表现出浓厚的兴趣。国家通过都道府县社会福利协议会和全国社会福利协议会下的志愿者中心支援志愿者活动。市町村社会福利协会设有志愿者中心,负责与志愿者活动有关的咨询、协调、活动支援、培训及讲座。志愿活动的原则是自发性、社会性、无偿性、开拓性。志愿者的活动不单单是体力劳动,更重要的是与各种各样的人进行交流,体现人生价值。活动范围不仅仅是福利志愿活动,还有环境问题、文化宣传、体育休闲活动、国际交流等活动。①

(4)生活环境

根据《居住基本法》,提供安全、安心、优质的住宅,提供舒适的居住环境和居

① [日]成清美治、加纳光子编著:《社会福祉》,学文社2007年版,第4页。

住条件。开通劳动者住宅储蓄,实现住宅金融公库的证券化、对住宅贷款减税。资助民间土地所有人建设面向老年人的租赁住宅。

第一,确保稳定而舒适的居住环境。建设高质量住宅,充分考虑多种居住形式,尤其要考虑老人自立及护理需求。根据"老人住宅设计方针",积极制定无障碍措施。根据《老人居住法》,面向老人提供无障碍租赁住宅。对于建设无障碍住宅的提供优惠贷款。对于现有的公共住宅进行改造,增加电梯和无障碍设施。

第二,综合促进无障碍街道建设。建设适合老人生活的街道,实现公共交通工具的无障碍化,增加步行空间,完善道路交通环境。根据"老人和身体残疾人利用交通设施的法律",促进交通设施的无障碍化。火车站、公共汽车站、机场航站楼、轮船码头等增加电梯等无障碍设施。为此,日本政策投资银行给予优惠贷款,在税收上给予优惠。公共汽车和出租车要改造车门,方便老人上下车。对于交通事故多发地段,设置宽大的步行横道,过街天桥设置扶梯,设置步行标示牌等,确保老人交通安全。对于老人出入的公共建筑物,要设置自动门、多功能卫生间。

第三,维护老人权益,确保交通安全,保护老人免受犯罪、灾害威胁。积极确保交通安全,保护老人免遭犯罪、人权侵害、恶性市场交易及灾害。为了保护老人,通过巡回联络等方式上门老人,及时了解老人的困难和意见。为了防止老人在消费时上当受骗,加强启发教育。及时调查处理老人财产受侵害或老人受虐待等案件。根据护理保险制度的规定,自 2006 年,各市町村的"地域综合支援中心"负责调查老人受虐待事件,维护老人权益。

第四,建设舒适、充满活力的生活环境。营造舒适便捷的都市环境,建设充满活力的农村地区。

(5)促进调查研究

积极开展增进老人健康有关的老年病调查研究。积极促进老人使用的福利用具、生活用品、信息通信器材的研发。

第一,促进各种调查研究。为增进老年人健康,围绕老年病开展调查研究。积极研发福利用具、无障碍生活用品、信息通信有关的内容。

第二,完善调查研究环境。完善研发机制,积极培养有关人才。

第三,根据社会经济形势变化及时修改大纲内容。

二、颁布实施《护理保险法》

1. 护理保险制度的内容

(1)投保人

投保人是指保险事业的运营主体。与其他社会保险不同,护理保险的第一投保人不是国家,而是市町村以及由市町村共同经营的组合,主要考虑护理的地域性。作为协助方,国家和都道府县、医疗保险机构和养老保险机构同时参与护理保险事业。国家和地方财政负担部分护理费用,国家负责制定护理等级。都道府县主要负责设立护理保险审查委员会、指定护理单位。

投保人的主要职能如下:一是管理受保人资格。负责受保人资格取得及丧失,开立受保人账户,发放受保人证。二是征收保险费。确定第 1 号受保人的保险费率,征收保险费,督促或处分保险费滞纳事宜。三是认定需要支援和需要护理的等级。认定需要支援和需要护理的程度,设立和运营护理认定审查委员会。四是保险给付。按照权限,由投保人执行,但委托国民健康保险团体联合会执行。其中,有关住宅改造所需的现金给付由投保人负责。五是策划市町村护理保险事业计划。六是制定护理保险条例和规则。七是会计事务。设立和管理护理保险特别会计。

国家有义务保障护理保险制度的顺利运行。国家有义务确立制度框架;制定需要护理认定标准、保险给付水平及护理机构标准;指导投保人及护理机构;国库负担部分护理给付费。都道府县有义务指定护理保险提供者;指导投保人及护理供给方;完善护理设施、确保人力资源;设立并运营护理保险审查委员会,审查起诉案件;制定护理保险事业支援计划;都道府县负担部分护理给付费。各医疗保险机构负责征收第 2 号受保人的保险费。年金投保人负责从第 1 号受保人的年金中扣除护理保险费并转交给市町村。医疗保险机构和年金保险机构的业务大大减少了市町村征收护理保险费的业务。

(2)受保人与保险给付

40 周岁及以上人员作为受保人必须加入护理保险。受保人又分为第 1 号受保人和第 2 号受保人。65 岁以上老年人为第 1 号受保人,参加医疗保险的 40 ~

64 岁的人为第 2 号受保人。第 1 号受保人只要认定为要支援或要护理,可以领取保险给付。第 2 号受保人被认定为“因年龄增加而患病并需要支援或护理”的,也可以得到保险给付。“因年龄增加而患病”是指脑血管病、认知症、骨质疏松症等 15 种疾病。第 1 号受保人和第 2 号受保人存在区别(参考表 2-1)。如缴纳或征收保险费的方式不同。第 1 号受保人的保险费(第 1 号保险费)按照收入水平划分保险费水平。而第 2 号受保人的保险费根据各种医疗保险法的规定征收。一般来讲,雇主和受保人各负担一半。

表 2-1　护理保险受保人比较

	第 1 号受保人	第 2 号受保人
保险对象	65 岁以上老年人	参加医疗保险的 40~65 岁的人
给付对象	需要护理者 需要支援者	因年龄增加而患病,且需要护理或需要支援者
保险费负担	市町村负责征收	与医疗保险费一起征收
征收方法	按所得税缴纳定额保险费 领取 18 万日元以上年金者从年金中扣除;18 万日元以下到市町村窗口缴纳	健康保险:标准报酬 × 护理保险费率(包括雇主负担) 国民健康保险:按收入缴纳(包括国库负担)

资料来源:[日]社会福利士养成讲座编辑委员会:《社会保障》,中央法规,2010 年,第 153 页。

(3)费用负担

资金来源公费(税收)占 50%,其中,都道府县负担 12.5%、市町村负担 12.5%、国库负担 25%。剩余的 50% 由保险费负担。其中第 1 号受保人负担 23%,第 2 号受保人负担 27%,从缴纳的保险费中支出。① 第 1 号受保人的保险费直接从年金扣除,无法直接扣除的,由市町村地方自治体登门个别征收。各地

① 厚生劳动省:《护理保险制度概要》,https://www.mhlw.go.jp/content/0000213177.pdf,2020 年 2 月 18 日。

保险费水平不同,每3年调整1次。2019年,全国平均保险费为6703日元。[①] 需要护理老年人多的地方保险费也高。第2号受保人缴纳的保险费附加在医疗保险中,然后由医疗保险者按照国家统一标准转付给市町村自治体。护理保险费每年随医疗保险费浮动调整。

(4)护理等级认定

受保人拟利用护理保险提供的护理服务,需要明确护理状态。认定需要护理状态是领取保险给付的前提。保险人(市区町村)按全国通用标准对护理程度进行认定。需要护理认定一般经过两次认定。由专家组成的专业委员会决定受保人是否需要护理或者需要什么样的护理。需要护理程度分为五个阶段,其中"需要护理5"是处于重度护理的状态,"需要护理1"是部分需要护理的状态。刚实施《护理保险法》时需要护理程度分为五个阶段及需要支援一个阶段。但2005年修改《护理保险法》之后,将"需要护理1"改成"需要支援2",并增设"需要支援1"。

需要护理认定程序如下:第一步提出申请。需要到市町村提交领取给付申请,由市町村派遣护理认定调查员对申请者的身心状况进行调查。调查项目多达82项。主治医生要提出意见。第二步初次认定。首先,将82项调查内容输入电脑后,由电脑判断需要护理程度。其次,由保健医疗、福利专家组成的护理认定审查会开会审查项目申请、特别记载项目、医生意见,必要时进行修改,进行第二次认定。市町村根据第二次认定结果认定需要护理程度。第三步认定。根据2005年改革,居家服务项目将需要支援改为"需要支援1","需要护理1"分成"需要护理1"和"需要支援2"。第四步通知和受理不服项目。原则上由市町村在30天之内向申请人通知认定结果。申请者对认定结果不满时可以向都道府县的护理保险审查会提出申请要求再调查。第五步修改。根据申请者的申请修改需要护理认定,但必须在12个月内完成。认定结果决定能否利用和接受什么样的护理服务和经济援助。被认定为有资格的老人,只需负担19%,而未被认定

① "大家的护理"网站:《2019年10月保险费改订版》,https://www.minnanokaigo.com/guide/care-insurance/fee/,2020年2月18日。

的老人在利用护理服务时需要全部自费。

(5)服务给付

第一,保险给付。保险给付包括护理给付和预防给付,另外还有根据市町村条例规定的特别给付。给付又分为实物给付和现金给付。保险给付通常为实物给付,属于以下情形时可以得到现金给付。一是福利经营者和机构向利用者提供服务,并替利用者从市町村领取现金给付;二是申请之前的服务、制定护理计划之前服务及购买福利用具费用,利用者先付款后再从市町村领取。

第二,利用者负担。为了实现公平负担和树立成本意识,利用者使用居家服务和机构服务时一律负担10%。对于入住设施的,自己负担部分伙食费。娱乐、美发等日常生活费不属于保险给付对象。超过10%负担额时,利用者可以申请认定为高额服务费,并得到部分补偿。但是,福利用具、住宅翻修等自己负担的部分排除在外。对于低收入阶层规定负担上限,减免部分伙食费。

第三,护理报酬。护理报酬体系与医疗保险制度的诊疗报酬体系一样,报酬标准由厚生劳动大臣听取社会保障审议会的护理给付分科会议意见后决定。护理行为用点数来表示(1单位等于10日元)。护理报酬体系采取定额支付方式。福利服务提供者每月向市町村提出服务费用。各都道府县国民健康保险团体联合会下属的"护理给付审查委员会"调查护理报酬单价、要护理程度及给付是否合理。居家服务属于需要支援1,作为预防给付,每月提供4970单位,最严重的需要护理5时,每月上限是35830单位。这些费用包括个人负担的10%。设施服务中,特别养护老人之家、老人保健设施都规定了每月平均费用。

2. 护理保险给付的种类

表 2－2　护理保险给付对象的服务种类

	根据预防给付提供的服务	根据护理给付提供的服务
在都道府县指定监督下进行的服务	·护理预防服务 1. 护理预防上门护理 2. 护理预防上门入浴护理 3. 护理预防上门看护 4. 护理预防上门康复训练 5. 护理预防居家疗养管理指导 6. 护理预防通所护理 7. 护理预防通所康复训练 8. 护理预防短期入所生活护理 9. 护理预防短期入所疗养护理 10. 护理预防福利用具租赁 11. 特定护理预防福利用具出售	·居家服务 1. 上门护理 2. 上门入浴护理 3. 上门看护 4. 上门康复训练 5. 居家疗养管理指导 6. 通所护理 7. 通所康复训练 8. 短期入所生活护理 9. 短期入所疗养护理 10. 特定设施入住者生活护理 11. 福利用具租赁 12. 特定福利用具出售 13. 居家护理支援 ·设施服务 1. 护理老人福利设施 2. 护理老人保健设施 3. 护理疗养型医疗设施
在市町村指定和监督下进行的服务	·护理预防支援 ·立足于地域的护理预防服务 1. 护理预防小规模多功能型居家护理 2. 护理预防认知症的通所护理 3. 护理预防认知症的共同生活护理	·立足于地域的服务 1. 护理预防小规模多功能型居家护理 2. 夜间上门护理 3. 认知症患者通所护理 4. 认知症患者共同生活护理 5. 地域型特定设施入住者生活护理 6. 地域型老人福利设施入住者生活护理
其他	住宅翻修	住宅翻修

资料来源：[日]社会福利士养成讲座编辑委员会：《社会保障》，中央法规，2010 年，第 160 页。

2005 年改革中,在“居家服务”和“设施服务”基础上又增加了“地域服务”内容。需要支援的对象只能接受居家护理服务。居家服务细分为十三大类,设施服务分为三大类。“地域服务”由市町村指定、指导,监督服务机关,灵活制定经营标准。地域服务分为六大类(参见表 2-2),其中以预防护理为目的的日间护理、共同生活之家、小规模多功能型三种属于“立足于地域的护理预防服务”。

第一,居家护理服务。一是上门护理。上门护理是指护理福利士或护理员到老人家庭,帮助老人进行入浴、排泄、进食,对老人日常生活进行支援。自 2003 年 4 月,根据护理保险制度,对符合条件的受保人提供服务。服务一般分为“身体护理”和“生活援助”。身体护理包括:(1)帮助老人排泄及进食;(2)帮助擦拭身体、入浴;(3)帮助移动或变换体位,帮助乘车或外出;(4)帮助起床或就寝;(5)确认服装;(6)帮助老人生活自立等。生活援助包括:(1)打扫及洗衣;(2)铺床;(3)整理衣服;(4)烹饪及陪膳;(5)购物或取药。二是上门入浴护理。上门入浴护理是指看护人员或护理职员携带入浴设备上门帮助老人入浴,使老人保持身体清洁及保持身心功能。上门入浴服务最受老人欢迎。三是上门看护。上门看护是指护士、保健师、理疗师等上门进行必要的诊疗。具体内容包括:观察病情,帮助老人清洁,处理褥疮,食物营养管理,插拔导尿管,康复训练,癌症晚期护理,排泄照料,疗养指导等。四是上门康复训练。上门康复训练是指理疗师上门帮助老人恢复身心功能及日常生活自理,并对老人和家属进行指导和说明。五是居家护理指导。居家护理指导是指医生、牙科医生、药剂师、牙科卫生师、营养师上门指导护理,根据老人病情及身心状况,提供必要的护理信息及注意事项。六是通所(到护理中心)护理。通所护理是指需要护理老人定期到护理中心接受入浴或进食。另外,老人也可以得到日常生活帮助,进行功能训练。通所护理主要是消除老人的社会孤立感,减轻其身心负担。七是通所康复训练。通所康复训练是指需要护理老人到护理设施或医院、诊所等地,以恢复身体机能及以日常生活自立为目的接受理疗,进行康复训练。这些设施配有医生、理疗师、看护及护理人员。八是短期入所生活护理。短期入所生活护理,是指居住在家里的需要护理的老人短期入住到特别养护老人之家(护理设施)或短期养护设施,得到入浴、排泄、进食等日常生活帮助,或接受康复训练。家属患病,或遇到红白事,或家属出差时,为了减轻家属身心负担,让老人短期入住到护理中心得到照护。九是短期入所疗养护理。短期入所疗养护理,是指需要护理的老人短期入住到老人保健设施、护理疗养型医疗设施,在医生和护士的指导下接受护理或康复训练。另外,老人还接受必要的医疗和日常生活护理。十是认知症患者共同生活护理。认知症患者共同生活护理是指将患有认知症的患者集中在一起,营造家庭般的环境,照料入浴、排泄及进食等日常生活以及进行机能训练。主要对象是共同生活无障碍的人员。共同生活规模一般为 5 ~ 9 人。设施里配有客厅、卧室、食堂、厕所、浴室等。一般每 3 人配有 1 名护理人员。十一是入住特定设施者的生活护理。入住特定设施者的生活护理,是指对入住特定设施(自费老人之家及公费老人之家)的需要护理的老人,照料其入浴、排泄及进食等日常生活,进行机能训练。而且,入住特定设施的人员需要护理或需要援助时,入住人员可以利用其他护理服务,实现日常生活自理。十二是提供租赁或购买福利用具所需费用。向居家生活的老人提供租赁或购买福利用具所需费用,使其得到技能训练所需用具,从而帮助其实现日常生活自立。可租赁的福利用具包括:车用轮椅、车用轮椅上的附件、特殊床、特殊床附件、预防褥疮用具、扶手、斜坡、步行器、体位转换器、拐杖、认知症老人徘徊感知器、升降机(不包括附件)等。可购买的福利用具包括:腰挂便盆、特殊尿盆、入浴辅助用具、简易浴盆、移动用升降机的附件等。十三是住宅改造。住宅改造,是指为了减轻家属及护理人员的劳动量,对老人住宅进行改造,费用由市町村提供。改造时,尽可能迎合需要护理老人的生活方式。主要项目包括:增设斜坡,拆除陡坡,为防滑或移动方便更改床材,更换出入门,更换马桶,其他为改造前 5 项所需的费用。十四是居家护理援助。为了使老人能够在居家日常生活中得到必要的保健、医疗、福利等服务,在考虑老人的身心状况以及家属意见的基础上,帮助老人制定居家护理计划。并根据计划调整服务内容。

第二,机构护理服务。一是老人护理福利设施(特别养护老人之家)。根据《老人福利法》,由都道府县知事指定特别养护老人之家,主要收容那些身体或精神残疾较重、在家生活无法自理的老人,由专门受训人员照料老人入浴、排泄、进食,并帮助其进行康复训练、健康管理、护理及其他生活照料。二是老人护理保健设施(老人保健设施)。经都道府县知事同意,针对那些病情稳定,需要护理的老人,在医生和护士的指导下进行机能训练或日常生活照料。三是疗养型医疗设施(疗养型病床)。由都道府县知事指定,对于入住疗养病房的人员,医生和护士指导其进行机能训练,并进行其他必要的医疗服务。

第三,地域支援事业与地域综合支援中心。一是地域支援事业。即对那些已经处于需要支援和需要护理状态的老人,在社区帮助其自理生活而实施的事业。市町村可以向利用者收取利用费。地域支援事业内容如下:(1)护理预防事业。对极有可能成为需要支援和需要护理状态的老人提供护理预防服务。(2)综合支援事业。了解地域内老人的实际情况、综合提供咨询支援服务、地域福利支援网络服务。(3)对上述服务适当收取护理费用。二是地域综合支援中心。为了使生活在区域内的老人健康安定地生活,作为地域护理据点,2006 年 4 月,成立了综合支援中心,综合提供保健、医疗、福利服务。在市町村范围内,以 2 万 ~3 万人口为单位,设立地域综合支援中心。由市町村委托的法人负责运营综合支援中心,中心配备护士、护理经理、社会福利士。社会福利师负责综合咨询与老人权益有关事宜,保健师负责有关预防护理事宜。

第四,护理预防服务。2005 年,日本修改了《护理保险法》的部分内容。被认定为需要援助的老人,可以利用预防护理服务。老人向地域综合支援中心提交申请,中心为老人制定护理预防计划。预防护理的主要内容有运动机能训练、口腔护理、预防低营养。由市町村负责实施“护理预防事业”“综合性支援事业”以及“自愿事业”。表 2 –3 是具有地域特点的新型服务。

表 2 –3　具有地域特点的新型服务内容

护理类别	护理内容
夜间上门护理	定期巡访或接到通报后上门需要护理的家庭,在利用者的家里进行入浴、排泄、进食等护理,也进行其他日常生活照料。
痴呆症患者通所护理	使痴呆症患者定期到养护老人之家接受入浴、排泄、进食等护理,也接受其他日常生活照料和机能训练。

续表

护理类别	护理内容
小规模多功能型居家护理	根据利用者的状况及环境，利用者到服务据点短期入住并接受入浴、排泄、进食等护理，也接受其他日常生活照料和机能训练。
痴呆症患者共同生活护理	把痴呆症患者集中到一起，对他们进行入浴、排泄、进食等护理，也进行其他日常生活照料和机能训练、营养指导。
入住区域内特定设施者的生活护理	入住 29 人以下规模的收费老人之家的，对其进行入浴、排泄、进食等护理，也进行其他日常生活照料和机能训练、营养指导。
入住区域内老人福利设施者的生活护理	入住 29 人以下规模的特别养护老人之家的，根据区域特点制定的计划，对其进行入浴、排泄、进食等护理，也进行其他日常生活照料和机能训练、营养指导。

资料来源：[日]成清美治、加纳光子编著：《新版社会福利》，学文社 2007 年版，第 144 页。

3. 老年人护理有关的组织和职能

第一，国家的职能。护理保险制度是保障老年人保健福利的核心制度。《护理保险法》第 5 条第 1 项规定："为了顺利实施护理保险事业，国家必须制定有关保健医疗及福利服务的制度，并采取必要措施。"2001 年，日本政府根据《老龄社会对策基本法》制定了"老龄社会对策大纲"。2008 年，日本政府召开由各领域专家参加的社会保障国民会议。该会议分为三个分科会，一个是有关年金、雇佣的"确保收入及保障的分科会"，一个是有关医疗、保健、福利的"保障服务的分科会"，再一个是有关少子化、工作、生活相互协调的"建设可持续社会的分科会"。2008 年 11 月，第九次社会保障国民会议提交了最终报告。日本政府根据最终报告，提出了国家长期战略。此战略包括老人护理及医疗等内容。

第二，厚生劳动省的职能。日本宪法规定，国会作为最高国家权力机关，是唯一的立法机关。由日本国会制定《护理保险法》等法律，但法律草案由厚生劳动省立案。除了国会通过的法律以外，还有政令（内阁制定的实施法律的命令）、省令（厚生劳动省等省级机关制定的法律）以及通知（厚生劳动省下属局级单位向地方自治体传达的事项）等。《护理保险法》规定，厚生劳动省职责有以下四项:一是制定实施制度所需的各种标准。例如,需要护理认定标准,需要支援认定标准,护理报酬计算标准,划分支付限额标准,提供服务的人员、设施、管理标准,第 2 号受保人费用负担比例等。二是有关保险给付、地域支援事业、都道府县财政稳定基金等财政负担费用。三是完善护理服务基础事项。制定“关于顺利实施护理保险给付的基本指针”、护理保险事业有关政策建议,提供必要的信息及建议等。四是为顺利实施护理保险事业,提供指导、监督、建议。监督护理服务供给单位,调查、处理违法行为;指导和监督国民健康保险团体联合会实施的护理保险事业有关业务。

第三,都道府县的职能。都道府县负责建立护理服务供给机制,并支援市町村。《护理保险法》第 5 条第 2 项规定:“为了健康顺利实施护理保险事业,都道府县对市町村给予必要的建议及适当的援助。”都道府县的职能如下:(1)支援市町村。共同设立护理认定审查会,指导市町村护理保险事业计划、设立和运营护理保险审查会。(2)护理服务企业及机构。指定、变更、监督和检查事业所及机构。(3)公开护理服务信息。公布对护理服务企业及机构的调查结果,并对其进行指导和监督。(4)登记或变更护理支援专门人员名单、组织护理支援专门人员考试及培训。(5)财政支援事项。管理保险给付、地域支援事业费,设立和管理财政稳定化基金。(6)制定护理保险事业支援计划。(7)指导监督国民健康保险团体联合会。可以看出,都道府县承担投保人(市町村)的部分业务,并从制度管理上给予支持。同时完善服务供给体系,指导制定护理保险事业计划。

第四,市町村的职能。市町村作为护理保险投保人具有征收保险费、提供保险给付的功能。《护理保险法》第 3 项第 1 条明确规定,投保人为市町村。第 2 条还规定,“市町村根据护理保险收入及支出,实行特别会计”。市町村的职能如下:(1)受保人资格管理。如管理认定资格、开设受保人账户、发放和更新保险证等。(2)管理需要支援及需要护理的认定事项。设立护理认定审查委员会,负责需要护理认定有关的事项。(3)保险给付。向高额护理服务费、福利用具购入费、住宅维修费、特例居家护理服务费提供保险给付。实施市町村特别给付、审查及支付实物给付;根据护理种类设定支付限额,调整给付额。(4)征收保险费。制定第 1 号受保人保险费的征收标准、划分一般和特殊征收对象,督促未缴纳或延期缴纳保险费的人。(5)会计等事项。设定特别会计、市町村一般会计负担比例(12.5%),国家及都道府县负担一部分。(6)规定及条例。制定和修改护理保险制度管理所需的条例和规定。(7)制定市町村计划。制定和修改护理保险事业计划。(8)指导和监督护理供给机构。指定和指导地域型服务企业和机构、护理预防支援型企业和机构。(9)地域支援事业。实施地域支援事业,设立地域综合支援中心。市町村负责使符合条件的人加入护理保险,征收保险费,并以保险费收入和国家、都道府县承担的资金作为资金来源,平衡保险财政,运营保险事业。市町村作为保险人,也作为护理保险服务供给主体及护理保险财政主体,行使各种职能。

4. 护理保险事业计划

国家制定护理服务有关的基本方针,市町村、都道府县每五年制定护理保险事业计划。护理保险事业计划必须与老年福利计划及老年保健计划相结合。市町村提供以预防为目的的给付。财源是第 1 号受保人的保险费。在了解利用者身心状态及个人需求的基础上制定护理计划,并提供综合的、可持续的服务。护理计划规定了服务种类、内容、服务人员等内容。护理计划由护理支援专家制定,专家在听取需要护理者及家属的意见基础上,经负责人会议研究后确定护理计划。护理支援专家由具有 5 年以上经验,通过资格考试并具有实际经验的人员担任。每隔五年护理支援专家需要接受一次培训。

5. 支持老年护理的专门职业

与老年护理有关的专门职业分以下几种:一是获得国家资格考试的职业。这类职业是国家认可的,社会评价高,但需要经过专门培训,并通过国家资格考试,有一定的难度。如社会福利师、护理福利师、精神保健师、护理支援专门人员。二是有关法令中规定的职业,即日本政府通过审查认可的职业。如上门护理员、手语翻译师、福利用具介绍员。三是民间团体认可的职业。这些职业虽经民间团体认可,但并未获得法律上的认可。如导盲犬训练师、居住环境设计师、音乐理疗师、健康运动指导师、福利疗养师。四是在行政机构从事福利有关的工作。如福利部门职员。五是其他福利职业。如福利义务工作者、民生委员、身体残疾面谈师、精神障碍面谈师。

第二节　日本老龄服务产业扶持政策

从日本产业政策的实践来看，老龄服务产业政策对推动老龄服务产业发展，尤其对老年护理产业、老年用具用品产业及老年居住产业的发展作用是明显的。日本老龄服务产业政策的特点在于阶段性目标明确、政策内容具体、政策与措施有机统一。日本根据人口老龄化条件下市场需求结构的变动趋势，促进产业组织的优化，加大扶持老龄服务产业发展的财政、税收、金融、技术、人才等政策的优惠程度和扶持力度，增强各项政策的可操作性。

一、鼓励民间资本投入老龄服务产业的政策

日本虽是市场经济国家，但中央政权对经济走向和企业经营的影响力远比其他发达国家强大。20 世纪八九十年代，日本老龄服务产业之所以能有较大的发展，除了内在动力和需求机制外，日本对老龄产品和服务的规范措施和老龄服务产业的扶持政策发挥了重要作用。① 1985 年，社会保障制度审议会提出“关于老人福利的方向”（对民间企业的鼓励和限制）的研究报告，主要内容涉及四点：一是禁止行政部门开设与民间企业经营内容重合的项目；二是强调民间企业的社会责任；三是行政机关需要提供更加有效的保护消费者的服务措施；四是为了方便老人做出正确的选择，政府完善信息体系。② 1986 年，日本制定“长寿社会对策大纲”，利用民间创意满足多样化的老人需求，积极培育民间服务。1987 年，福利关系第三审议会提交“关于今后老龄服务产业方向”的报告，主要内容如下：一是鼓励民间企业积极投入老龄服务产业发展，需要政府积极引导老龄服务产业健康发展；二是重视民间企业的创意和效率，同时要监督民间企业遵循企业道德，为此进行适当的行政指导，谋求老龄服务产业健康发展；三是公共部门主要面向低收入阶层和供给不足部门，其他领域委托给民间，从而提高效率。1989

---

① 陈茗：《日本老龄产业的现状及其相关政策》，《人口学刊》2002 年第 6 期。

② ［韩］朴株天：《通过日本老龄服务产业对我国老龄服务产业的政策提案》，《老人福利研究》2005 年夏季号，第 113 页。

年，福利关系第三审议会合作企划分科会报告书强调，需要从保护利用者角度出发积极制定完善的政策，保障老年人和残疾人利用收费老人之家；需要行政机关积极引导民间自律，通过公共融资政策积极培育民间服务。

二、培育老龄服务产业行业组织的政策

市场无秩序、不规范是制约产业发展的短板。日本政府为了维护老龄服务产业市场秩序，建立指导老龄服务产业各行业健康发展的行业组织，引导老龄服务产业向规模化、专业化、连锁化发展，促进产业标准体系，实施品牌战略，鼓励企业创新，积极培养行业所需人才，为老龄服务产业健康快速发展奠定坚实的基础。

1. 社团法人老龄服务产业振兴会

1987 年 3 月，日本政府为了提高民间企业的老龄产品质量，在厚生劳动省下设立社团法人老龄服务产业振兴会。老龄服务产业振兴会作为引领日本老龄服务产业的组织，主要为行政机关和利用者牵线搭桥，为企业提供老龄服务产业有关信息，积极引导企业提高产品和服务质量。与老龄服务产业有关的民间企业、市民团体、大学、职能部门、各种非营利机关是该会会员。该会主要开展以下业务：收集和公布护理服务信息，运营护理信息支援中心；开展各种职业教育；实行老龄产品认证制度；建设健康长寿村；管理福利用具的认证制度；宣传和普及老龄产品；联系行政机构及其他团体，提出政策建议；开展国际交流（派遣海外调查团）；举办会员研究会。截至 2019 年 2 月，老龄服务产业振兴会正式会员为 114 家，预备会员为 32 家（参考表 2 -4）。

表 2 -4　老龄服务产业振兴会会员

正式会员（114 家）		预备会员（32 家）
1. 护理有关机构	7. 休闲有关机构	自治体
2. 住宅设施有关机构	8. 调查研究机构	公益团体
3. 金融有关机构	9. 食品有关机构	其他
4. 生命保险机构	10. 医药品有关机构	
5. 建筑、设计机构	11. 公益团体	
6. 信息通信、广告、出版机构	12. 其他	

资料来源：老龄服务产业振兴会网站：http://www.espa.or.jp/shinkoukai/member/associate_member.html，2020 年 2 月 18 日。

2. 公益财团法人"技术福利用具协会"

1987年,财团法人"技术福利用具协会"成立,注册资金为5亿日元,由厚生劳动省管辖。1993年,根据"关于促进福利用具研发及普及的法律",技术福利用具协会成为指定法人。成立该协会的目的在于研究和开发福利用具,示范及评价福利用具,提供福利用具有关信息,培养义肢装具师,增进残疾人及老年人福利水平。该协会的主要工作包括:实行义肢装具师国家考试,对助听器认证技术员进行培训及考试,培养福利用具指导师。另外,该协会还提供福利用具有关信息。为方便顾客和企业利用信息,技术福利用具协会建立"福利用具信息系统"数据库,顾客可以通过网络检索到有关服务。服务内容包括福利用具总量、福利用具选择方法、福利用具使用说明(DVD)、购买及租赁福利用具指南、护理实习及普及等。除此之外,该协会还从长寿社会福利基金获得经费资助,对经审查合格的企业和研究机关提供研发补助,以实现福利用具的商业化。截至2019年,技术福利用具协会成员达到808家,生产13063种技术福利用具产品。①

3. 一般社团法人日本福利用具及生活支援用具协会

日本福利用具及生活支援用具协会成立于2003年,是由制造、流通福利用具的企业组成的任意团体。该团体是由1996年成立的制造业者协会(厚生省主管)和健康福利用具工业会(经济产业省主管)合并而成,目的在于从硬件上提高福利用具的安全性,从软件上提高利用者的方便性。该协会职能是:评价福利用具的安全性和标准;调查国外信息及健康老人的市场需求;提供有关开发和流通的咨询;对护理保险、建筑基本法及税收政策提出建议。该协会定期对全国福利用具产业规模进行市场调查。此项调查原由经济产业省主管,后委托给福利用具及生活支援用具协会进行。截至2020年2月,共有71家会员企业。②

三、规范老龄服务产业市场秩序的政策

创造公平的市场竞争秩序是产业发展的重要保障。日本为了规范市场竞争

---

① [日]技术福利用具协会:《技术福利用具协会会员概要》,http://www.techno-aids.or.jp/kyokai/h30hokoku.pdf,2020年2月18日。

② [日]福利用具及生活支援用具协会:《2017年度福利用具产业市场规模调查结果》,http://www.jaspa.gr.jp/?page_id=367,2020年2月18日。

秩序,营造公平竞争的市场环境,制定了一系列法律法规,防止不正当竞争和垄断。为了使老年人放心使用高质量的老龄产品和服务,1989 年,老龄服务产业振兴会制定和实施了老龄产品认证制度,该制度主要面向从事居家护理服务的企业和民间团体。截至 2019 年,参加老龄产业振兴会的正式会员达到 114 家,临时会员为 32 家。①

老龄服务产业振兴会根据产品的稳定性、道德性、舒适性原则制定严格的认证标准,只有那些符合该认证标准的企业和团体才能使用"S"认证标志。该会为了扩大老龄产品认证标志的认知度,针对护理保险利用者及其家属、护理经理、护理人员开展宣传普及活动,并在全国性刊物和行业刊物、广播、网络上,介绍认证标志的特点,同时制作宣传册积极开展宣传活动。

在日本,认证制度已具有公信力,在控制和管理从事护理服务的企业提高服务质量,保护消费者利益方面发挥着积极作用。第一,制定老龄产品认证标志。该认证标志以利用者至上的服务为前提,遵守认证标准和道德纲领。另外,为了使从事居家护理服务的企业和团体能够遵守有关法律,持续有效地提供高质量的服务,老龄服务产业振兴会制定了经营标准和服务标准。提供居家护理服务的企业(上门护理、上门入浴护理、福利用具租赁、福利用具销售、送餐服务),经严格审查后,才能取得认证标志。第二,认证标志后续管理。认证标志有效期为两年,每两年重新验证和更新服务内容。具体验证事项如下:一是检查服务水平。检查是否按照服务指南提供服务,是否保管记录,是否对职员进行培训等。二是检查服务内容。当持有认证标志的企业出现被投诉情况时,随时对该企业进行调查。三是制定自我评价表。申请认证标志时要求企业制定自我评价表,每年都要制定,并制定改善计划。有关部门要定期检查履行情况。四是提交事故报告。获得认证标志的企业需要加入损害赔偿保险。当发生事故时,该企业要迅速联系老龄服务产业振兴会或保险公司。

"S"认证标志种类分为五种,即上门护理服务、上门入浴护理服务、福利用具

① [日]老龄产业振兴会:《平成 30 年度事业报告书》, http://www.espa.or.jp/shinkoukai/index.html,2020 年 2 月 17 日。

租赁服务、福利用具销售服务、居家配餐服务。截至2019年,获得认证标识的企业和组织达到310家,其中获得认定最多的是上门护理服务(41家),其次是福利用具租赁(210家)、福利用具销售服务(38家)、上门入浴护理服务(21家)。[1]

四、维护老年消费者权益的政策

老龄服务产业是由老年消费市场需求增长带动而形成的,如何保障消费市场的主体——老年人的权益,直接影响老年消费市场的健康发展。满足老年人基本消费需求,维护老年消费者正当权益,是老龄服务产业能否健康可持续发展的重要前提。日本从维护消费者权益的角度出发,颁布和实施了《消费者基本法》《消费者契约法》《产品责任法》及成年监护人制度。

1.《消费者基本法》(2004年)规定了消费者权利和国家、地方及企业的责任和义务。关于消费者权益有八项条例[2]:一是保障基本消费需求;二是确保健康生活环境;三是确保消费者安全;四是确保消费者自主、合理选择商品和服务的机会;五是提供必要的信息;六是提供接受教育的机会;七是反映消费者意见;八是及时提供损害救济。关于消费者责任规定,有以下四项条例:一是企业要努力向消费者提供信息和业务活动的情况。二是消费者通过自主、合理的行动掌握有关信息和知识,并努力改善环境和保护知识产权。三是消费者团体要努力收集和提供信息,表明意见,启发和教育消费者,防止消费者权益受损。四是国家制定基本计划,促进消费者教育,协助都道府县迅速处理消费纠纷。

2.《消费者契约法》规定以下内容:一是消费者与企业签订的所有契约均受该法保护。二是解决消费者签订契约过程中产生的纠纷。当消费者因企业不当行为导致无法正常做出决定时有权取消契约。三是有关契约条款产生的纠纷。消费者有权取消已签订的契约中违背消费者利益的部分或全部不当条款。

3.《产品责任法》规定因产品缺陷而消费者利益受损时,消费者可以获得赔偿。当能够证明因产品缺陷导致生命、身体或财产受损时,受害者有权向企业索要赔偿。

---

① [日]老龄产业振兴会:《平成30年度事业报告书》, http://www.espa.or.jp/shinkoukai/index.html,2020年2月17日。

② [日]渡边孝雄、服部治、小岛理市:《福祉产业经营》,同文馆2008年版,第110—112页。

除了上述三项法律外，根据产品特点，还制定了《食品卫生法》《建筑标准法》《上门销售法》《住宅建筑交易法》《旅行社法》等法律。

4. 成年监护人制度，是指因患痴呆症、认知障碍及精神疾病，判断能力存在缺陷时，从法律上保护其个人权利的制度。① 实行护理保险制度后，利用者和护理服务提供者之间需要签订合同。但是当利用者的判断能力有缺陷时，其签订的契约有可能有损利用者的利益。监护人制度分为两种，一是法庭监护人制度，即家庭法院根据法律规定，根据被监护人的判断能力选定监护人。二是任意监护人制度，即本人以签订合同的形式选定监护人，并给予权限。

第三章 日本老龄本位产业

日本老龄本位产业涉及老年护理服务产业、老年住宅、老年医疗、老年食品以及老年服装等产业。本章只涉及老年护理服务产业和老年住宅。老年护理服务产业包括机构护理和居家护理，而老年住宅产业包括老年住宅建设和老人现有住宅改造两部分。

第一节 日本护理服务产业

日本通过护理保险制度保障了长期护理产业发展的制度基础，并通过护理服务的市场化给利用者选择服务的权利，通过供给主体的多元化提高了护理服

---

① [日]法务省网站：《成年监护人制度》，http://www.moj.go.jp/MINJI/minji17.html#a1，2015 年 4 月 3 日。

务的质量。

一、护理服务产业现状

2000年实施护理保险制度时，要护理认定者数为256万人，2006年增加到440万人，到2019年增加到668.7万人。尤其最近几年，“需要支援1”和“需要支援2”的轻度认定者数显著增加。① 2019年参加护理保险的人数为3542万人（65岁及以上），其中65岁以上认定者数占18.5%。据厚生劳动省2012年发表的《社会保障给付与负担展望》中推测，护理保险给付从2012年的8.4兆日元增加到2025年的19.8兆日元，增加2.3倍。据厚生劳动省《护理保险事业状况报告》显示，护理保险服务利用者人数从2000年的218万人增加到2016年的622万人，增加了1.5倍。② 实行护理保险制度后，护理保险市场规模急剧扩大。2000年，护理市场规模为3.6兆日元，到2015年增加到10.1兆日元。预计到2025年，护理市场规模将达到20兆日元。③

二、护理服务类型及护理等级

养老方式主要分为机构养老和居家养老两种，据此老年护理产业可以分为机构护理产业和居家护理产业。可以利用护理保险给付的服务包括4种（居家服务、居家护理支援、地域津贴型服务、机构服务）。急剧的人口老龄化不仅带来财政压力，还加重了家庭护理负担。2000年4月实行护理保险制度，2006年，日本政府对护理保险制度进行修改，重点加强预防护理，增加轻度要护理等级（“需要支援”“需要护理1”），使原先6个等级（“需要支援”“需要护理1～5”）增加到7个等级（“需要支援1～2”“需要护理1～5”）。同时为了加强预防，成立地域综合支援中心，帮助老人提高身体功能、改善营养状况、提高口腔功能。利用护理保险给付的服务有四种，即居家服务、居家护理支援、地域紧贴型服务、机构服务。

三、护理服务市场

2000年4月日本实行护理保险制度，使原先以公共服务为主的护理制度，通

---

① ［日］厚生劳动省：《护理保险事业状况报告》，https://www.mhlw.go.jp/topics/kaigo/osirase/jigyo/m19/dl/1911a.pdf，2020年2月17日。

② ［日］辻川太史：《图解护理服务》，日经印刷株式会社2018年版，第35页。

③ ［日］辻川太史：《图解护理服务》，日经印刷株式会社2018年版，第34页。

过市场经济原理,实现供给主体多元化,促进了护理产业的发展。其中,参与度高的服务领域有收费老人之家等特殊设施的生活护理,认知症应对型共同生活护理,昼间护理上门看护,老年用品用具租赁等领域。随着护理服务需求的增加,从事护理服务的企业和团体急剧增加。据厚生劳动省统计,截至 2016 年 10 月,从事居家和社区护理服务的企业共有 15.6 万家,提供设施护理服务的 1.32 万家。① 其中,增幅最大的是非营利团体(NPO)法人,其次是营利法人。2010 年到 2025 年,护理领域的利用者将增加 1.5 倍,护理职员增加 1.74 倍。② 护理服务市场也急剧扩大到 2.9 倍,2015 年护理保险支出达到 10.1 兆日元,到 2025 年市场规模达到 20 兆日元。目前,护理市场中份额最大的是上门护理,代表性的企业有日本护理福利集团和樱花护理集团。

第二节　日本老年住宅产业

老年住宅产业分为老年住宅建设和老人现有住宅改造两部分。其中,老年住宅建设包括公营住宅和老年公寓。由于老年家庭增幅明显,为了方便老人入住,日本政府针对三种住宅形式(允许老人入住的租赁住宅、老人专用租赁住宅、面向老人的优质租赁住宅)实行登记制度。老人现有住宅改造包括设置扶手和呼叫装置、取消坡度或加宽过道、设置升降机或安装小型电梯、改造浴室等。

一、日本老年住宅政策回顾

自 20 世纪 50 年代,日本住宅金融公库出资建设的住宅数约占住宅总数的 30%。③ 为了解决老年人住房困难问题,国家分阶段实施老年住宅政策。第一阶段(1964—1975 年):1964 年,日本首次专门针对老年人制定住宅政策,并以法律形式规定向老年人提供公营住宅。日本政府从住宅公团及住宅公社建设的公营

① [日]厚生劳动省:《平成 28 年度护理服务设施调查概况》,https://www.mhlw.go.jp/toukei/saikin/hw/kaigo/service16/dl/kekka-gaiyou.pdf,2020 年 2 月 18 日。

② [日]辻川泰史:《护理产业》,翔泳社 2018 年版,第 34 页。

③ [日]本间义人:《住宅政策向何处去》,东信堂 2006 年版,第 33 页。

住宅中拿出一部分住宅供老人家庭使用，或在入住条件上采取优惠措施，优先让老人家庭入住。第二阶段（1976—1985 年）：随着老年人口增加，实施第三次“住宅建设五年计划”（1976—1980 年）和第四次“住宅建设五年计划”（1981—1985 年），从住宅供给上考虑低收入阶层和老年群体。日本政府规定，优先安排独居老人入住公营住宅，并对开发老年住宅的房地产企业提供优惠贷款，鼓励建设三代同堂住宅。老人家庭或赡养 60 周岁以上老人的家庭，修建房屋时可以向地方政府申请一定数额的低息贷款。第三阶段（1985—1994 年）：日本政府大力发展老年住宅。1986 年，日本政府制定了针对老人的“社区老人住宅计划”。厚生省指定 100 多个社区，有计划地征用土地，开发老年住宅。① 1987 年，日本厚生省和建设省共同制定面向 21 世纪的老年住宅建设计划。根据该计划建设多处银色住宅，规定入住对象为 60 周岁及以上老年夫妻或单身老人。银色住宅在修建初期就考虑到老人生活习惯，对居室、浴室、厨房、厕所进行了无障碍设计，并安装报警装置。而且对每 10 户配备 1 名生活管理员，实行 24 小时值班制，负责紧急情况时的联络和处理。同时，在住宅周围配套建立医院和文化活动设施。入住社区的老人自发成立各种自治组织，自行解决社区的各种问题。② 1990 年，日本政府制定老年住宅制度。该制度是由住宅公团和住宅公社先修建附带生活服务功能的老年住宅后再出租给老人。1991 年，日本政府还制定了“老人公共租赁住宅制度”，建设商品住宅供给老人。1993 年，厚生省制定实施住宅改造计划，并在各市町村开设咨询窗口。该计划是由护理福利士、建筑师、社会福利士等专家和市町村老龄事务管理人员组成小组上门制定改造计划，并交给专门的施工单位进行改造，使老人能够在自己家中继续自立生活。1994 年，各市町村制定了“住宅基本计划”，同年 6 月，制定对 500 户老年住宅进行改造的“营造生活福利空间的大纲”。第四阶段（1995 年至今）：日本建设省（现更名为国土交通省）考虑到大多数老年人住在独栋住宅，存在很多不便，制定了“应对长寿社会老年住宅设计指针”（1995 年），要求公共住宅和民营住宅都要遵循这一指针。1999 年，

---

① 张暄：《日本社区》，中国社会出版社 2007 年版，第 201 页。

② 张暄：《日本社区》，中国社会出版社 2007 年版，第 201 页。

为了提高居住质量，日本政府制定“确保住宅品质的法律”（简称住宅品确法），从2000年起实施住宅性能标识制度。进入21世纪后，小泉内阁整顿特殊法人，不允许住宅公团新建租赁房或出售住房，已有的公团住宅由住宅再生机构负责管理。在地方分权的大趋势下，公营住宅制度转变为向地方提供交付金制度。2005年6月，小泉内阁制定与住宅相关的三部法律①，彻底改革1950年以来的住宅政策。2006年，废除《住宅建设法》，制定了《居住生活基本法》。2007年4月，解散住宅金融公库，新建住宅金融支援机构，为民间企业的住宅建设提供贷款。表2－5中汇总了日本老年住宅政策、法令及措施相关内容。

表2－5　日本老年住宅政策、法令及措施

年　度	政策、法令及措施	具体内容
1989年	黄金计划	为了减少瘫痪在床的老人，强调改造住宅的必要性，制定完善老年住宅环境的措施。
1994年	新黄金计划	建设互助社区，完善老人居住环境，提供有关住宅维修咨询。
	创造生活福利空间大纲	综合制定福利基础机构方案，促进福利机构建设。
	关于方便老人、残疾人利用特定建筑物法律（爱心建筑法）	建设方便老人、残疾人利用的建筑。建设特定建筑（百货店、超市等）的承包商有义务建设无障碍建筑。
1995年	老龄社会对策基本法	为使老人日常生活自立，改造老年住宅、增设无障碍公共设施。为保护老人交通安全、免遭犯罪侵害，制定应对措施。
	长寿社会建筑设计指南	根据《安心建筑法》，满足老人居家护理的要求。
1996年	老龄社会对策大纲	根据1995年《老龄社会对策基本法》，制定跨领域促进老龄对策的基本方针，并综合促进有关政策。

① 三部法律，是指《按照社区多种需求完善公租房的特别措施法》《关于利用公共资金整顿住宅以及宅地的公营住宅法部分修改法》《独立行政法人住宅金融支援机构法》。

续表

年　度	政策、法令及措施	具体内容
1999年	黄金计划21	继"新黄金计划"，完善老年人的居住条件。
2000年	护理保险法	护理保险给付支付住宅改造费和福利用具购买及租赁费。
2001年	关于老人、残疾人方便利用公共交通设施的法律（交通无障碍法）	为了方便老人、残疾人利用公共交通设施，确保其安全，对旅游设施、公共建筑及道路进行改造。
	关于确保老人居住安全的法律	利用民间力量，建设面向老年人的租赁住宅，完善租赁市场，促进老年住宅的无障碍化。
2005年	标准政策大纲	为了实现不管何人何时何地自由方便，利用公共设施，促进公共设施硬件改造，实施无障碍化。
2006年	关于老人、残疾人方便出行的法律（交通无障碍法）	整合《安心建筑物法》及《交通无障碍法》，扩大利用对象范围和对象区域。逐步实现无障碍化，鼓励居民参与政策的制定过程。
	居住生活基本法	向居民提供优质住宅及创造优美的居住环境。
2007年	关于促进租赁住宅供给的法律（住宅安全法）	以老人、残疾人、儿童家庭为对象，促进租赁住宅供给。

资料来源：[日]社会福利士养成讲座编辑委员会：《对老年人的支援及护理保险制度》，中央法规2010年版，第413页。

二、《有关确保老人居住稳定的法律》

随着老龄化的加剧，为了向老人提供更加舒适的住宅，营造老人放心生活的居住环境，2001年4月6日，日本政府颁布实施《有关确保老人居住稳定的法律》（简称《老人居住法》）。2009年5月，日本政府对该法进行修改，明确规定由国土交通省大臣及厚生劳动大臣负责。设立该法的目的，即第1条规定："为了使老人顺利入住租赁住宅，实施登记制度，并采取措施，保证向老人提供居住环境良好的租赁住宅。确保老人居住稳定，增进老年福利。"该法第3条规定了基本方针,即国土交通省大臣和厚生劳动大臣必须制定确保老人居住稳定的基本方针。主要包括五点:一是向老人提供租赁住宅或老人之家的供给目标;二是明确向老人提供租赁住宅或老人之家的基本事项;三是明确向老人提供居住环境良好的住宅的基本事项;四是确保老人在居住地得到保健医疗服务及福利服务的基本事项;五是明确老人住宅的基本事项。

三、《护理保险法》规定的住宅改造事业

为帮助老人居家生活自立及减轻护理人员负担,2000 年实施的《护理保险法》明确规定针对老人住宅进行改造。该法规定,居家要护理老人在自家安装手把等护理保险制度允许的住宅改造项目时,可以获得护理保险给付允许的住宅改造费。护理保险制度认可的住宅改造项目包括:安装门把、消除地板落差、铺设防滑地板及使用轮椅方便的地板、安装推拉门、更换马桶等。原则上一处住宅的改造费不得超过 20 万日元(包括自己负担的 10%)。反复进行住宅改造时,不管发生多少费用,最高只能得到 20 万日元。但是,假如要护理者的护理等级提高 3 个等级,就可以重新得到改造费。① 只有以住宅改造作为前提的设计费用才能得到保险给付。申请住宅改造费程序如下:

第一步:施工单位到利用者家庭进行调研并测算成本后向利用者提供改造成本表。

第二步:利用者向市町村提交改造住宅申请书和成本表、改造住宅理由、施工前住宅照片、住宅产权所有人的同意书等资料,市町村经调研后审批。

第三步:利用者要求施工单位改造住宅,并支付费用。

第四步:完工后,利用者将施工费收据、改造明细表、完工后的住宅照片等资料提交给市町村,市町村按照有关规定支付施工费的 90%(个人负担 10%)。

四、《住宅基本法》内容及居住生活基本计划

迎接少子老龄社会,为国民提供更加舒适的居住生活,2006 年 6 月,日本政府制定了《住宅基本法》。该法基本理念如下:一是提供现在及将来居住的住宅;二是营造居民喜爱的良好的居住环境;三是利用民间活力及现有的住宅基金完

---

① [日]社会福利学习丛书编辑委员会:《老人福利论》,全国社会福利协议会 2010 年版,第 198 页。

善房地产市场及确保消费者权益;四是确保低收入者、老人家庭的居住稳定。① 为了实现基本理念,同年 9 月 19 日,日本政府制定了《居住生活基本计划》(2006—2016 年)。《住宅基本法》第 18 条规定:“国家及地方公共团体必须采取措施确保公营住宅的供给。”该计划要达到的目标:一是修建优质老年住宅并允许子女继承;二是创造良好的居住环境;三是建立满足多种住宅需求的住宅市场。具体政策内容如下:(1)为确保住宅基本的品质及性能,严格遵守建筑规章制度,充分考虑抗震性、防火性及采光性,防止化学物质污染。为了应对大规模地震及犯罪带来的危险,创造安全、放心的居住条件,加强抗震检测,提高住宅防范。(2)为了长期有效利用住宅基金,普及耐久性强、维修方便的住宅。为了使老人和残疾人能够安全舒适地生活,促进住宅的无障碍化。(3)为了应对地球气候变暖、废物增加,提高住宅节能性的同时,鼓励使用当地的建材、再生材料,减少浪费。促进建造适合当地气候、风土、历史及文化的优质住宅。(4)为确保住宅基金合理使用,重点改善住宅的软件服务。及时维修共同管理的住宅楼,维护和管理民间租赁住宅。

五、老年住宅产业类型

2011 年,日本国土交通省出台《老人居住法修改案》,实行老年住宅登记制度,规定老年住宅必须带有配套服务,并将原来的老年专用租赁住宅制度(2005 年实施)及老年人优质租赁住宅制度合并到老年住宅登记制度,实现老年住宅制度一体化。老年住宅原则上室内面积要达到 25 平方米,配有无障碍设施,带有送餐、打扫、洗涤等配套服务。老年住宅分为两大类。一类是以公营住宅为主,面向中低收入老人供应的租赁住宅。这种类型的住宅分为企划型租赁住宅(主要租赁给中低收入老人)、福利型公共租赁住宅(主要以补贴租金的形式出租给中低收入老人)。另一类是面向中高收入老人供应的老年专用租赁住宅、老年优质租赁住宅和老年住宅(老年公寓)。

1. 企划型租赁住宅

企划型租赁住宅是公共租赁住宅的一种,入住对象为 60 周岁以上,日常生

---

① [日]内阁府:《平成 22 年版高龄社会白书》,佐伯印刷株式会社 2010 年版,第 111 页。

活能自理的老人。1987 年,由建设省负责供给住宅,福利服务由厚生省负责。具体由地方公共团体、住宅城市整备公团、地方住宅供给公社建设。这种住宅属于住宅楼项目,建筑设计上考虑老人的身体特点,装有手把、紧急通报装置、坡度、防滑卫生间等。住宅楼内设有老人共用活动室、休息室等。每 10 ~ 30 个家庭配有 1 名生活援助员。这些生活援助员由所在地地方自治体负责安排。楼内还设有日护理中心,主要由附近的日护理中心负责管理。所需费用由入住者负担一部分,政府给予适当补贴。生活援助员主要负责楼内入住者的生活指导、认知、安全确认、日常家务帮助、紧急事态应对、与有关机构的联络事宜。可见,这种住宅类型需要由住宅供给主体及福利部门、地方自治团体相互合作协调。

2. 福利型公共租赁住宅

福利型公共租赁住宅主要面向中低收入老人,由地方自治体以补贴租金的形式供给住宅。公营住宅一般由地方自治体直接建设和供给。地方自治体或地方住宅公社先租赁民间住宅,再把它以低廉的租金转租给老人,这种住宅不提供生活援助员。而且事先给建筑公司提供补贴,使住宅设计符合老人的生活需要。由国家或公共团体补贴租金差价。

3. 老人专用租赁住宅

老人专用租赁住宅是指专门以中高收入老年人为对象的租赁住宅。老人专用租赁住宅的产权人需要到都道府县登记,经备案后到老人居住支援中心登记注册。通过登记注册,产权人可以得到较为稳定的租赁收入,而老人也可以放心居住。这种住宅要求房间内设有无落差床、防滑浴室,安装防滑坡、把手和专用马桶、留出轮椅移动的空间,安装电梯及警报器。2009 年,东京都为了使老人安心利用医疗及护理服务,采取补贴民间建筑企业的形式,建设带有医疗、护理功能的老人专用租赁住宅。这种住宅的特点在于一楼设有诊所和上门护理所,二楼以上设有百货店和便利店以及老年公寓。住宅管理办公室还配有安全确认装置和配备生活援助员。这种新型老人租赁住宅的特点是提供医疗、护理及生活一条龙服务。①

---

① [日]永和良之助、坂本勉、福富昌城:《高龄者福利论》,密涅瓦书房 2009 年版,第 181 页。

4. 老年优质租赁住宅

以 60 周岁以上单身老人或夫妻为对象提供优质租赁住宅,住宅需符合一定标准(具备无障碍设施及紧急呼叫装置),并得到都道府县知事认可。经许可的住宅可以得到各种社会资助。《老人住宅法》鼓励民间资本投入到老人专用住宅建设。

5. 老年住宅(老年公寓)

主要出售给经济条件较好的中高收入老人。该住宅供给主体是住宅城市整备公团或地方住宅供给公社,最大的特点是入住者入住时需要一次性缴纳保证金,在居住期间不再额外支付租金。这种住宅设计充分考虑了老人特点,而且提供公用设施和服务。入住时老人需要加入终身年金保险,并把保险费一次性支付给保险公司。保险费相当于房屋租赁费。保险公司将保险费交给老人住宅财团。入住者将得到终身房租保障,搬走时退房款。

六、老年住宅改造市场

随着人口老龄化的加剧,老年住宅年久失修的问题引起了日本政府的高度关注。据日本内阁府 2010 年"关于老年住宅及生活环境的意识调查"显示,具有 20 ~ 30 年房龄的住宅改造需求急剧增加。70 周岁以上老年人居住的住宅中,一半以上房龄超过 30 年,60 周岁以上老人居住的住宅中,房龄达到 30 年的占 30% ~ 40% ,超过 20 年房龄的占住宅总数的 60% ,住宅改造需求巨大。从住宅改造潜在需求来看,2010 年为 38.1 万户、2015 年为 45.6 万户,到 2020 年将增加到 54.2 万户。① 2011 年,由国土交通省提供补贴,大力建设附带服务的老年住宅。附带服务的老年住宅必须提供"安全确认"和"生活咨询服务"。截至 2015 年 12 月,已建设 19 万户附带服务的老年住宅。

七、对我国的启示

2007 年,我国制定了《老人住宅建筑设计规范》,对老人住房结构、室内设计等做了详细的规定,为老年住宅建设提供了可以参考并执行的标准。② 随着我国住房建设规模的扩大,老人住房条件也有了很大的改善,但与日本相比,老人住宅的政

① [日]内阁府:《关于老年住宅及生活环境的意识调查》,2010 年版。

② 张恺悌、郭平编:《中国人口老龄化与老年人状况蓝皮书》,中国社会出版社 2010 年版,第 257 页。

策、住宅设计、住宅改造等软件上还存在很大的差距。第一，日本在解决老人住房问题时，根据不同时期的具体情况，设定特定目标群，并推行老人住房政策，切实保障老人的住房需求。第二，日本制定的《老人居住法》《无障碍建筑法》及《住宅基本法》和相应的无障碍改造措施，为我国老人住宅设计及改造提供了经验。随着第一代独生子女的成长，老人独居现象越来越普遍。为此，各地方政府应拿出部分财政收入用于改造老人住宅，这不仅有利于改善老人生活质量，更有利于老人身心健康，长远来看，可以减少医药费、护理费支出。第三，日本针对老人提供小户型住宅的同时，租赁形式多种多样。我国应根据老人居住意愿，在住宅所有权形式上采取租赁、出售、会员制、终身使用等，供不同收入水平的老人选择。

第四章 日本老龄相关产业

日本老龄相关产业涉及很多领域，如专业家具、专业设施、护理服务人员培训、老龄用品（包括康复器械）、娱乐、学习、旅游、心理咨询等。这章重点探讨老龄用品。

第一节 老龄用品有关的制度安排

老龄用品可以让老年人在老年期减少依赖、保证生活独立及提高生活质量、维护个人尊严。由于日本政府制定了《护理保险法》和《关于促进福利用具的研发及普及的法律》，老龄用品产业已进入快速发展时期。日本老龄用品概念分为狭义和广义两种，狭义的老龄用品是指以老年人和残疾人为对象的老龄用品，广义的概念是指包括健康人在内的公用品。本文主要研究狭义的老龄用品。

一、老龄用品内涵

关于老龄用品，日本长期没有统一的名称或定义，一般使用福利器械、护理器械、护理用品、护理用具、日常生活支援工具、康复器械、补助用具、义肢等名称。日本《关于福利用具的研发及普及的法律》第2条对福利用具做了如下定义：福利用具是指为了方便身心功能下降而引起日常生活不便的老人以及方便身心障碍者的日常生活生活便利而使用的用具以及为了增强这些人的身心功能而使用的用具或辅助器械。该定义反映了福利用具并非特指身体障碍者使用的用具，而是包括帮助老年人日常生活自理所需的用具。福利用具可以缓解家庭成员或护理人员的护理负担，从而提高老年人及护理人员的生活质量。①

二、《关于促进福利用具的研发及普及的法律》

日本于20世纪90年代初通过“黄金计划”和《关于促进福利用具的研发及普及的法律》，提高老年福利的同时扶持老龄服务产业的发展。比如，由厚生省带头实施黄金计划和护理保险制度，加强老年福利。厚生省制定有关老年福利的路线图（1990年黄金计划→1995年新黄金计划→2000年黄金计划21），扩大了护理服务基础，各地方自治体开设护理实习普及中心，展示和接受福利用具咨询。同时，由经济产业省带头促进福利用具的产品化。

为了研发适合老年人身心特点的福利用具，普及适合每个利用者身心状态的福利用具，1993年，厚生省（现厚生劳动省）和通商产业省（现经济产业省）联合向国会提交《关于促进福利用具的研发及普及的法律》（简称《福利用具法》）。该法规定，福利用具是“为方便身心功能下降、日常生活不便的老人或为方便身心障碍者的日常生活的用具以及为上述人员的功能训练而制定的用具或辅助装具。”《福利用具法》规定了有关福利用具的基本方针、福利用具的研究、开发及普及、动向、目标、措施、制造商及机构需要采取的事项以及其他主要事项。福利用具法中财团法人福利用具协会和新能源及产业技术综合开发机构（NEDO）占据重要位置。即财团法人福利用具产业协会属于厚生劳动省管辖，负责福利用具

① ［韩］金京来、李在成、朴明燮：《关于日本福利用具市场的研究》，《区域产业研究》第34卷第2期，2011年，第8页。

的研发、普及,信息收集、提供、评价,福利用具有关人才培养。

新能源及产业技术综合开发机构(NEDO)作为经济产业省所属独立行政法人,负责支持福利用具技术研发。第一,厚生大臣和通商产业大臣须制定关于福利用具的研发、普及动向、目标、具体事项的基本方针。第二,厚生大臣指定的法人须负责福利用具的研发、普及,信息收集、提供及评价等业务。厚生劳动大臣指定的法人是财团法人福利用具产业协会。第三,新能源及产业技术综合开发机构(NEDO)需负责提高福利用具的技术性能及研发水平。第四,国家、地方公共团体、企业、老人福利机构等为促进福利用具的研发及普及须各尽其责。第五,负责福利用具研发业务的,国家认为有必要使其使用国家实验室时要做到收费低廉。

三、《护理保险法》中有关福利用具的规定

2000 年 4 月制定的《护理保险法》第 44 条追加了福利用具的给付和租赁制度,扩大了福利用具的给付范围。根据护理保险制度指定了福利用具租赁及购买对象品目。适用护理保险的福利用具分为 12 种可租赁的用具和 5 种可购买的用具。而且通过"关于护理保险制度运用指针"(2004 年)、《护理保险制度筛选福利用具标准》(2005 年)及《残疾人自立支援法》(2006 年),对福利用具保险给付做出具体规定。参加护理保险的居家接受护理的受保人,从居家服务事业所购买特定福利用具时,由市町村支付福利用具费,支付额占所需费用的 90%,其余部分由受保人负担。

四、厚生省关于福利用具给付的规定

厚生劳动省制定的福利用具给付的规定如下:第一,租赁原则。根据利用者的身体状况及护理程度的变化,及时向利用者出租合适的福利用具。第二,销售原则。每年最高限额为 10 万日元。销售那些不适合租赁的品目(对别人使用过的心理上存在抵触心理或使用后形态、质量发生变化很难再使用的)。第三,实际消耗的费用。通过市场价格竞争,决定公正的保险给付价格,并根据实际需要提供保险给付。受保人向所在市町村提交申请,市町村通过上门调查判定等级。利用者拿到等级判定书后制定护理计划,按计划选择服务。日本福利用具给付原则是租赁原则,只有不适合租赁的品目才可以出售。租赁或出售的价格都要根据市场竞争来决定。

五、促进福利用具产业信息化建设

原先主要由地方自治体或公共机关购买福利用具，实施护理保险制度以后，利用者成为主要的购买对象。虽然福利机构、医疗机构及地方自治体也购买福利用具，但数量远远少于利用者。因此，为了促进福利用具的普及，实现福利用具产业化，需要构筑信息体系，共享福利用具有关的信息。共享产业技术及流通领域的信息成为搞活福利用具产业的重要因素。为了促进福利用具产业化，日本厚生劳动省成立了财团法人独立用具协会，构筑了 TAIS(Technical Aids Information System)体系。即为了方便利用者能根据自己的身体状况选择适合的产品，福利用具协会积极从全国制造商和进口商那里收集有关产品的使用、结构、性能等信息，建立数据库，通过各种媒体传播信息。同时，积极建立收集及提供福利用具需求的体系，从需求者的立场上，积极收集消费者使用福利用具过程中发生的不满意事项及改善意见，并将这些事项或意见提供给制造商。这样产品开发部门从利用者和护理保护师那里得到有关福利用具的意见，为改良和开发福利用具提供参考。

第二节　日本老龄用品分类

老龄用品注重无障碍设计，主要为了弥补因年龄增加而减退的身体、智能上的功能而设计商品。根据弥补身体缺陷的领域，老年用品分为以下 7 种：①适用于肌肉力量减退，包括无须用力的手把、水龙头、开关等；②适用于动作协调能力减退，包括防滑鞋、拐杖、轮椅、老人车辆、电动床、室内移动器械、机器人；③适用于视力减退，包括眼镜、照明用具；④适用于知觉及反应能力减退，包括电子烹饪用具等重视安全的家电产品；⑤适用于感官功能减退，包括助听器等；⑥适用于身体功能和智力减退，包括老人用手机等；⑦其他无障碍产品，包括新商品开发，以老年人为对象的旅游胜地无障碍化。[①]

---

① ［韩］大韩贸易振兴公社：《日本老龄服务产业现状及商机》，载《Kotra 研究报告》，2010 年，第 22 页。

日本“福利用具有关器械用语委员会”于1995年制定“有关日本福利用具分类条例”（CCTA），最终确立了分类体系（参考表2－6）。目前，日本财团法人福利用具协会从福利用具信息系统（TAIS）中筛选出6100多个产品，并将其划分为大分类（10个）、中分类（124个）、小分类（633个）。日本福利用具协会提倡遵守JIS标准。因为ISO标准由欧洲主导制定，对于体格和生活习惯不同的日本来说，采用ISO标准存在很多问题。2010年4月，JIS标示产品有手动轮椅、电动轮椅、方向盘电动轮椅、轮椅用便携式斜坡、电动床、入浴台、入浴凳8个品目。

表2－6　日本老龄用品分类

狭义的福利用具	
护理保险对象品目	护理保险对象外品目
租赁品目： 轮椅　轮椅部件 特殊床　特殊床部件 支撑杆　防褥疮用具 体位转换器　代步机 步行辅助拐杖 斜坡 痴呆老人徘徊探测器 移动用升降机 购买品目： 坐便器　特殊小便器 入浴辅助用具　简易浴盆 移动用升降机的座位部分	假肢：手部假肢、足部假肢、颈椎假肢等 家庭用治疗仪：透析液加湿器 运送氧气瓶车 座位固定装置 自助用具：方便使用的餐具、弯曲的勺 日常生活用具：盲人用手表、上下左右移动的洗脸盆、玄关折叠用椅子 沟通用具：录音机及解读机、便携式会话补助装置、点字显示器 休闲及训练器械：老人用扑克、扔圈游戏、电脑游戏、体育用具、乐器等
广义的福利用具	
狭义的福利用具 公用品：室内电梯、大巴、声音向导、电子烹饪机、无障碍住宅 文化：CD录音图书、附属声音向导、盲文图书、手语音乐	

第三节 实施护理保险制度后老龄用品市场的变化

人口老龄化带来平均寿命及预期寿命的增加,使人们在日常生活中行动不便的时间增加,这直接影响对老龄用品的依赖程度。随着护理保险制度的实施及家庭结构的变化,老年人希望利用福利用具提高自立程度和生活质量,从而使福利用具的重要性越发重要。

一、利用者负担减少,选择权扩大

由于日本政府制定了《护理保险法》和《关于福利用具的研发及普及的法律》,日本福利用具产业已进入快速发展时期。2000 年 4 月实施护理保险制度以前,福利用具的供给主要靠公共给付制度在市场上的流通。公共给付制度主要以各地方及国库补贴作为资金来源,因此主要提供低价用具或功能简单的用具,因此消费者没有选择余地。而且这种制度严格控制在低收入人群,一定收入以上的消费者就得不到公共给付。公共给付是由行政机关向特定人群免费提供用具用品,因无偿使用,即使产品质量不好或使用不便,利用者也坚持使用。实施护理保险制度后,受保人购买特定用具用品只负担 10% 的费用,其余 90% 的费用由护理保险支付。福利用具租赁主要根据利用者和护理经理人共同制定的计划提供。护理经理人根据福利用具的信息决定使用哪个厂家的福利用具。随着利用者对福利用具的关注度提高,利用者的咨询、投诉等情况急剧增加。利用者不仅可以自由选择,而且选择权也随之扩大。

二、流通体系的变化

由于以利用者为中心,利用者的需求能够及时传达到生产厂家,从而保证了产品维护、维修及售后服务。福利用具租赁业务也急剧增加。从生产厂家到利用者的流通渠道主要是销售和租赁,主要在药店、护理用品商店销售或由租赁商提供租赁业务。12 个租赁品目主要由都道府县知事指定的租赁专门店负责。利用者只要负担 10% 的费用就可以租赁到福利用具,利用者主要通过护理经理人推荐或租赁商店提供的商品目录选择租赁品种。电动轮椅等一般量身定做的多。销售福利用具的企业有批发企业(11.1%)、租赁企业(11.0%)、福利机构(14.4%)、医疗机构(10.8%)及其他(52.7%)。由于老龄用具用品需要细致入微的售后服务,因此形成了以地域为中心的流通体系,出现了很多专门批发用具用品的商店。老年用具用品流通需要经过以下几个环节:国内制造商→国内批发商及进口商→护理用品店、专门的流通企业、租赁企业及一般流通企业(百货店、生活协同组合、通信销售、网上销售等)→消费者。福利用具与利用者的生活密切相关,因此,提供福利用具的流通商需要及时对利用者的需求做出反应,需要提供试用、维修等更加细致的服务。目前日本约有 1000 家护理商店和专门店在承担连接制造商和流通商的作用。同时出现从事租赁批发的企业。这使利用者的选择面变宽,流通企业之间的竞争也更加激烈。日本政府正在努力潜心搭桥,促进企业之间的业务合作、联合制造、共同购买、统一进口、商品开发,提高物流效率,加强不同行业间的平行联系,制造业和批发零售企业之间的垂直联系,形成研发、生产、流通、销售网络。

三、老年用具用品市场规模急剧扩大

据日本福利用具及生活支援用具协会调查,自 2009 年福利用具用品产业市场规模持续扩大,2017 年达到 14979 亿日元,比 2009 年(11184 亿日元)增加 74.6%。①从品种来看,假发、假牙、坐便器、屋内电梯、华景、助听器等产品销量增长快。福利用具分为可租赁和可销售两种。可利用护理保险给付租赁的用具有 12 种,可以购买的用具有 5 种。2010 年 6 月 18 日,日本内阁会议上决定将老龄服务产业作为新增长动力产业,并拿出 30.5 亿日元扶持福利医疗器械的研发。通过此项政策,产生 17000 亿日元经济效果,创造了 3 万人的就业机会。

四、用具用品价格出现两极分化现象

一直以来日本主要在国内生产老龄用品,但随着经济不景气,老龄用品产业也开始追求效率化和产业化,积极扩大与国外企业的合作。目前,日本福利用具

---

① [日]福利用具及生活支援用具协会:《2017 年度福利用具产业市场规模调查结果》,http://www.jaspa.gr.jp/wp-content/uploads/2019/08/2017shijodokou_gaiyo190829.pdf,2020 年 2 月 18 日。

产业与东亚地区、欧美地区建立了国际分工体系,正在积极提高国内流通体系效率。① 日本主要从东南亚进口福利用具有关的零部件,从欧美主要进口成品。据日本福利用具生活支援用具协会2011年数据显示,进口产品价格出现两极化现象,即从欧美地区进口高价、高性能及设计新颖的产品,如高性能轮椅、轮椅用坐垫、阶梯升降机、护理用床垫、步行机(步行车);从中国(包括台湾)等东亚地区进口轮椅、轮椅零件、拐杖、电动轮椅、步行机(步行车)等低价产品。日本和东亚地区之间已经形成有效的分工体系,而与欧美地区形成相互供给关系。

五、对我国的启示

日本福利用具市场的现状给我国如下启示:

第一,建立关于福利用具供给的国际分工体系,扩大研发功能。在发达国家的高价高技术产品和东亚地区低价低技术产品之间寻找适合中国的道路。福利用具的研发需要人体工学和医疗福利现场人员的密切配合。

第二,创造为消费者提供正确产品信息的环境。随着生活水平的提高及老年人口的增加,消费者对福利用具的关注度提高。老年人决定使用老龄用品之前往往想听听护理专业人员的意见。但是,目前老年人很难获取正确的信息和产品。

第三,扩大福利用具的利用范畴。日本健康老人对维护及增进健康、预防疾病等方面的关注度提高。福利用具市场主要面向需要护理的老人和残疾人,今后需要扩大对象范围。为了适应这种需求,应扩大福利用具的市场化及普及,在产品开发过程中应积极考虑增进健康、疾病预防等领域的需求,开辟健康老人从预防角度也能使用的福利用具。

---

① [韩]金京来、李在成、朴明燮:《关于日本福利用具市场的研究》,《区域产业研究》第34卷第2期,2011年,第22页。

第五章　日本老龄衍生产业

从产品形态来看,老龄衍生产品包括七大类:储蓄类、证券类(长期国债、股票)、保险类(养老金保险、医疗社会保险、商业保险)、基金类(投资基金)、信托类、房地产类、组合类老龄金融产品。日本主要的老龄衍生产业涵盖养老金保险、老年储蓄投资理财产品、老年地产的倒按揭等金融产品,老年融资等资本市场。为了应对人口老龄化带来的社会经济变化,日本大力发展老年金融产业,降低老年人的生存风险、健康风险及财务风险。

第一节　日本年金保险产品

老年金融与保险业务领域主要包括老年资产(金融资产和房地产)的运用和管理以及各种老年险种业务。日本老年群体的经济收入主要由三个部分组成:养老金、储蓄积累、再就业收入,其中年金是目前老年群体用于消费的主要部分。

一、国民年金和被雇佣者年金

日本公共年金制度由国民年金(基础年金)与被雇佣者年金(厚生年金及共济年金)两个层次组成。国民年金是以社会全体成员为对象,被雇佣者年金是以被雇佣人员为对象。据厚生劳动省进行的《国民生活基础调查》显示,2017 年,老年人家庭平均收入为 318.6 万日元,52.2% 的老年人家庭完全靠公共年金生活。[①] 可以看出,老人没有年金就无法正常生活,而且单靠年金,生活也无法

① 内阁府:《令和元年版老龄社会白书》,日经印刷株式会社 2019 年版,第 18 页。

稳定。

日本公共年金制度分为两层,第一层是国民年金,也叫基础年金。作为一项公共福利事业,年金保险是强制性的。20 岁以上 60 岁以下国民必须加入国民年金保险制度。第二层为厚生年金和共济年金。加入国民年金保险的还可以加入第二层次的保险。

从表 2－7 可以看出,受保人划分为第 1 号受保人至第 3 号受保人。企业职工和公务员分别属于厚生年金制度及共济年金制度下的受保人,同时也是国民年金制度下的第 2 号受保人。第 2 号受保人需抚养的 20 岁至 60 岁之间的配偶属于第 3 号受保人。第 1 号受保人是自营业者、农民以及学生等,也就是第 2 号受保人和第 3 号受保人以外,年龄在 20 岁以上 60 岁以下的人。公共年金的资金来源于受保人缴纳的保险费。领取给付的年龄从 60 岁阶段性提高到 65 岁(自 2013 年)。老龄厚生年金的起始给付年龄为 65 岁。对 60～65 岁人员支付特别老龄厚生年金。国民年金的资金筹措方式为现收现付制,即根据当年所需的年金给付额,确定受保人需缴纳的保险费水平,并由在职职工负担保险费用。

表 2－7　公共年金对象

加入对象	国民年金对象
第 1 号受保人	自营业者、自由职业等(20～60 岁以下)
第 2 号受保人	厚生年金、共济年金加入者(就业开始～70 岁以前)
第 3 号受保人	厚生年金、共济年金的加入者的配偶(20 岁～60 岁以前)

资料来源:[日]本泽一善:《社会保障与年金制度》,密涅瓦书房 2008 年版。

第 1 号受保人和第 3 号受保人只加入国民年金保险。第 1 号受保人需缴纳的保险费为定额保险费,每月 14940 日元(2010 年 4 月标准)。从 2005 年 4 月开始,保险费每年提高 280 日元,直到 2017 年,固定在 16900 日元。第 1 号受保人中有困难的,可以申请全免或减免一半保险费。2000 年,对学生实行特例制度,规定一定收入水平以下的学生可以免交保险费,但 10 年内须补交保险费。第 3 号受保人实际上不缴纳保险费。第 2 号受保人需缴纳与自己工资相应水平的保险费,并从工资和奖金中扣除,主要实行总报酬制度,对工资和奖金适用同一种保险费率,2010 年保险费率为 16.058%。自 2004 年 10 月,保险费率每年提高 0.354%,到 2017 年固定在 18.3%。厚生年金保险费的计算方法如下:

保险金额 = 标准月工资额 × 保险费率 16.058% ×1/2(劳动者和企业各一半)+奖金 × 保险费率 16.058% ×1/2(劳动者和企业各一半)

计算中涉及标准月工资额,这是指将固定工资(不包括临时工资和奖金)分为 30 个等级。从 1 级(下限)月工资额 9.8 万日元(工资在 10.1 万日元以下)到 30 级(上限)月工资额 62 万日元(工资在 60.5 万日元以上)。

二、公共年金种类及内容

公共年金分为老龄年金、残疾年金和遗属年金三种。

第一,老龄年金。老龄年金再细分为老龄基础年金、老龄厚生年金、退休共济年金。其中,老龄基础年金是第一层次老龄年金,而老龄厚生年金、退休共济年金为第二层次老龄年金。老龄基础年金的领取资格为缴纳保险费 25 年以上,给付起始年龄原则上是 65 岁,但是 60 ~ 70 岁之间可以提前或者推迟领取基础年金。从 20 ~ 60 岁(40 年)期间,全额缴纳年金保险费的可以拿到全额年金给付。但是,未满 40 年的,给付额因人而异。第 2 号受保人可以在国民年金给付(老龄基础年金)基础上拿到老龄厚生年金。因工资水平和加入期限不同,领取年金的额度也不同。月工资收入高,加入期限长的受保人,可以领取更多的年金。厚生年金包括特别向 60 ~ 64 岁老年人提供的老龄厚生年金,但是到 2025 年以后不再给付。加入共济年金的,在老龄基础年金基础上可以领取退休共济年金。

第二,残疾年金。残疾年金分为残疾基础年金和残疾厚生年金、残疾共济年金。残疾基础年金的领取资格为:第一,初诊残疾之前缴纳保险费的期限在受保期间 2/3 以上,并符合残疾等级规定;第二,在初诊残疾时,不满 20 岁,并符合残疾等级所规定标准的残疾人。残疾厚生年金保险的领取资格为在初诊时已经是受保人并符合残疾等级(1 ~ 3 级)时,给予残疾厚生年金给付。属于 1、2 级残疾的,可领取残疾基础年金和残疾厚生年金、配偶年金。轻度残疾可领取残疾补贴。

第三,遗属年金。遗属年金分为遗属基础年金、遗属厚生年金、遗属共济年金等。领取遗属基础年金的资格如下:第一,缴纳保险费期限与保险费免除时间之和占受保期间2/3以上,或者符合老龄基础年金条件的人发生死亡时,对依靠死者维持生活的人给予支付。第二,死者的妻子、不满18岁的小孩、不满20岁但有残疾的小孩依靠死者维持生活的人。遗属基础年金给付对象为与死者共同生活过的妻子和子女。子女限定在18岁以下或20岁以下身体有残疾的。领取遗属厚生年金的资格顺序为配偶、孩子、父母、孙子、祖父母。遗属厚生年金的领取资格是只要符合如下条款中的一项,并有死亡当时依赖于死者维持生活的妻子、小孩等遗属,给予支付遗属厚生年金。一是符合缴纳保险费条件的受保人发生死亡时;二是符合缴纳保险费条件的受保人,初诊时是处于受保期间但由于生病、受伤原因,从初诊起5年以内发生死亡时;三是1~2级领取残疾厚生年金者发生死亡时;四是领取老龄厚生年金金者或者符合领取资格期间的人发生死亡时。

三、公共年金资金管理

日本公共年金制度采取社会保险方式。全体国民加入公共年金保险,通过缴纳一定期限的年金保险后,可以得到相应的给付。日本公共年金制度的资金筹措方式在年金制度成立初期采取基金预筹制,但目前采用现收现付制。预筹基金来源于雇主和雇员缴纳的保险费及运营保险基金的收入,受保人享受的保险给付完全取决于其缴纳的保险费和年薪。职工到法定退休年龄时,按个人账户积累总额,以年金方式一次或逐月发放给个人。基金预筹制遵循“同代自养”原则,不受人口年龄结构的影响,不存在代际不公平问题。但是,以基金预筹制运营的公共年金,由于受物价及工资水平的影响,年金的实际给付额会减少,而且对年金基金管理带来风险。现收现付制遵循“代际互助”原则,因此不受通货膨胀等经济变化的影响,也不存在基金管理带来的风险。但是,随着少子老龄化加剧,在职职工负担加重。目前,日本年金制度实行现收现付制,因此受人口老龄化及经济变动的影响,雇主和雇员缴纳的保险费高,加大代与代之间的不公平,加重了国家财政负担。在职职工年轻时支付年金保险,退休后不一定得到给付,这会增加人们对年金制度的不信任。在人口增加、经济高速发展、工资上升时期采取现收现付制有效,但到了人口减少时期、工资停滞时期,基金预筹制对经济发展更有利。但是,从现收现付制向基金积累制转变会出现双重负担问题。也就是说,处在转型期的人们在缴纳已退休人员的保险费的同时,还要为自己将来退休积累资金。

第二节　日本老年资产管理

为了应对人口老龄化带来的社会经济变化,有必要大力发展老年金融产业,降低老年人的生存风险、健康风险及财务风险。老年金融产业包括老年金融和保险服务产业,主要涉及老人资产(金融资产和房地产)的运用和管理以及各种老年险种。金融产品的购买对象分为积累资产的 30 ~ 50 岁人群和接受老后资产管理的 60 岁以上人群。为了迎接稳定的老后生活,可以购买各种形式的金融产品。这些产品包括各种养老金、养老金保险、股票、债券、长期护理保险、住宅反向抵押贷款。

一、老年资产管理内涵

老年资产管理是指对老年人的金融资产和房地产的运用和管理。老年资产运用和管理方面,除了养老金担保贷款、养老金管理、投资顾问等主要业务之外,反向抵押贷款业务也值得一提。① 2000 年日本实施护理保险制度后,建立了成年监护人制度,保障那些因判断能力低下而受到不公正待遇的老年人的社会权利。对于那些没有家庭或亲戚的老年人来说,确保老厚生活费用和管理房地产等财产面临很大挑战。尤其是一些老年人因身患痴呆而判断力下降,很难管理自己的财产。考虑到独居老人和老人夫妇家庭急剧增加的现实,有必要代管老年人的资产。在日本,以律师等司法界为中心,利用成年监护人制度为老年人提供资产管理。资产管理业务不仅涉及日常生活资金管理,还牵扯到为老年人索要受骗或丢失的财产。日本是世界上的"长寿王国",同时也是老龄化速度最快的发达国家。据估计,日本居民金融资产的 51% 掌握在 60 岁以上的老年人手

① 杜鹃、陈茗:《老年住宅"期货化"的市场前景分析》,《中国房地产金融》2004 年第 3 期。

中,而房地产的市值相当于金融资产的2倍。可见,老年金融市场是大有作为的,金融保险公司可以开发符合老年期的投资理财工具。

二、老龄信托商品

在日本,信托类老龄金融产品发展很快。信托作为专注于资产管理的金融商品,可以保障个人的养老金安全,增强养老资产的保值增值能力,因此深受老人欢迎。例如,老年人住房、存款、保险以及其他资产都可以通过信托来处理。老龄信托商品分为资金信托、财产信托、遗嘱信托三种形式。资金信托和财产信托是指老年人将自己的资金和财产委托给金融机构管理。遗嘱信托是根据信托法对遗嘱进行的信托管理。金融机构提供老人生前咨询、公证遗书的保管、遗嘱执行等服务。截至2009年,信托银行代管的遗嘱有6500件,其中90%的遗嘱指定信托银行为遗嘱执行人。金融机构还受遗属委托,承担对遗产进行调查、拟定财产目录、制定遗产分割协议、缴纳遗产税等服务。

三、日本住房反向抵押贷款

房地产是现代金融业的重要支柱产业之一。房地产类老龄金融产品包括以房养老、养老地产、租赁、互换等。在2002年制定的《老龄社会对策大纲》中明确提出实行住房倒按揭贷款业务。同年,日本厚生劳动省正式设立"以房养老"制度,目前更名为"不动产担保型生活资金"制度。"倒按揭"被认为是日本这个高龄化社会不可或缺的金融产品。

日本住房反向抵押制度分为两种,一种是各地方政府直接参与的直接融资方式,一种是通过银行等金融机构参与的间接融资方式。开展住房反向抵押贷款需要具备两项条件:一是申请人要有房屋产权;二是金融机构具有开发住房反向抵押贷款产品的积极性。在具体实施上,各地政府和金融机构规定的条件和内容略有不同,但是申请人条件是一致的,即申请人的年龄要在65岁以上,必须居住在自己持有产权证的住宅当中,不能有子女同住;申请人家庭的人均收入还要在当地的低收入标准之下,已经领取低保等福利的家庭不能享受住房反向抵押贷款制度。此外,申请人持有的房屋必须是土地价值在1500万日元以上的独门独户建筑。

申请成功后,申请人每个月能领取30万日元以下的生活费,但总额度不能超过抵押房屋土地价值的70%，借贷期限和贷款额度不得超过总额上限。生活费每三个月发放一次，并且还需要取得房屋法定继承人的同意，才可以申请住房反向抵押贷款。贷款的偿还期限，则规定在申请人去世后的三个月内，由担保人来负责一次性偿还。

2006年日本通过《骨太方针2006》，把"倒按揭"同"生活保障制度"相结合，鼓励高龄者先采用倒按揭方式融资，在仍然无法维持生计时再切换到"生活保护"制度。如今日本融资机构根据现实需求，以"老后安心信""充实人生"等名称推出了该类产品。[①] 老年人将自己拥有的房屋产权抵押给银行、保险公司等金融机构，相应地，金融机构根据老年人的健康状况、房屋现值及老年人去世后房产价值进行综合评估后，按老年人的平均余命计算，将其房屋价值化整为零，分摊到预期寿命年限中去，按月或年支付现金给老年人，直到老人去世。

四、其他金融产品

为了迎接稳定的老后生活，老年人除了上述金融产品外，还可以购买长期护理保险、股票、债券等产品。20世纪80年代后，随着老年人口及其财富的不断增加，老年保险市场越发受到关注，如护理保险和各种重大疾病保险相继问世，并不断得到普及。国家对民间主导的各种保险制度提供税收优惠和安全保障。日本家庭资产中，房地产所占比重趋于减少，取而代之的是流动性强、安全系数高的资产（如存款）及稳定收入（如养老金及保险）。2018年，60岁以上老年人家庭的平均储蓄额为1752万日元，比普通家庭（1036万元）高出0.5倍。而且，拥有2500万日元以上储蓄的老年人家庭占32.3%。[②] 60岁以上老年人家庭拥有自己住房的比例达到94%。[③] 据日本银行2010年统计，日本老人家庭的金融资产构成中，现金及存款所占比重为55.8%，保险和养老金所占比重为27.2%，金融投资产品占12.9%，其他资产占4.0%。目前，除储蓄类产品受欢迎之外，商业保险也深受老年人的欢迎。据日本生命保险公司基础研究所2010年1月提出的老

① 王曼：《日本老龄产业的发展与启示》，《特区经济》2012年第7期。

② ［日］统计局：《家计调查报告》，https://www.stat.go.jp/data/sav/sokuhou/nen/pdf/2018_gai2.pdf，2020年2月18日。

③ ［日］内阁府：《令和元年版老龄社会白书》，日经印刷株式会社2019年版，第18页。

龄服务产业展望报告显示，可以将老龄市场看作是多样化的微观市场的总和。老年人的身体状况和经济状况多样化，价值观和兴趣也相同，即使到了65岁，老年人的消费倾向也不会一下子发生变化。目前，尚有1500兆日元的老年人个人金融资产没有消费，说明现阶段缺乏让老年人安心消费的商品或服务。

第六章　日本老龄服务产业市场

在日本，老龄服务产业的市场化、社会化和产业化发展，为老年人提供了丰富的、适合其需求的物质、精神产品和各种服务，为满足老年人的各种消费需求，提高老年人的生活质量，增进老年人的晚年幸福生活，奠定了基础。日本老龄服务产业发展走的是一条政府主导的市场发展模式。老龄服务产业并非“泛市场化”的市场行为，而是公益性和营利性的两相结合。

第一节　日本老龄服务产业的需求状况

日本老年人口的快速增长，提供了庞大的潜在老年消费市场。日本老年人的收入来源主要由三部分组成：年金（养老金）、储蓄（资产）及再就业收入，其中年金是日本老年人用于消费的主要部分。据2019年度《老龄社会白书》显示，老年家庭平均收入为318.6万日元，老年家庭平均储蓄额为1639万日元，比普通家庭的平均储蓄额（1074万日元）高出0.5倍。[①] 2005年，老年人消费支出占总消费的35.1%，而2015年扩大到42.3%，达到70兆日元，老年人逐渐成为消费主

---

① 内阁府：《令和元年版老龄社会白书》，日经印刷株式会社2019年版，第16—18页。

体。团块世代跟以往的老人不同,他们追求高品质生活,且大部分已偿还住房贷款,子女教育负担减轻,并能拿到完整的年金,经济上较为宽裕。据日本总务省"家计调查"显示,家庭消费支出的变化体现在由耐用消费品消费大幅度转向服务消费。最为明显的是住房相关支出减少,医疗福利服务支出扩大。根据2006年制定的《老年人雇佣稳定法》,到2013年为止,企业必须实行65岁退休制。实施该法后,60~64岁的男性劳动者的81.8%、65~69岁男性劳动者的57.2%的人继续工作。① 随着从事经济活动的老年人增加,消费市场也发生了变化。尤其是团块世代(1947—1949年)的消费能力强。老年人的收入水平及购买力决定了老年人的消费水平,也直接影响日本老龄服务产业发展的潜力和前景。

第二节 日本老龄服务产业的市场供给状况

在日本,老龄服务产业已成为"朝阳产业",老龄服务产业规模持续增加,预计市场规模从2012年的68.5兆日元增加到2025年的107.6兆日元。② 20世纪90年代中期,日本很多经济学家预测新世纪主导日本经济的产业为"新3K"和与休闲生活有关的产业。"新3K"指的是移动通信、数字通信等信息通信产业、居家医疗等老人医疗保健产业、回收及低公害环保车等环境产业。1996年,经济企划厅预测,到2010年,老人医疗保险有关的产业市场规模约为69兆日元,但2008年,就已超过100兆日元。据总务省统计局"2004年服务业基本调查"显示,1999—2004年,增长最快的产业为社会福利及长期护理事业,增长率为49.7%。据总务省统计局"2004年事业、企业统计调查"显示,医疗福利有关的企业增长最快。与1999年相比,2004年,社会保险、社会福利、长期护理产业增长了157.2%,其次为派遣护理人员产业增加了147.3%,老人福利长期护理产业(不包括上门护理事业)增加了81.5%,老龄服务产业市场规模的扩大。2010

---

① 内阁府:《令和元年版老龄社会白书》,日经印刷株式会社2019年版,第23页。

② [日]川原经营综合中心:《老龄产业动向》,秀和系统出版社2016年版,第72页。

年，经济产业省公布的《产业结构展望2010》中，将医疗、护理、健康及育儿服务确定为五大战略产业之一。2015 年，社会保障给付费约 117 兆日元，团块世代到达 65 岁时退休金总额为 54 兆日元。此后家庭消费中老年人消费所占比重达到 40% 。《产业结构展望 2010》指出，有机整合医疗、护理及老年人生活支援服务，可以增加内需，增加就业机会。老龄服务产业规模从 1990 年的 33 兆日元增加到 2030 年的 77 兆日元。

实施长期护理保险制度后，原先封闭的长期护理市场发生了根本变化。

第一，放宽了对护理服务供给主体的限制。一直以来，长期护理服务几乎由地方自治体、社会福利法人、社会福利协议会垄断供给。因过去长期护理服务以税收为财源提供，因此对营利法人进入长期护理市场设置了很多限制。民间企业的市场活动局限在接受地方自治体委托的护理服务上，只占护理市场的 10% 。1999 年 3 月，厚生省（后更名为厚生劳动省）公布各种服务标准，民间企业只要满足这些要求，并得到都道府县的指定，就可以从事长期护理服务业。

第二，统一服务价格。长期护理产业采取长期护理报酬的方式，公共部门和民间部门提供的长期护理报酬价格一致。护理产业与其他产业相比，营业收入稳定，风险小。服务价格由政府规定，并每隔三年变更一次。但有时因为国家财政困难，还调低报酬。2015 年，把护理报酬调低了 4.48% 。

第三，民间企业和公共非营利部门的竞争条件几乎相同。各种服务供给主体之间竞争激烈。但民间企业能加入的服务领域依然存在局限性。比如，部分居家服务和机构护理服务不允许民间企业进入。民间企业不得经营上门康复、昼夜间康复服务、短期入所护理、居家护理指导、长期护理老人福利设施、长期护理老人保健设施、长期护理型医疗设施。目前，长期护理老人福利设施由社会福利法人经营，长期护理老人保健设施是由医疗法人、社会福利法人、健康保险组合运营，长期护理型医疗设施由医疗法人或个人经营。也就是说，护理设施领域，以社会福利法人为主，仍由原先的福利事业团体垄断经营，民间企业只能在上门护理等领域展开激烈竞争。

2000 年，日本实施护理保险制度之后，护理产业迅猛发展。护理产业可分为居家保护服务和设施保护服务。居家保护服务就是向老年人提供上门服务，使生活在社区的老人维持健康,减轻家庭护理负担。设施保护服务是对入住养老机构的老人提供治疗、护理、康复等服务,减轻老人及家庭的护理负担。实施护理保险制度后,服务对象扩大范围扩大。过去靠国库只针对贫困阶层提供服务,如今以社会保险为基础,提供普遍护理服务,只要是需要长期护理保险的老人,不考虑收入因素,都可以得到普遍服务。利用者的权利意识提高,潜在的长期护理需求显现出来,需求猛增。

第三节 日本老龄服务产业各领域现状

随着社会保障制度的完善及老年人收入水平的提高,日本老龄服务产业迎来前所未有的发展机遇。老龄服务市场规模庞大,而且发展迅速。日本老龄服务市场可以划分为医疗健康及护理服务市场、老龄服装及生活用品市场、老龄食品市场、宠物市场、信息通信市场、老年专用住宅市场等。

一、医疗健康及护理服务市场

日本实行医疗与药品分业,国内药品市场面临激烈竞争。随着老年人口增加,老年人对药品的需求会急剧增加。65 岁以上老年人的医疗费支出占全体国民医疗费的 40% 左右。民间企业不仅经营医院,还涉及医疗仪器生产、派遣医生等业务。药品产业属于高附加值产业,也是老龄服务产业的核心产业。2006 年,日本医疗费支出约 33 兆日元。为了扩大优质的民间医疗服务,日本积极培养医生,建立远程医疗供给体系,特别是建立网上提交医疗保险申请以及远程医疗诊断的体系。日本医疗器械市场规模为 21 兆日元,继美国、日本居第三。但在日本流通的产品中,50% 是进口货,竞争激烈。2008 年 4 月起,为了预防和改善体内脂肪增厚群疾病,日本实行义务健康诊断和保健指导。健康检查主要包括腹部测量和 BMI 值以及血糖、血压,并根据测量结果,按危险程度,分三个阶段,指导如何预防高血压、高血脂、糖尿病等生活习惯疾病。对于属于危险度最小阶段的人群,主要提供健康生活信息,对第二、第三阶段的人群,通过面谈,检查生活习惯,提出建议。由此生活习惯病成为新的商机。从肥胖症预防市场来看,日本男性2人中1人,女性5人中1人士患有体内脂肪增厚群症。40~70岁人口的34.4%即1940万人患有体内脂肪增厚群症,而且年龄越大比重越高。屋野(音译)经济研究所2007年5月公布的数据显示,2004年,肥胖有关市场规模为7.5兆亿日元。特殊保健用食品也深受欢迎。目前,啤酒、咖啡、酸奶等饮料上都标有零脂肪、零热量、零糖分。攀凯尔(音译)公司是日本最早提供一条龙健康服务的公司。2009年,攀凯尔公司在东京银座开设健康园,主要针对富有老年层量身定做维护健康的项目。石水屋(音译)公司以老年人为对象,开发居家健康管理项目。2009年9月,该公司与千叶大学共同着手开发以老年人为对象的居家健康管理和支援体系。萨拉雅(音译)于2009年9月开发出能测量血管内皮功能的系统。该系统能测量动脉硬化程度,可以早期发现和预防动脉硬化症。

护理市场分为护理保险对象市场和护理保险对象外市场。护理保险对象市场受政府的财政状况及护理保险财政的影响,因此不属于完全市场。而护理保险对象外市场由市场决定价格,因此属于完全市场,市场规模扩大的余地很大。2004年5月,厚生劳动省发表《社会保障的给付与负担展望》,在报告中提出,2025年,护理市场规模将达到19兆日元。护理保险对象外市场规模也在扩大。84%的老龄人口为健康老人(要护理老人为450万人,老龄人口为2740万人),因此护理保险对象外市场规模也会急剧扩大。

护理产业的经济效果分为增加增量效果和扩大存量效果。前者指的是护理保险制度实施带来的护理机构建设产生的效果及波及效果。护理产业属于劳动集约型产业,直接增加就业,搞活地方经济。后者指的是护理服务需求增加引起的服务提供者和福利服务市场的扩大。护理保险服务市场将提高日本GDP约1.59%。假如把护理保险服务及相关服务加起来,那么市场规模为100兆日元,这占日本GDP的20%。①

护理市场中以上门护理为主的业务正呈扩大之势,代表性企业有日本护理福利集团和樱花护理集团。日本护理福利集团正在经营“茶话本铺”,截至2009年10月,“茶话本铺”拥有18家直营店和170家连锁店。樱花护理集团正在经

① [韩]鲜贤奎、任春植:《老人长期疗养产业的理解》,良书苑2010年版,第79页。

营“樱花护理中心”,截至2009年10月,“樱花护理中心”拥有7家直营店和175家连锁店。安全(音译)出租车公司从2009年4月起开展生活支援项目“出租车服务生活支援”。该项目主要以老年人为对象,开展代办医院手续、代买药品和购物等。日本专门保安公司——赛康(音译)扩大针对老年人的服务。赛康以老年人为对象,提供确认门锁、邮件、家务、家具修理、上下水道修理等服务。2005年赛康主要以大城市为主开展上述业务,但从2008年7月开始,其业务范围扩大到全国。随着老年人口的增加,老年人的安全成为关注点。今后在安全放心市场中,通报服务、防止欺诈、高龄驾驶安全服务等新的服务将受到欢迎。再者,通报老人健康及安全状况的服务市场亦在扩大。2010年,米萨瓦家(音译)下属的马扎阿斯(音译)公司在老年人专用住宅中安装了呼叫服务摁铃。该服务通过因特网连接到应急通报服务、身边保护服务、生活健康咨询等。2008年,日本发生的汇款欺诈案件超过2万件,其中大部分受害人是老年人。为此,纪阳银行给老年人手机安装了感应装置,防止老年人遭到欺诈。2008年11月起,纪阳银行在自助取款机上安装手机感应装置。在自助取款机上使用手机时,自助取款机感应到手机信号,就会传出警告音。

二、老龄服装及生活用品市场

老龄市场的关键是便利和实用。针对运动神经和学习能力、反应能力减退的老人,最优先考虑便利性。为了实现便利和实用性,设计者运用普遍性设计(Universal Design)概念去设计日常生活用品。如社团法人家电产品协会制定反映老年人需求的“家电产品设计指针”,要求家电企业执行。该指针内容如下:第一,操作方法简单易懂;第二,表示和标示易懂;第三,能够以舒适的姿势和动作方便使用;第四,移动方便;第五,防止错误操作,安心使用;第六,修理方便,能够长期使用。

目前,老年人越来越关注着装打扮。据参加问卷调查的93%的老人表示,愿意打扮自己。而且,老年人对化妆品也表示关注。据调查,半数以上老年女性会为改善皮肤及保持弹力而使用化妆品。对此,日本几家大型化妆品公司陆续以60岁以上老人为对象,开发出新的化妆品。嘉娜宝公司以50~60岁女性为对象,开发出“CHICCA”牌子的化妆品。资生堂公司以多年来对老年人皮肤的研究成果为主,开发出新品牌"ELIXIR"。据资生堂公司调查显示,2007 年日本 60 岁以上女性的化妆品市场规模为 6700 亿日元,占化妆品市场规模的 19%。

三、老龄食品市场

日本厚生劳动省于 2000 年 4 月开始实施保健功能食品制度。该制度规定,保健功能食品包括特定保健用食品和营养功能食品。特定保健用食品是指食品当中含有对身体生理学功能产生影响的保健功能成分,具有增进健康等特定保健用途。随着老龄化加剧,保健功能食品市场规模持续扩大(参考表 2-8)。

表 2-8　保健功能食品市场规模情况统计　单位:亿日元

年度	市场规模
1997	1314
1999	2269
2001	4120
2003	5668
2005	6299
2007	6798

资料来源:[日]财团法人日本健康营养食品协会;[韩]Kotra:《日本老龄服务产业现状及商机》,载《Kotra 研究报告》,2010 年,第 19 页。

表 2-9　日本著名食品企业进军老龄食品业情况统计

企业名	主要内容
森永乳业	在医疗食品、护理食品中是顶尖品牌。 销售额从 2001 年的 88 亿日元增加到 2008 年的 235 亿日元。 2009 年销售目标是 500 亿日元(占企业总目标的 40%)。
明治乳业	2008 年 8 月,在群马县建立营养食品工厂。
丸子一郎	销售适合老人吞咽的食品。
丘比	1998 年 10 月销售护理食品,目前正在扩大品种。

资料来源:[日]《少子化及老龄化商业白书》,2009 年。

日本食品企业以老年人为对象，加强护理食品的开发制造。除了表2-9中所列的企业以外，日本味元公司从2009年11月开始，在全国范围内销售“营养护理食品”。同时，日本也以老年人为对象积极发展盒饭配送业。例如，日本和民集团积极投入餐饮、赡养看护、有机农业、针对高龄者开发的爱心便当服务等。

四、宠物市场

2009年，团块世代年龄达到60岁，陆续面临退休。老年人为了排除孤独，开始饲养宠物。2004年，宠物市场规模为1兆日元，每年以2%的速度增加。老年人将宠物看成自己家庭的一员，吃住在一起，因此小型动物深受欢迎。目前，宠物食品高级化趋势明显。宠物食品已经超越单纯饲料概念，添加了许多与健康有关的附加值，因此产品越来越高级。虽然产品单价很高，但销量持续增加。随着富有老年人购买宠物用品的增加，宠物用品市场也正在扩大规模。尤其是随着在室内饲养的小型宠物数量的增多，室内使用的宠物用品销路亦随之增加。宠物专用时装等产品进入百货店，出现高档宠物用品品牌。日本专门的宠物服装品牌“CHOCOLAT(巧克力)”销量增加。

由于人口出生率降低，原先生产儿童服装的厂家也开始生产宠物服装。这些厂家在自己原先品牌上面追加“DOG”出售，因此宠物服装市场竞争越来越激烈。

小型宠物一般跟主人一起生活。目前，日本出现可以委托宠物或可以带宠物一起住宿的饭店。随着宠物老龄化，还出现专门治疗宠物生活习惯病的医院和宠物护理中心。而且，还出现宠物死亡后老人极度悲伤，专门治疗这种症状的精神科医院。还有宠物专用体育馆和宠物幼儿园。

五、信息通信市场

通常情况下，以50岁为起点，网络使用率大幅度下降。为了提高老年人的网络使用率，日本总务省于2006年制定了“U-日本”战略。该战略主要是通过数字电视普及，用信息技术(IT)将日本全境连接起来。IT企业以中老年人为对象开发软件。日本最大的电视购物网站以老年人为对象，销售电脑、数字接收器等，并直接入户安装。日本NTT电信公司在独居老人或行动不方便老人居住地的煤气表上安装系统，连接到公司计算机网络上，自动检测老人每天使用的煤气使用量，假如有异常情况，企业派职员上门到老人家确认老人的健康状况。除了煤气以外，利用手机确认老人健康状况的服务也深受欢迎。提供安全确认服务的企业将老人活动范围及位置的信息输入手机中，只要老人活动出现异常，手机就会自动通报信息中心，该中心再通报家属。另外，日本电气股份有限公司（NEC）利用电视，使那些不熟悉电脑的老人可以用遥控器订购商品和服务。

再者，开发以老年人为对象的有关机器设备。低出生率及老龄化引起护士和护理人员供给严重不足，因此日本机器人企业都把医疗及老人护理看作是潜力很大的市场。尤其是能帮助老年人做家务的机器人需求增加。2009 年 6 月，丰田公司和理化学研究所共同开发机器人电动轮椅。比特（音译）国际机器人开发中心于 2009 年 8 月开发出无须护士帮助，将病人从床上转移到轮椅上的机器人轮椅。本田公司于 2009 年 8 月，与电气通信大学等共同开发能够模仿人的动作的机器人"DiGORO"，促进机器人商品化。2009 年 9 月，松下公司将轮椅和床结合起来制作机器人床，这种床变换形态后做轮椅使用。另外，本田公司正在开发利用脑波操纵的做家务的机器人。松下公司于 2009 年 10 月制作了洗碗机机器人，2009 年起积极开辟与医疗、护理、家务有关的机器人市场。理学研究所于 2009 年 12 月与东海橡胶工业合作开发护理用机器人"RIBA"。东京农业大学于 2009 年 1 月开发了能帮助农家干活的机器人。① 富士通公司还生产了老年人也能简单操作的手机和电脑。

六、老年专用住宅市场

晴美（音译）商社考虑到低出生率带来的学生数量减少，于是将学生用宿舍改造成老人住宅。入住该住宅，还提供一日两餐服务。经营收费养老院的大企业无私关怀（音译）公司在 2009 年新设 20 家养老院。虽然收费较高（面积为 20 平方米的一居室，入住保证金为 3000 万日元，每月 29 万日元），但提供了相应的服务，因此深受老年人的欢迎。赛康（音译）公司专门针对富有的老年层开展"住宅安全改造服务"。该公司提供一条龙安全服务，如检查家具无障碍情况、整理整顿物品、家具防灾、防止地震等。另外，还出现房屋中介公司，专门帮助老人管

---

① ［韩］大韩贸易振兴公社：《日本老龄服务产业现状及商机》，载《Kotra 研究报告》，2010 年，第 23 页。

理和租赁住宅。专门改造老人住宅的公司也应运而生。2008 年,房屋改造规模为 57804 亿日元。目前,日本独栋住宅有 4400 户,其中 50% 以上具有 15 年房龄,房屋改造市场前景广阔。

第五节　日本老龄服务产业市场战略

实施市场战略,一是可以掌握利用者的需求,提高顾客满意度;二是向利用者及家属告知服务内容,提高服务效率;三是分析利用者的情况及市场状况,制定经营战略;四是分析整理与竞争企业之间的关系,保持企业的竞争优势。

日本老年人口中,以“团块世代”(1947—1949 年出生)为主,新一代老年人成为老龄服务产业的主要消费群。由此,东京商工会议所于 2002 年设立老龄市场战略专门委员会,以东京都内生活的 50 ~ 65 岁年龄层的 500 人和 1000 家企业为对象,实施了问卷调查。参与调查的人群中,93% 的人表示“不愿意穿老气的穿着”,68% 的人表示“愿意重温年轻时的兴趣和休闲活动”。

商工会议所通过调查总结了新一代老年人的特点:第一,使用大家普遍使用的设计;第二,喜欢与年龄相符的高品质的商品和服务;第三,通过商品和服务回顾自己的人生;第四,终身工作,充分利用丰富的经验;第五,不追求流行,追求个性;第六,吸收新知识和信息,追求快乐;第七,周围总有孙子或宠物陪着;第八,不认为自己是老人。

据专门咨询公司调查,新一代老年人将自己看作比实际年龄小 14 岁的人,因此制定老龄服务产业策略需要重视这种特点。在东京证券交易所上市的企业中,70% 的企业已建立与老龄服务产业有关的部门。

韩国老龄服务产业发展机制研究

在人口老龄化加剧、老年人消费水平提高及社会福利供给主体多样化背景下，韩国政府积极推进老龄社会福利政策和老龄服务产业政策。韩国政府积极采取双重战略，即对于低收入老人由政府通过老龄社会福利政策保障其最低收入、医疗及护理需求，对于大多数普通老人，根据其收入水平及需求多样化，发展老龄服务产业，满足不同层次的需求。

第一章 韩国老龄服务产业发展概况

韩国政府把老龄服务产业称为“老龄亲和产业”，“老龄亲和”，就是在老龄服务产业中，优先考虑老年人的便利性和安全性需求。韩国政府制定《老龄亲和产业振兴法》，对老龄服务产业进行了明确的定义，并选定要重点发展的老龄服务产业领域，成立“老龄亲和产业支援中心”，通过一系列措施引导老龄服务产业发展。这对我国积极应对人口老龄化，推动老龄服务产业健康稳步发展具有借鉴意义。

第一节 韩国老龄服务产业的界定和基本框架

韩国政府通过制定和完善老龄服务产业政策，促进了老龄服务产业的健康快速发展。韩国政府于2004年成立老龄化与未来社会委员会，制定老龄社会对策路线图,确定老龄服务产业发展方向。同年 4 月,又成立老龄服务产业扶持委员会,并于 2006 年制定《老龄亲和产业振兴法》。2013 年,韩国政府认识到为了克服人口老龄化危机,必须促进老龄服务产业发展。这样不仅满足老年人的多样化需求,还可以创造更多的就业机会和经济增长动力。

一、老龄服务产业的概念、特点及分类

(一)老龄服务产业的概念

韩国《老龄亲和产业振兴法》第 2 条规定:"老龄亲和产业是指研究、开发、制造、建设、流通、销售以老年人为主要需求者的老龄用品或服务的产业。"韩国低出生老龄社会委员会则规定,老龄服务产业是指满足老年人因生物老化和社会经济能力下降而带来需求的产业。韩国保健福利部规定,老龄服务产业是以老年人(或中年人)为对象,由民间部门按照市场经济原理提供有助于健康、便利、安全的产品和服务的产业。这说明不仅是老年人,中年人为老年期所做的消费和投资也包括在老龄服务产业范畴内。韩国学者李仁秀认为,"老龄服务产业是指民间企业以老年人为对象,立足于市场经济原理,提供商品和服务的产业"。①崔圣载认为,"老龄服务产业是指按照市场经济原理,生产和提供以老年人为对象的商品和服务或使老年期保持活力的商品和服务的产业"。②

(二)老龄服务产业的特点

老龄服务产业遵循受益人负担的营利原则,与以非营利为基本原则的社会福利有着根本区别。老龄服务产业既不同于一般产业,也不同于老龄社会福利。其特点概括如下③:第一,以营利为目的。老龄服务产业遵循市场经济原理,民间成为主要的供给主体,按照市场经济原理,提供商品和服务。第二,以多品种少批量生产为主。由于老年人对商品需求的多样化,老龄服务产业具有产量少、品种多的特点,适合中小企业生产。第三,具有福利性质。老龄服务产业是福利产业的分支。老龄服务产业以老年人为对象,满足老年人的需求。但是,为了维护老年人的权益及安全,需要国家干预,因此,老龄服务产业还具有社会福利性质。

---

① [韩]李仁秀:《老人居住福利与老龄产业》,日进社 2005 年版,第 45 页。
② [韩]高在郁、黄振秀:《老龄社会福利论》,良书苑 2010 年版,第 247 页。
③ [韩]朴贤植等:《老年亲近产业及福利经营的理解》,良书苑 2009 年版,第 60 页。

老龄服务产业通过销售商品和服务，创造利润，但又向老年人提供安全感和信任感，因此兼具公益性。第四，由女性主导。女性比男性平均多活7～8年，在60岁以上老年人中，女性所占比例为60%以上，因此，女性需求比男性需求多。加之平时生活中女性购买商品多，因此在某种程度上女性消费者主导老龄服务产业。第五，具有信息产业性质。在信息化社会，所有产业都具有信息产业性质，及时掌握老年人的多样化需求，提供具体信息，老龄服务产业能取得更大效益。第六，属于服务产业。一般来说，老年人最关注健康和生命，因此满足与健康、生命有关的需求将会改变老年人的生活质量。第七，属于劳动密集型产业。老龄服务产业与其他产业存在密切联系，比如，与保健、医疗产业联系密切，还必须与机构和服务联系起来。老年人中不仅有健康的老年人，还有需要护理的老年人，因此所提供的服务不能一刀切，必须丰富多样，需要细分，还需要很多专业劳动力。

（三）老龄服务产业的分类

韩国学界自20世纪90年代对老龄服务产业进行了深入研究，各种专门研究机构和专家学者对老龄服务产业进行了如下分类（参考表3－1）。

表3－1　韩国专门研究机构和学界对老龄服务产业的分类

研究机构和专家学者	分　类
三星经济研究所（1992）	金融、休闲、医疗保健、居住、老龄用品五大领域
金泰贤、李仁珠（1996）	居住、服务、休闲、保健、老龄用品五大领域
文贤尚（1997）	居住、居家服务、老年医疗、金融保险、老龄用品、休闲活动六大领域
徐允（2000）	居住、护理、保健医疗、老龄用品、休闲、金融、教育七大领域
崔胜载（2002）	居住、保健、金融、保健器械、医药品及健康、旅行及休闲、运动器械及调整体重、服装及时尚、教育、信息、食品及饮料、汽车、化妆品、配送十四大领域
黄允兰（2005）	居住、医疗及看护、金融及保险、居家福利、休闲活动、生活用品六大领域
大韩商工会议所（2006）	居住、护理、金融、医疗仪器、休闲、信息六大领域

续表

研究机构和专家学者	分 类
严秀元、任九元(2006)	居住、保健、医疗、金融、保险、休闲、生活关联七大领域
柳文武(2006)	居住、保健医疗、金融、老龄用品、休闲、生活关联六大领域
郑允幕(2007)	居住、护理、健康、体育及休闲、教育安全、生活价值七大领域
赵京勋(2008)	居住及设施、医疗及护理、保险及金融、老龄用品、居家服务、休闲及信息六大领域

资料来源:根据朴贤植、李允敬等:《老龄亲和产业与福利经营的理解》,良书苑,2009 年版,第 50 页整理。

从表 3－1 可以看出,大部分分类都涵盖了护理、老龄用品、休闲、金融、居住五大领域。

韩国老龄化及未来社会委员会将老龄服务产业分为十四大产业(参考表 3－2),即护理产业、器械产业、药品产业、韩方产业、丧葬产业、食品产业、服饰产业、信息产业、休闲产业、金融产业、住宅产业、农业产业、交通产业、教育产业。

表 3－2 老龄服务产业类型及主要品种

部 门	主要品种
护理产业	居家护理服务、机构护理服务
器械产业	居家远程诊断及诊疗、便携式多功能健康信息系统,中药仪器护理支援、室内外移动支持系统
药品产业	神经系统类药、循环系统类药
韩方产业	中药保健旅游、抗衰老及保健功能食品、老年中药化妆品、专治老年病的中药材
丧葬产业	火化、骨灰盒、体验教室、入葬、移葬服务
食品产业	特殊药用食品、健康保健食品
服饰产业	保健服装、休闲体育服装、保持体型服装
信息产业	居家护理、信息通信辅助仪器、老年软件

续表

部　门	主要品种
休闲产业	老年休养园区
金融产业	年金管理、资产管理
住宅产业	老年住宅改造、老年专用租赁住宅
农业产业	老年归农教育、田园型老年主体农村、退休农场
交通产业	无障碍公交、老人传感器、荧光显示屏
教育产业	老年就业培训

资料来源：[韩]韩国老龄化及未来社会委员会：《老龄亲和产业发展方案》，2005年。

老龄用品还可以分为有形产品和无形服务（参考表3-3）。

表3-3　老龄用品分类

区　分	领　域	内　容
有形产品	老龄用品、医疗器械	电动福利器械、护理器械、家庭用医疗器械
	食品	健康食品、功能性食品
	住宅供给	老年村、老年住宅改造
无形服务	金融服务	公共年金、私人年金管理
	教育及信息服务	老年大学、IT服务等
	闲暇服务	旅游、休闲等
	护理及医疗服务	医院、养老院等
	住宅服务	老年村服务等
	殡葬服务	殡葬、化妆、追悼等

资料来源：[韩]金珠英等：《老龄服务产业的理解》，学知社2011年版，第27页。

另外，根据老年人的需求，还可以划分为衣、食、住、健康、收入与财产、休闲文化、知识七大领域（参考表3-4）。

表 3-4 老龄服务产业分类

老年需求	老龄服务产业	备 注
衣	服装	老年服装、功能类服装等
食	食品	功能性食品、健康食品
住	住宅供给及服务	老年村、居住服务
健康	护理及医疗服务	医院、养老院、专门医院等
收入与财产	金融服务	年金、储蓄、信托等
休闲文化	休闲服务	旅游、休闲等
知识	教育及信息服务	老年大学、终身教育等

资料来源:[韩]金珠英等:《老龄服务产业的理解》,学知社 2011 年版,第 28 页。

二、韩国老龄服务产业的发展背景

老龄化的发展,老年人收入的增加及社会福利需求的多样化,家庭功能的变化,促进了韩国老龄服务产业的发展。韩国老龄服务产业的产生和发展与国民收入水平的提高、人口老龄化程度密切相关。韩国政府认为,发展老龄服务产业,不仅可以扩大内需,还可以创造就业机会。

(一)韩国人口老龄化状况

2000 年,韩国 65 岁以上老年人口占总人口的 7.2%,韩国进入老龄化社会。① 据韩国国家统计厅统计,2018 年,韩国总人口为 5163 万人,其中 65 岁以上老年人口为 738.1 万人,老龄化率为 14.3%,而到了 2060 年,总人口达到 4524 万人,其中 65 岁以上老年人口为 1853 万人,老龄化率将达到 41.0%。② 韩国婴儿潮时期出生的人口约 1000 万人,2010 年开始,这些人陆续退休,老龄化进程迅速加快。20 世纪 90 年代以来,韩国出生率持续下降,2005 年总和生育率为1.08,创世界最低水平。2018 年总和生育率 0.97,远远低于生育率更替水平(2.1)。2018 年韩国 0~14 岁少儿人口为 790.7 万人,到 2025 年将减少到 577.8 万人,到

① 按照国际惯例,老龄化率超过 7% 的社会叫老龄化社会,超过 14% 的社会叫老龄社会,超过 20% 的社会称为超老龄社会。

② [韩]韩国统计厅:《老年人口统计》,http://kostat.go.kr/wnsearch/search.jsp,2019 年 3 月 10 日。

2050 年减少到 376.3 万人。① 2010—2050 年,韩国老年人口急剧增加,少儿人口急剧减少。老人抚养比将从 2010 年的 15.2% 提高到 2020 年的 22.1% ,到 2030 年将增加至 38.6% 。② 公共支出中,老年人有关支出从 2004 年的 12.8% 增加到 2020 年的 32% ,到 2050 年预计达到 55% 。而国家潜在经济增长率从 2000 年的 4.56% 下降到 2020 年的 2.91% ,预计到 2040 年下降至 1.4% 。③ 低出生率及人口老龄化将导致劳动力不足、社会福利费负担加重、财政收支恶化等后果,引发代际矛盾,降低经济增长率,威胁国家的可持续发展。针对这种形势,韩国政府并未仅仅把老年人看成是社会负担及社会福利受惠者,而是将其看成能为经济发展注入活力的健全的消费主体。从这种认识出发,韩国政府积极采取双重战略,即对于低收入老人由政府通过老龄社会福利政策保障其最低收入、医疗及护理需求,对于大多数普通老人,根据收入水平及需求多样化,发展老龄服务产业来满足不同需求。韩国政府以 2020 年婴儿潮人群退休为契机,制定老龄服务产业发展规划,通过扩大内需及开拓国外市场,使老龄服务产业发展成新的增长动力。

(二)社会福利服务供给主体多样化

20 世纪 70 年代出现福利国家危机后,发达国家采取福利民营化政策。为了减轻公共福利负担,韩国政府把搞活民间活力作为老龄社会福利政策的基础,将追求营利的民间企业和非营利团体作为主要的福利供给主体,从而使政府、民间、非政府部门形成最佳搭配,有效地提高了福利质量。福利服务供给主体多元化对老龄服务产业发展带来积极变化。一是利用服务的人群并非只限定在低收入阶层,而是扩大到需要服务的所有人员。同时,针对个体的需求,能够提供多样化的福利服务。二是过去提供的福利服务是政府针对低收入群体提供的有限的服务,福利服务利用者无法自主选择福利服务供给方。但自从社会福利供给主体多样化后,利用者可以根据自己的需求,选择福利服务供给方。三是合同制

① [韩]韩国国家统计厅:《将来人口推计》,http://kostat.go.kr/portal/korea/index.action,2014 年 2 月 10 日。

② [韩]韩国保健福利部:《2012 年业务资料》,韩国保健福利部,2012 年,第 373 页。

③ [韩]韩国保健社会研究院:《第一次低出生老龄社会基本计划研究方案》,2006 年,第 23 页。

保障了福利服务的选择。通过合同制，老人即使处于需要护理的状态也能够自己选择所需要的服务。同时，福利服务供给方之间形成竞争关系，各供给方不得不提高服务质量来满足利用者的需求。

（三）实施长期护理保险制度

韩国于2008年7月开始实行老人长期护理保险制度，该制度属于一种社会保险制度，投保人为韩国国民健康保险公团，受保人为全体国民，资金来源是全体国民缴纳的护理保险费加上国家和地方政府的财政投入。保险给付对象是65岁以上老人，但65岁以下患有痴呆或脑中风时也可以获得保险给付。该制度主要针对那些就餐、入浴、排泄等日常生活困难而需要他人帮助的老人，所需费用由保险给付承担。申请护理保险给付，需要经过护理等级判定。护理等级分为三个级别，申请者需要参加身体功能、认知能力、行动能力、护理需求、康复需求等测试。截至2018年底，护理保险认定者规模从2008年的146643人增加到2018年的585287人。[①] 韩国推行长期疗养保险制度已过了十年，65岁以上人口中，领取长期护理保险给付的老年人从2008年的2%增加到2018年的9%，长期护理保险制度获得了国民的认可。

三、韩国老龄服务产业政策变迁

进入20世纪90年代，韩国老年人口急剧增加，民间对老龄服务产业的关注度增加。为了适应老年人口的变化，韩国政府多次对《老人福利法》进行修改，为老龄服务产业的形成奠定了法律基础，特别是1993年的修改，成为促进老龄服务产业发展的契机。进入2000年后，随着各项法律和政策的出台，老龄服务产业取得迅猛发展。

（一）老龄服务产业的形成阶段（20世纪80—90年代）

1980年9月，韩国第五共和国执政后提出五大国政目标，建设福利社会成为其目标之一。在这种背景下，1981年6月5日，韩国政府制定公布了《老人福利法》，为老年福利制度的发展奠定了法律基础。为了适应人口老龄化及社会经济变化，韩国政府多次修改《老人福利法》，其中老龄服务产业相关内容介绍如下：

---

① ［韩］韩国保健福利部：《幸福的老后生活伴侣》，国民健康保险公团，2018年，第111页。

一是在 1989 年的修改案中,政府提出在老年福利设施内增设自费养老床位,建设老年福利住宅。二是在 1992 年的修改案中,政府允许民间部门自由开设老年护理医院,开办家庭护理员培训机构。三是在 1993 年的修改案中,政府决定发展老龄服务产业,提高老年福利事业效率,允许民间企业或个人开设并运营收费性质的老年福利机构。(1)经过市道知事的许可,不管是社会福利法人,还是个人,都可以开设并运营收费性质的老人福利设施。(2)将居家老年福利事业分为福利员派遣事业、日间保护事业、短期保护事业。民间企业或个人获得地方政府行政许可后,可以经营老年福利机构(收费养老院、收费护理院、收费老年住宅),这为后来发展老龄服务产业奠定了基础。另外,把居家老年福利事业的范围从派遣家庭福利员扩大到日间保护、短期保护,为促进居家福利事业奠定了基础。四是在 1997 年的修改案中,政府提出允许民间部门开设老人专门护理设施、收费老人专门护理设施及老人专门医院。政府允许民间部门在独立住宅或住宅区,开设居家老年福利设施。同时,增加保护认知症及重症患者的设施,放宽开设居家福利设施有关的规定。

(二)老龄服务产业的成长阶段(2000—2006 年)

进入 2000 年后,随着人口老龄化加剧,在社会保障制度逐步完善的情况下,韩国政府开始扶持老龄服务产业发展。2001 年,国务总理室成立老年保健福利对策委员会,着手采取相应对策。2003 年 10 月,韩国政府为应对急剧老龄化采取了综合政策,在总统直属社会统合企划团下设立老龄社会对策组。2004 年 1 月,政府在保健福利家庭部下设立老龄社会对策及社会统合企划团,制定老龄社会对策路线图,确定老龄服务产业发展方向。2004 年 2 月,“老龄社会对策及社会统合企划团”更名为总统咨询“老龄化及未来社会委员会”,主要目的在于预测急剧人口老龄化背景下的社会经济形势变化,确保国家竞争力,制定中长期政策。当时,韩国老龄服务产业处于初期阶段,需要放宽对老龄服务产业的各种政策限制,支援并制定老龄用品研发及标准化作业。另外还需要加强老龄服务产业的财政税收体系,构建老龄用品及服务信息体系。该委员会制定的五大政策中就有适应新的人口结构变化的经济产业政策,其中包括老龄服务产业政策。老龄服务产业政策主要是放宽对老龄亲和产业的各种限制,支援老龄用品的研发及制定标准化规格。同年 6 月,为了促进民间部门参与老龄服务产业领域,成立了老龄服务产业协会和由财政部等 11 个部委及老龄服务产业领域专家组成的“老龄服务产业扶持委员会”。9 月,韩国政府公布老龄服务产业发展战略。老龄化及未来社会委员会下设的 IT 组将老龄服务产业具体划分为 14 大产业。而且,要求政府相关部门(知识经济部、企划财政部、国土海洋部、教育科学技术部、保健福利部)制定相应计划及编制预算。根据要求,知识经济部决定扶持器械产业、护理产业、食品产业;企划财政部扶持金融产业;保健福利部设立韩国老年人力开发院,挖掘老年职业及支持老年创业,介绍就业岗位;教育科学部负责开展老年终身教育事业。

2005 年 6 月,韩国政府制定《低出生老龄社会基本法》,同年 9 月,老龄化及未来社会委员会更名为总统直属“低出生老龄社会委员会”。该委员会由总统任委员长,财政经济部等 12 个部委长官和 12 名民间专家担任委员。该委员会作为审议调整低出生老龄化对策的最高机构,下设运营委员会、事务局及专门委员会。2005 年 7 月 22 日,保健福利部和知识经济部为了扶持老龄亲和产业,向国会提交《老龄亲和产业振兴法》,2006 年 12 月颁布实施。该法规定,在低出生老龄社会委员会下设立低出生老龄社会政策本部,新设老龄亲和产业组,为老龄服务产业发展奠定法律基础。根据《老龄亲和产业振兴法》,韩国政府制定实施“低出生老龄社会基本计划”,并规定每五年制定一次。目前已完成第一次计划(2006—2010 年)和第二次计划(2011—2015 年),正在实施第三次计划(2016—2020 年)。内容包括指定专门机构,培养老龄服务产业所需人才,由产学研协同研究居家健康信息体系。另外,通过促进老龄产品标准化,提高产品和服务质量,提高国内外市场竞争力。加强老龄企业的国际合作、采取税收优惠措施鼓励企业打入海外市场。另外,建立老龄服务产业支援中心,为企业提供咨询。

(三)老龄服务产业扩张阶段(2007 年至今)

2007 年,韩国颁布《老年人长期疗养保险法》,2008 年实行老人长期护理保险制度,开展标准化和认证事业。2008 年 4 月,低出生老龄社会委员会从总统直属机构改为保健福利部所属机构,委员会下设事务委员会和分科委员会。该委员会下设四个分科委员会,分别为低出生、老后生活、人口经济、老龄服务产业。

2009 年,政府明确规定,老龄服务产业相关政策由保健福利部所属低出生老龄社会政策本部(现更名为低出生老龄社会政策局)统一管理,下设老龄服务产业组(现更名为老龄服务产业课),主导产业振兴政策。

2010 年,由保健福利部、知识经济部、老龄服务产业支援中心以及老龄服务产业专家组成委员会定期开会,挖掘政策议题,分工合作,开展共同研究,解决阻碍产业发展问题。2011 年,由各领域专家及福利部、老龄服务产业振兴院有关人员组成五个分科委员会,即护理及健康支援、器械及用品、文化及休闲、金融、居住等,各分科委员会在综合分析各领域现状的基础上,提出促进老龄服务产业发展的方案。2013 年,韩国政府将老龄产业作为新的增长动力产业加以扶持。

四、韩国老龄服务产业市场

一直以来,韩国的老龄服务产业市场规模有限,且多以进口产品为主,高端老龄市场基本由日本产品占领,而低端市场由中国产品主导。但是,自从颁布实施《老龄亲和产业振兴法》(2006 年)以及实行老人长期护理保险制度(2008 年)后,长期护理、福利用具及老龄用品、金融、居住等产业发展迅速。更值得注意的是,随着战后婴儿潮时期出生的人口进入老年期,其对保健福利服务的需求逐渐多样化,购买力水平也比以前提高,极大地促进了韩国老龄服务产业的发展。

(一)韩国老龄服务产业需求状况

老龄服务产业的产生和发展与国民收入水平的提高和人口老龄化程度密切相关。进入 21 世纪后,韩国老龄化速度急剧加快。随着公共年金制度的完善和老人长期护理保险制度的实施,韩国老年人对老龄服务产业的需求和购买力日益提高。据保健福利部 2017 年《老年人现状调查》①资料显示,老年人家庭总收入为 2589.7 万韩元(月平均收入为 215.8 万韩元),其中劳动收入占 34.2%,占最大比重,其次是公共转移收入占 27.4%,再次是私人转移收入占 15.2%。老年人个人年均收入为 1176.5 万韩元,其中公共转移收入所占比重最大,占 36.9%,其次是私人转移收入占 22%,做生意收入占 13.6%,劳动收入占 13.3%,财产收入占 12.2%,其他收入占 1.2%,个人年金占 0.8%。老年人个人收入占老年人

① [韩]保健福利部:《2017 年度老年人现状调查》,保健社会研究院,2017 年,第 13 页。

家庭收入的55.5%。从老年人家庭消费支出来看,月平均支出为162.2万韩元。随着团块世代的退休将改变老年人口的消费结构。团块世代教育水平及收入水平较高,生活需求多样化,消费欲望较强,这些将促进老龄服务产业的发展。

据韩国统计厅2018年"老年人统计"显示,2017年,60~65岁老年人就业率为60.6%,65~69岁老年人就业率为45.5%,老年人退休后仍然参加经济活动的人数持续增加。有职业的老年人中,34.7%的老人从事农林业,20.1%的老年人从事门卫、清洁等工作,15.3%的老年人从事运输及建筑业,12%的老年人从事餐饮和家政服务。①

老年人对老龄服务产业需求最大的是老人专用药品(43%)、保健食品(25.6%)、老人健康用品(11.3%)及居住设备用品(4.7%)。老年人希望增加的公共设施有保健医疗设施(32.5%)和社会福利设施(29.4%)。② 随着社会保障制度的完善,老年人的消费意识发生变化,现代老人迫切希望身体健康、经济自立。因此,发展老龄服务产业需要政府支持和市场需求相结合。

(二)韩国老龄服务产业供给状况

据韩国保健产业振兴院统计,2010年韩国老龄服务产业市场规模为332241亿韩元,2020年将达到1249825亿韩元。③ 从表3-5可以看出,2010年老龄服务产业市场中,金融产业(31.8%)和休闲产业(22.9%)所占比重最高。到2020年,金融产业将增加到44.8%,在老龄服务产业市场中所占比重最高。金融产业年平均增长率最高(19.2%),其次是化妆品产业(17.7%)和护理产业(17.2%)。从老龄服务产业就业效果来看,2002年增加了17万就业人口,2010年增加至41万人,2020年增加至66万人。其中,从事长期护理服务的人员也从2008年的12万人增加到2017年的44万人。

---

① [韩]KDI经济信息中心:《2018老年人统计》,http://eiec.kdi.re.kr/policy/materialView.do?num=180865,2019年11月18日。

② [韩]韩国保健产业振兴院:《老龄亲和产业现状调查及产业分析》,2011年,第131页。

③ [韩]韩国保健福利部:《幸福的老后生活伴侣》,2018年,第111页。

表 3-5　老年重点产业市场规模及展望　　单位:亿韩元,%

	2010 年		2015 年		2020 年		CAGR
	市场规模	比重	市场规模	比重	市场规模	比重	2010-2020
护理产业	25675	7.7	62234	9.2	125188	10.0	17.2
药品产业	30486	9.2	57464	8.5	108315	8.7	13.5
化妆品产业	5109	1.5	11541	1.7	26070	2.1	17.7
食品产业	48990	14.7	90128	13.3	165810	13.3	13.0
休闲产业	76088	22.9	110268	16.2	161917	13.0	7.8
金融产业	105663	31.8	301711	44.4	610404	48.8	19.2
全体产业	332241	100.0	679281	100.0	1249825	100.0	14.2

资料来源:[韩]韩国保健产业振兴院:《老龄亲和产业现状调查及产业分析》,2011 年,第 131 页。

第二节　韩国老龄服务产业相关法律体系

2000 年,韩国进入老龄化社会,韩国政府制定了一系列法律法规来应对老龄社会问题。这些法律法规对韩国老龄服务产业的发展产生重要影响。自此,韩国政府保障与国民生存权密切相关的最低生活,即保障国民最低水平的基本福利需求,而对充实文化生活的附加需求,则由民间市场来满足,即积极发展老龄服务产业。

一、颁布实施《老龄亲和产业振兴法》

为了提高老年人的生活质量,韩国政府积极发展国民经济,支持老龄服务产业的发展,于 2006 年 12 月 28 日制定《老龄亲和产业①振兴法》,2007 年 6 月 28 日正式实施。该法由总则、建设老龄服务产业基础、提高老龄用品质量、罚则四个部分组成。第一章总则包括制定该法的目的、用语的定义、国家及地方自治团体的责任和义务、发展老龄服务产业规划、消费者权益保护等内容。第二章包括

① 老龄亲和产业是指研究、开发、制造、建设、提供和流通、销售老龄亲和产品的产业。

培养专业人员和研发老龄用品、促进老龄服务产业标准化、促进国际合作、打入国外市场、设立老龄服务产业支援中心、金融支援等条例。第三章包括指定和标识优秀产品、取消优秀产品、禁止标识优秀产品、支援优秀企业家等条例。第四章罚则。

第1条第1款规定,制定该法的目的在于扶持老龄服务产业,营造发展环境,提高老年人生活质量,促进国民经济发展。由于急剧老龄化,老年人成为主要消费者,老龄服务产业成为国家经济发展的新的增长点。综合制定及促进有关老龄服务产业的各种政策措施,营造老龄服务产业发展环境,提高老龄用品及服务质量,实现老龄服务产业体系化。但由于老龄服务产业主要消费者是老人,而老人又是弱势群体,不能全靠市场机制,需要国家适当介入,保护老年消费者。

第2条第2款规定老龄亲和产品。老龄亲和产品包括:(1)主要由老人使用和携带的用具、用品或医疗器械;(2)主要由老人居住或利用的住宅及其他设施;(3)老人疗养服务;(4)为老人提供的金融、资产管理服务;(5)以老人为对象的器械或服务;(6)专门针对老人的休闲、旅游、文化或健康支援服务;(7)适合老人的农业用品或务农支援;(8)其他以老人为对象开发的产品和服务。

第3条规定了国家和地方自治体的责任和义务。国家和地方自治体应制定和实施有关政策,加强老龄服务产业的基础,提高老龄亲和产品的竞争力。为了保护消费者的权益,要宣传、教育及研发老龄亲和产品;支援促进消费者健康的活动;防止危害消费者生命、身体及财产的事件;建立迅速公正的救济措施来解决消费者的不满及损失;制定其他保护消费者使用老龄亲和产品的措施。

第4条规定了老龄亲和产业发展计划。第一,中央行政机关①相关负责人要根据《低出生老龄社会基本法》第20条、第21条规定,制定实施"低出生老龄社会基本计划"及年度计划。该计划包括发展老龄亲和产业有关的计划。第二,老龄亲和产业发展计划需包括以下事项:(1)老龄亲和产业发展计划。(2)老龄亲和产业各领域发展计划。(3)奠定老龄亲和产业基础。(4)确保并分配老龄亲和

① 第2条第4款规定,中央行政机关是指管理老龄用品的中央行政机关,包括保健福利家庭部、劳动部等政府部门以及总统令规定的所有中央行政机关。

产业所需财源。(5)中央行政机关各部门分担老龄亲和产业各领域。(6)其他老龄亲和产业发展所需事项。

第 6 条规定,由国家和地方自治体指定专业人员培训机构。

第 7 条,鼓励研发,采取措施提高国际竞争力。

第 8 条,为了提高产品质量,促进老龄亲和产业标准化,为此制定代理机关,促进老龄亲和产业标准化。第一,中央行政机关相关负责人为了提高产品质量,开展标准化事业。"产业标准化法"第 2 条中规定了关于品种及服务有关的内容:(1)制定、修改、废除及普及老龄用品的标准。(2)调查、研究及开发老龄服务产业有关的国内外标准。(3)其他老龄亲和产业标准化所需事业。第二,中央行政机关相关负责人为了有效促进第 1 项规定的各项事业,可以指定总统令规定的其他老龄亲和产业机关代理此项事业。第三,中央行政机关负责人根据第 2 项及第 9 条第 3 项规定,支援代理机关必要经费,保证第 9 条第 2 项业务的顺利完成。

第 9 条,为促进老龄亲和产业的国际合作及开辟国外市场,支援有关技术及人员交流;促进国际标准化、国际共同研发。中央有关行政部门为了有效支援老龄亲和产业,设立或指定老龄亲和产业支援中心。一是国家及地方自治体掌握有关老龄服务产业的国际动向,促进国际合作。二是国家及地方自治体为了促进老龄亲和产业有关的国际合作及打入国外市场,可以开展有关老龄亲和产业相关技术和人力的国家交流、国际标准化、国际共同研发等事业。三是国家及地方自治体支持从事第 2 项规定的事业的人或按照总统令规定代理老龄服务产业业务的机关。

第 10 条,成立和指定老龄亲和产业支援中心。第一,为了更好地扶持老龄服务产业,韩国政府采取两种形式,一是成立老龄服务产业支援中心(以下简称支援中心),另一种是将有关研究机构、团体、法人指定为支援中心。第二,支援中心负责以下业务:一是调查研究老龄服务产业发展有关的制度。二是研究老龄服务产业发展所需的技术和标准化。三是为促进老龄服务产业发展,成立相关部门。四是培养老龄服务产业相关专职人员。五是扶持老龄服务产业有关的创业、运营、信息收集、共享及利用。六是支持老龄服务产业流通环节,支持国际合作及开辟国外市场。七是支持从事老龄服务产业的养老机构。八是根据第 12 条第 3 项规定,制定优秀产品、优秀企业。九是其他老龄服务产业所需事业。第三,中央行政机关相关负责人有权在第 2 项业务所需经费预算中支持被指定为支援中心的单位。第四,以总统令形式规定有关支援中心的指定标准事项。

第 12 条规定,由中央有关行政部门领导指定“老龄亲和优秀企业”“老龄亲和优秀产品”,并按照一定的程序和样式使用标识。一是中央有关行政机构负责人可以将高质量的老龄用品指定为优秀产品,将信誉高的老龄企业和团体指定为优秀单位。二是根据第 1 项规定,被指定为优秀产品或优秀企业的可以使用相关标识。三是中央有关行政机构负责人根据第 10 条规定可以让支援中心负责指定业务。四是按照总统令形式颁布有关优秀产品或优秀企业标准、程序及标识方法。

第 15 条规定,向优秀企业提供技术开发资金和产品质量认证、研究设施及设备。但是取消指定时,需要返还相应的资金。第一,国家或地方自治团体为了扶持优企业或企业人员,促进以下业务:一是支援技术开发资金,促进产品市场化。二是通过技术指导及有关法律规定获得质量认证。三是支援研究设施及设备。四是支援其他培育老龄服务产业的必要事项。第二,国家或地方自治团体要负责收回根据第 13 条第 1 项第 1 号规定被取消支援的企业或个人的支援款项。第三,以总统令形式颁布关于第 1 项及第 2 项规定支援或收回的必要事项。

二、颁布实施《老年人长期疗养保险法》

2007 年 4 月,韩国政府颁布实施《老年人长期疗养保险法》,旨在增进老年人的健康及生活稳定,减轻老年家庭的负担,提高国民的生活质量。主要内容如下:

第 6 条,长期护理基本计划。第一,为了给老年人提供长期护理给付,保健福利部长官每五年制定一次长期护理基本计划。主要包括:(1)制定实施关于长期护理给付对象及资金筹措有关的年度计划。(2)制定加快长期护理机构发展及培养长期护理专门人力的年度方案。(3)其他关于老年人长期护理有关的事项,并以总统令的形式颁布。第二,地方政府负责人要根据第 1 项长期护理基本计划,制定实施细则。

第7条,长期护理保险。一是保健福利部长官管辖长期护理保险事业。二是长期护理保险投保人为医疗保险公团。三是根据《国民健康保险法》第5条及第93条规定,已加入长期护理保险的人称为受保人。四是根据《外国劳动者雇佣有关的法律》,经外国人申请,长期护理保险公团有权取消外国人长期护理受保人资格。

第23条,长期护理给付种类(2011年6月7日修订)。第一,长期护理给付种类如下:一是居家给付。(1)上门照料。上门提供身体活动及家务劳动支援服务。(2)上门入浴。长期疗养员带着洗浴设备上门提供入浴服务。(3)上门护理。护士等长期护理员根据医师、韩医或牙医的指示(以下简称上门护理指示书),上门提供有关护理、诊疗及护理咨询或口腔卫生指导。(4)昼夜间保护。在保健福利部令规定的范围内,将长期护理给付对象接到长期护理机构,提供一天中某个时段的保护,帮扶其身体活动及通过教育和培训维持和提高其身心功能。(5)短期保护。在保健福利部令规定的范围内,将长期护理给付对象接到长期护理机构,提供一段时间的保护,帮助其身体活动及通过教育和训练维持和提高其身心功能。(6)其他居家给付。向利用者提供日常生活及身体活动所需用品,或上门提供康复服务。二是机构给付。根据《老人福利法》第34条,让利用者入住老年医疗福利设施,为其提供身体活动支援及维持和提高身心功能所需教育训练。三是特别现金给付。(1)家庭护理费。根据第24条提供家庭长期护理给付。(2)特例护理费。根据第25条提供特例长期护理给付。(3)疗养医院看护费。根据第26条提供疗养医院长期护理给付。第二,根据第1项第1、2号规定,以总统令的形式颁布护理机构种类、标准以及护理人员的工作范围、业务内容、报酬等事项。第三,以保健福利部部令形式颁布护理给付标准、程序、方法、范围以及其他必要事项。

第54条,长期护理给付管理及评价。第一,长期护理保险公团负责管理和评价有关护理机构提供的给付内容,为提高给付水平而努力。第二,长期护理保险公团要根据第23条第3项规定的护理给付标准、程序、方法,评价提供给付,并公开结果。第三,以保健福利部部令的形式公布第2项规定的护理给付评价方法和其他必要事项。

三、颁布实施《低出生老龄社会基本法》

为了应对低出生及人口老龄化带来的变化，制定低出生老龄社会政策的基本方向，规定具体实施计划，提高国家竞争力，为改善国民生活质量及国家可持续发展做出贡献。主要条款如下：

第20条，规定低出生老龄社会基本计划(2010年1月18日修改)。第一，政府应制定低出生老龄社会中长期政策目标及方向，并制定“低出生老龄社会基本计划”(以下简称基本计划)。第二，保健福利部长官应与有关中央行政机关负责人商讨5年1次的基本计划方案，并根据第23条规定，提交给低出生老龄社会委员会及国务会议审议，经总统同意后予以执行。变更计划时程序相同。第三，基本计划需包括以下内容。(1)低出生老龄社会政策基本目标及方向。(2)分阶段推进方法和内容。(3)确保所需财源的规模及筹措方案。(4)其他认为低出生老龄社会政策应包含的内容:第四，以总统令形式公布制定基本计划步骤。

第21条，按年度实施计划(2010年1月18日修改)。一是中央行政机关负责人要根据基本计划，每年制定和实施管辖部门的计划。地方政府负责人应根据基本计划和中央行政机关计划，制定地方计划。二是如地方计划违反基本计划或中央行政机关计划时，中央行政机关负责人有权要求地方政府负责人修改地方计划，并检查地方政府的执行情况。三是中央行政机关负责人及地方自治体负责人根据第1项规定，向保健福利部长官汇报下个年度计划及上年度执行情况，保健福利部长官要根据上述报告，按照第23条规定，接受低出生老龄社会委员会审核。四是国家和地方政府把年度计划实施情况反映到低出生老龄社会政策当中。五是以总统令形式公布计划执行情况、评价及其他事项。

第23条，低出生老龄社会委员会(2010年1月18日修改)。第一，为了审议低出生老龄社会政策有关重要事项，在保健福利部长官下设立低出生老龄社会委员会(以下简称委员会)。第二，委员会需要审议以下事项。(1)应对低出生及人口老龄化，分析中长期人口结构，预测社会经济变化有关事项。(2)有关低出生老龄社会政策中长期目标及实施方向。(3)有关基本计划的事项。(4)有关计划的施行事项。(5)有关低出生老龄社会政策的调整及评价有关事项。(6)其他有关低出生老龄社会政策的重要事项，委员长认可的事项。第三，委员会共由

25 人组成，包括委员长 1 人。第四，委员长由保健福利部长官兼任，其他委员由以下人员组成。一是以总统令形式规定的中央相关部委次官。二是由委员长任命具有老龄化及低出生专业知识和经验的人担任委员。第五，以总统令形式规定有关委员会构成及运营事项。

第三节　韩国扶持老龄服务产业政策体系

韩国政府以 2020 年团块世代退休为契机，制定老龄服务产业发展规划，通过扩大内需及开拓国外市场，将老龄服务产业发展成新的增长动力产业。为了扶持老龄服务产业发展，除了制定上述法律之外，制定扶持老龄服务产业健康发展的长期发展战略及路线图计划，实施“低出生老龄社会基本计划”，并要求各大部委要制定相应的配套计划，以保证计划的顺利实施。

一、老龄服务产业中长期发展战略

进入 21 世纪，韩国人口老龄化速度加快，韩国政府着手完善社会保障制度的同时促进老龄服务产业发展。2003 年 10 月，韩国政府应对急剧老龄化采取综合政策，在总统直属社会统合企划团下设立老龄社会对策组。2004 年 2 月，老龄社会对策组更名为总统咨询“老龄化及未来社会委员会”，主要目的在于预测急剧人口老龄化背景下的社会经济形势变化，确保国家竞争力，制定中长期政策方向。该委员会制定老龄社会对策路线图，并确定老龄服务产业发展方向。当时，韩国老龄服务产业处于初期阶段，需要放宽对老龄服务产业的各种政策限制，扶持老年福利用具及用品研发和标准化作业。同时，还需要加强老龄服务产业的财政税收体系，构建老龄产品、服务信息体系。2004 年 6 月，为了鼓励民间参与，建立“韩国老龄亲和产业协会”和“老龄亲和产业扶持促进委员会”，同时成立由财政经济部等 11 个部委负责人和老龄服务产业各领域专家组成的委员会。2004 年 9 月，公布老龄服务产业发展战略。2005 年 1 月，韩国政府召开第 57 届国政课题会议，把促进老龄服务产业发展纳入国政课题，制定促进老龄服务产业发展方案，将老龄服务产业发展阶段分为准备阶段（2005—2007 年）、促进阶段

(2009 年)及向海外发展阶段(2010 年)。经过准备阶段,到 2008 年,进入老龄市场开发阶段。在准备阶段,主要提出发展方向和发展战略,制定标准化保护消费者,进一步完善各项制度,扶持老龄用品研发,培养老龄服务产业所需人力。在促进阶段,扩大生活体验服务,实现产品的开发,提高商品化程度,扩大生活体验服务。在向海外出口阶段形成规模化。同年 6 月,制定《低出生老龄社会基本法》,9 月,老龄化及未来社会委员会更名为总统直属“低出生老龄社会委员会”。《低出生老龄社会基本法》规定了低出生及人口老龄化的基本方向及体系,有助于增强国家竞争力,提高国民生活质量。低出生老龄社会委员会由总统任委员长,财政经济部等 12 个部委长官和 12 名民间专家任委员。该委员会作为审议调整低出生老龄化对策的最高机构,下设运营委员会、事务局及专门委员会。2008 年 4 月,低出生老龄社会委员会从总统直属调整为保健福利部长官管辖,主要应对低出生及人口老龄化,分析中长期人口结构,预测社会经济变化,审议中长期低出生老龄社会政策目标及努力方向。委员会由委员长(保健福利部长官兼任)和委员共 25 人组成。委员来自有关部委(次官)和有关专家(采取委任的方式,任期 2 年),由委员长选拔。委员会下设事务委员会和分科委员会。韩国政府明确有关老龄服务产业的政策由保健福利部所属低出生老龄社会政策局统一管理,下设老龄亲和产业课,主导产业振兴政策。

二、制定“低出生老龄社会基本计划”

2006 年 8 月,韩国制定了第一次“低出生老龄社会基本计划”(2006—2010 年),由韩国政府 15 个部门和各地方自治体共同制定并推进。《老龄亲和产业振兴法》第 20 条规定:(1)政府制定低出生老龄社会中长期政策目标及方向,推进低出生老龄社会基本计划(以下简称基本计划)。(2)保健福利部长官同中央有关行政机关负责人商议制定基本计划方案(每 5 年),并根据第 23 条,经低出生老龄社会委员会及国务会议审议,征得总统统一后确定。变更计划时程序同上。2008 年,对第一次计划进行了修改和补充。如补充了新实施的基础老龄年金、老年人长期护理保险制度。2008 年,第一次基本计划投资预算为 8.9 兆韩元,地方投资预算为 1.8 兆韩元,共计 10.7 兆韩元。

1. 第一次基本计划实施情况

第一次计划围绕老龄服务产业，主要从奠定基础、促进技术开发及扩大标准化三个方面进行扶持。第一，在奠定基础领域，为了建立制度基础，制定实施《老龄亲和产业振兴法》，制定老龄产品（服务）指定制度，设立老龄产品综合体验馆。第二，在促进技术开发领域，阶段性开发技术，建立老龄服务产业支援中心及产业集群，开办优秀产品展示会。第三，为了扩大标准化，制定并修改老年人、残疾人福利标准，密切关注国际标准化动向。

从第一次计划实施的成效来看，不仅建立了老龄服务产业的扶持基础，促进了老龄产品技术的开发，扩大了老龄产品标准化，还建立了与老龄服务产业有关的法律和制度。2006 年颁布《老龄亲和产业振兴法》，2007 年制定《基础老龄年金法》，2008 年制定《老人长期护理保险法》，实施长期护理保险制度。这些法律保障了老年人的收入，领取基础老龄年金比率从 2005 年的 14.2% 提高到 2010 年的 70%。[①] 长期护理方面，接受老人长期护理服务的比率从 2005 年的 1.3% 提高到 2010 年的 6.3%，极大地促进了护理产业的发展。

2. 第二次基本计划实施情况（以 2011 年为标准）

韩国政府根据《低出生老龄社会基本法》第 21 条，每年制定具体实施计划，并给相关部门和地方政府下达具体目标。《低出生老龄社会基本法》第 21 条规定，中央行政机关负责人需根据基本计划按年度制定实施计划，并给各部门和各地方政府下达具体指标。第二次计划中，老龄服务产业投资规模约为 7.6 兆韩元（包括各部门和各地方自治体），其中，各部门为 7.0 兆韩元（老龄化 5.5 兆韩元，增长动力 1.5 兆韩元），各地方自治体为 0.6 兆韩元（老龄化为 0.5 兆韩元，增长动力为 0.1 兆韩元）。

（1）各部委计划

保健福利部：一是建立以保健所为中心的健康统一管理体系；二是引进慢性病患者管理软件；三是逐步扩大老年就业；四是普及基础老龄年金；五是增进老年口腔健康服务；六是提供高质量的护理服务；七是支援长期护理保险管理；八

① ［韩］大韩民国政府：《第二次低出生老龄社会基本计划》，2010 年，第 35 页。

是加强对独居老人的保护。

雇佣劳动部:一是促进企业建立老龄工资制度;二是建立企业雇佣老年人奖励制度;三是促进中高龄层就业有关的事业。

教育科学技术部:一是建立中高龄者教育培训人力资源中心;二是修改老年人雇佣奖励制度;三是实施中高龄层就业有关的制度。

国土海洋部:一是建设便利的交通环境;二是为老年人创造安全的步行环境。

文化体育观光部:一是普及老年人运动文化并补充专门人力;二是支援文化券活动;三是开发普及老年人休闲活动;四是开发普及老年人文化活动。

农林水产食品部及农业促进厅:一是支援农渔民国民年金保险费;二是完善转移支付制度;三是采用农地年金制度;四是实施农渔村家务帮扶活动;五是建设农村健康长寿村。

知识经济部:一是实行老龄产品及服务标准化;二是运营老龄产品综合体验馆。

女性家庭部:保护独居老人。

行政安全部:丰富老年志愿服务活动,提高老年人社会服务参与度。

金融委员会:积极促进个人年金及住宅倒按揭年金制度,放宽退休金投资股票基金的限制。

企划财政部:一是积极促进个人年金及住宅倒按揭年金制度;二是放宽退休金投资的限制;三是改善财政管理体系;四是挖掘新的财源,减轻长期老龄化带来的财政压力。

警察厅:指定老年人保护区域,营造老年人安全的步行环境,促进老年驾驶员的安全教育。

(2)各地方自治体计划(以首尔为例)

首尔通过低出生老龄社会基本计划,在老龄化领域投资979亿韩元,重点挖掘潜在老年劳动力及老年教育。在老龄化领域,促进老年生活体育;加强居家照护人员培训;为健康老人做痴呆症预防管理;建立日护理中心及实行认证制度;增加主治医生;建设福利中心和老年幸福城;为低收入老人提供送餐服务;增加老年病医院;促进老年人参与志愿服务;振兴老年活动中心文化活动;扩大运营老年剧场;举办老年人音乐会;建设梦想青春艺术大学;制定残障人士移动便利综合计划;成立老年人文学院;调查老年福利舞弊事件;建立老年团体网络;举办老年电影节;建立锺路区老年文化带;利用学校设施扩大老年活动;运营健康护理服务。在增长动力领域,加强家庭孝文化教育;建设终身学习环境;加强低出生老龄社会有关学校教育。

3. 第一次基本计划(2006—2010 年)及第二次(2011—2015 年)基本计划比较

从政策方向来看,第一次基本计划以低出生老龄社会应对措施为目标,而第二次基本计划则以恢复出生率及为应对老龄社会而制定更加具体的措施(参见表 3 -6)。

表 3 -6　低出生老龄社会基本计划具体内容比较分析

区分	第 1 次基本计划(2006—2010)	第 2 次基本计划(2011—2015)
方向	建设代际融合的可持续发展社会	建设应对老龄社会的充满活力的发达国家
目标	营造有利于生育及养育的环境,建立应对老龄社会的基础	逐渐恢复出生率,完善应对老龄社会体系
具体计划	1. 创造有利于生育及养育的环境 (1)加强生育及养育的社会责任 (2)建立兼顾工作和家庭的社会体系 (3)创造家庭和睦、男女平等的社会文化 2. 建立高质量的老龄社会基础 (1)建立老年收入保障体系 (2)建立健康医疗保障体系 (3)建立老龄社会基础 3. 确保未来增长动力 (1)利用女性及老年劳动力 (2)提高人力资源的竞争力 (3)扶持老龄服务产业	1. 创造有利于生育和养育的环境 (1)兼顾工作和家庭 (2)减轻结婚、生育、养育负担 (3)创造青少年健康成长的环境 2. 建立高质量的老龄社会基础 (1)建立团块世代老龄化体系 (2)保障稳定而充满活力的老年生活 (3)建立老龄社会环境 3. 确保未来增长动力 (1)利用潜在劳动力,提高人力资源竞争力 (2)应对人口结构变化,完善经济社会制度 (3)扶持老龄服务产业

资料来源:[韩]韩国保健产业振兴院:《老龄亲和产业现状调查及产业分析》,2011 年,第 48 页。

比较两次基本计划可以发现,在提高老年人生活质量方面,第一次基本计划明确了为老人创造工作岗位及建立老人长期护理保险制度,第二次基本计划制定了更加具体的措施。在确保低出生老龄社会增长动力方面,第一次基本计划加强了金融基础,第二次基本计划完善了制度。关于扶持老龄服务产业方面,第一次基本计划制定了优秀产品(企业)指定制度,而第二次基本计划进一步扩大了制度。第一次基本计划为促进技术开发,建立了产业集群,而第二次基本计划为扩大国内需求及开辟国外市场,进一步完善和扩大该制度,并推进具体支援事业。第二次基本计划决定通过提高产品及服务质量确保产业竞争力,搞活国内外市场,奠定老年食品产业基础。

三、老龄服务产业扶持体系

为了促进老龄服务产业发展,由老龄服务产业支援中心具体负责实施老龄服务产业发展计划,定期检查年度计划和成果。支援中心有义务挖掘并解决产业链的各阶段(研究开发、认定及许可、制造、流通、市场、销售、出口)课题。支援中心与有关协会和团体、民间专家形成网络,以信息交流为基础,调查研究老龄服务产业有关制度,研究老龄服务产业发展所需技术和标准化,培养和支持老龄服务产业所需专门人力,支持创业及经营管理,收集、利用和共享信息,搞活流通领域,支持国际合作及开辟国外市场,支持老龄企业和单位,指定老龄优秀产品及优秀企业,其他老龄服务产业发展所需事业。

(一)完善老龄服务产业政策和制度

以老龄服务产业支援中心为基础,广泛收集产业界、学界及政府的意见。为了扩大老龄服务产业的民间需求,调查并提供老龄用品及服务现状、国外老龄用品市场供求状况以及外国主要企业研发及投资的品种等信息。同时,需要提供有关老龄服务产业调查及产业分析统计数据。以老龄服务产业分类体系为基础,挖掘重点推进的产业。老龄服务产业虽然适合中小企业参与,但中小企业缺乏研发人力。韩国国内老龄用品市场规模较小,大部分企业规模小,技术投资困难,缺乏国外市场信息,很难确保国际竞争力,很难形成出口产业化。在韩国国内销售的老龄产品中,高端产品大部分从日本进口,低端产品从中国进口。具有市场潜力的产品,因技术含量不高,不属于高端技术,因此很难被选定为国家攻坚技术项目。而且大部分企业属于中小企业,因而很难获得技术资金支持。鉴于这种情况,保健福利部对开发老年人—残疾人辅助用具的项目进行资金支持,2008 年支持了 10 项课题(17.18 亿韩元),2009 年支持了 13 项(23.32 亿韩元),2010 年支持了 13 项(24.26 亿韩元),共投入 64.76 亿韩元。这些资金支持主要用于研发肢体辅助用具、听力辅助用具、日常生活辅助用具。由于产品小批量生产,很难积累技术,无法自主研发,因而韩国政府选择有潜力的优秀企业,集中支援,提高产品质量,减少生产费用,从而使中小企业在市场竞争中取胜。

(二)加强老龄用品及服务竞争力

1. 实行老龄用品指定制度

一是扩大指定品种。2008 年指定用品 15 项,2009 年至 2013 年指定用品 8 项,共 23 项,即移动便器、入浴椅子、代步车、步行辅助车、安全手把、简易便器、拐杖、防褥疮坐垫、更换姿势用具、手动轮椅、电动床、手动床、防褥疮床垫、移动澡盆、入浴用垫子、洗发器、老年鞋、自动排便处理器、成人尿不湿、迷路感应器、段差消除器、老年服(护理服)、家庭防滑用品。二是每年分四次指定优秀产品。已指定但需要延长时,还需再审查,需提交指定书,调查优秀产品使用效果。

2. 老龄用品质量管理

一是到企业检查产品质量。对产品进行实验前质量检查,及时解决不合理因素,减少实验过程中出现的错误。二是从消费者权益保护角度加强产品售后管理。三是评价产品使用性能,改善质量。收集有关消费者特点及需求信息,开发产品评价指标,改进事项,供企业改进。通过专家会议选定对象产品,主要考虑消费者的安全性、便利性。每年选定三个品种。2012 年选定电动轮椅、运动器械、入浴用椅子。2013 年,选定能交流的机器人、移动辅助机器人、清洁用机器人。2014 年,选定拐杖、垫子、可调高的洗漱台。四是质量管理教育及人才培养。开发教育项目,开展质量负责人基本教育、深化教育、质量管理教育。

3. 宣传和促销老年优秀产品

为了提高人们对老年优秀产品的认识,通过宣传优秀产品,帮助企业开拓市场,开设老龄用品体验馆及增加社区紧贴型老龄用品展示体验馆。目前韩国在三个地方(城南市、大邱市、光州市)开设了老龄用品体验馆。一方面,老年人及其家属既可以直接体验产品便利性和安全性,还可以获取各种信息(护理、住宅、文化、旅游、资产管理等)。体验馆里分设展示产品、生涯体验、痴呆体验等分馆,介绍老龄企业和产品。另一方面,以企业为对象开展政策开发、企业研修、使用性能评价等业务。另外,考虑到老年人行动不便,在社区开设小规模体验馆,扩大宣传范围。2011 年,作为试点已在三处老人福利馆开设老龄用品展示体验馆。目前,韩国有 200 多家老人福利馆,老年人利用率高,需要多增设展示体验馆。以社区老年人为对象,在社区老人福利馆常设优秀产品展示体验空间,可以达到宣传优秀产品的目的。通过展示体验和宣传优秀产品,介绍正确的使用方法,扩大产品宣传,提高产品竞争力。

4. 扩大老龄服务产业需求

第一,保障老年人收入稳定。大部分老年人将投资集中在房地产领域,对提高日常生活水平的产品或服务投入少。为了促进老龄服务产业发展,促进住宅及土地等不动产的反向抵押贷款业务,也为了使老年人有稳定的收入,因而鼓励老年人加入个人年金和退休年金,提前为老后做准备。另外,支援中心还为老年人创造新的收入来源。如在社区创造更多适合老年人就业的岗位,促进精力充沛的老年人参加照护服务及儿童之家服务。这不仅有利于代际融合,也有利于促进老年人参与社会。为了使老年人管理好资产,支援中心还提供各种理财培训课程,内容包括资产设计及管理、老后设计与健康管理、慈善捐助文化、资产信托。

第二,规范老龄用品质量,促进老年人消费。促进老年人消费,需要增加老年人对产品和服务的信任,需要建立对老龄用品和服务的质量管理体系并将其制度化,支援中心及时收集老年消费者受骗案例,告知消费者和企业,避免再次发生类似事件。同时,为了甄别伪劣产品,韩国实行了申告补偿制度。

第三,扩大老年人长期护理保险给付品种,搞活内需市场。目前在韩国,老年人通过长期护理等级判定,取得了 16 种老龄用品的保险给付。65 岁以上老年人中,6% 的老人能获得长期护理保险给付。今后韩国将增加预防服务的保险给付,将保险给付对象从目前的 3 级扩大到 4 级,从而扩大内需市场。

第四,支援老龄企业开拓国际市场。开拓国际市场,需要调查分析国外老龄用品市场供求状况以及外国企业研发、投资产品的信息,为此不仅需要努力提高本国产品和服务的技术竞争力,还需要对国外市场进行调查和分析。例如,调查并挖掘世界主要的老龄市场及著名展会和有潜力的新兴市场及展会;调查国外代表性的老龄服务产业博览会;调查中小企业产品出口动向及市场;调查国外市场需求状况。为支持中小企业参加国外博览会,韩国政府为中小企业提供场地租赁费、安装费、运费、翻译及宣传册制作费,以增强中小企业的国际竞争力。

5. 集中扶持重点老龄服务产业

为了将老龄服务产业发展成经济增长动力产业,韩国政府集中扶持重点老龄服务产业,扩大老龄服务产业需求规模,提高老龄用品国际竞争力。具体而言则是以老龄服务产业的分类体系为基础,挖掘重点产业。具体措施是按照选择和集中的原则,以国际竞争力、市场潜力为标准,在十四大产业中选择重点扶持八大产业中的 19 个品种,即护理产业(居家护理服务)、仪器产业(居家、远程诊断诊疗、便携式多功能健康信息系统、韩方医疗药器械、护理支援及室内外移动支援系统)、信息产业(居家护理、信息通讯辅助器械、老年文化产业)、休闲产业(老年修养小区)、金融产业(住宅反向贷款制度、资产管理服务)、住宅产业(老年住宅改造、老年专用租赁住宅)、韩方产业(韩方保健观光、抗老化韩方保健食品,老年韩方化妆品、老年病韩方药品开发)、农业(老年归农教育、田园型老年农业主题城、退休农场)。

6. 政府各部委相互配合,依托产学研发展老龄服务产业

为了促进老龄服务产业发展,韩国各部委开展分工合作。财政经济部从税收上支持与老龄服务产业有关的投资、开发、流通,挖掘住宅反向抵押贷款等金融产品。教育人力资源部促进老年终身教育。文化观光部增加老年休闲设施及休闲项目,开发老年旅游产品,开设老年专用广播。产业资源部支援老龄用品开发及标准化。农林部建设农村老年城。信息通讯部扶持 e-health、e-care 等新的老年信息通讯产业。建设交通部制定老年居住有关建设标准,从制度上支持宅基地供给和住宅改造。另外,为了依托产学研发展老龄服务产业,韩国政府根据《老龄亲和产业振兴法》第 10 条第 2 项,成立老龄服务产业产学研专家协议会,挖掘政策课题,改善制度环境,调查分析老龄服务产业,积极促进老龄服务产业

发展。在三个领域(护理、食品、用品)组成产学研专家协议会,人数控制在十人以内。比如,由护理服务产业产学研及政府有关专家组成“老龄优秀企业指定制度促进会”,加强护理产业基础,提高护理服务竞争力,积极开展优秀企业指定制度。2006年,成立老龄服务产业发展研究会,由老龄服务产业有关的产学研及政府有关专家共同研究老龄服务产业政策课题,开展信息交流,探索解决方案。另外,还组织老龄服务产业有关的产学研合作体,共享成功案例及国外市场信息。产业界具有打入国际市场的经验,有关研究机构掌握和了解政府政策,因此产学研合作体可以帮助企业开拓国际市场,提高中小企业产品竞争力,扩大销路。

四、指定“老龄服务产业支援中心”负责产业指导

根据《老龄亲和产业振兴法》第10条,为了大力扶持老龄服务产业,采取两种方式,一是建立老龄服务产业支援中心,二是从老龄服务产业相关的研究机关、团体或法人中选定老龄服务产业支援中心。目前,被指定为老龄服务产业支援中心的机构有两家,分别为保健福利部指定的老龄服务产业支援中心和知识经济部指定的老龄服务产业支援中心。

(一)保健福利部指定韩国保健产业振兴院为老龄服务产业支援中心

韩国保健福利部于2008年1月指定韩国保健产业振兴院为老龄服务产业支援中心。该中心业务分为三种。一是从巩固政策基础上,通过运行产、学、研专家协议会,挖掘政策课题,完善制度,制定产业扶持政策。老龄服务产业支援中心积极推进老龄服务产业发展计划,评估计划实施情况,挖掘老龄服务产业各个阶段需要解决的课题,即研发、许可、制造、流通、市场、销售、出口等阶段存在的问题。二是从提高服务质量上,对老年人使用频率高的产品进行评价及认证,建立老龄产品使用性能评价体系。开展老龄服务产业所需技术及标准化研究。培养老龄服务产业有关专门人力,支援老龄服务产业创业及管理。挖掘优秀企业,给予表彰。三是从宣传及信息供给上加强国际合作,支持老龄企业开拓国际市场,指定优秀产品及优秀企业。促进老龄服务产业信息网站的信息收集、共享及利用有关事业,支援企业开辟国际市场及提高国民认识。为了宣传优秀产品、政策、制度,经营宣传馆,在各地区设立展示体验馆。老龄服务产业支援中心与有关协会、团体、民间专家建立密切的联系网络,通过多学科跨领域开展信息交流。

(二)知识经济部指定财团法人釜山技术中心为老龄服务产业支援中心

知识经济部(原产业资源部)于2008年6月指定财团法人釜山技术中心为老龄亲和产业支援中心。2010年第1次低出生老龄社会基本计划结束后,将财团法人釜山技术中心业务移交给釜山广域市。主要业务如下:一是建立老龄用品产业化基础事业(2010年8月结束)。二是培育韩方药产业体系(2011年6月结束)。三是开发符合人体工学设计的老年鞋(2009年3月)。四是促进老龄用品市场化有关技术开发事业(2009年4月结束)。五是培育IT融合型电动福利仪器产业(2011年6月)。六是开发脊椎辅助仪器(2011年4月结束)。七是提供优秀产品免费体验及宣传老龄用品事业(2012年2月)。八是培养专门开发老年福利仪器IT融合技术的人力事业(2012年7月)。

五、建立老龄服务产业综合体验馆

通过展示老龄用品,使老年人及其家属亲身体验产品的便利性和安全性,并向老年人提供有关养老信息(护理、住宅、文化、旅游、资产管理等),创造各种需求,提高老年人的生活质量。根据《老龄亲和产业振兴法》第4条规定,作为促进老龄服务产业发展的一环,开设综合体验馆展示老龄用品并提供售后服务。目前,城南市和大邱市、光州市开设了综合体验馆。

1. 城南老龄服务产业体验馆

2007年7月,城南市和韩国生产技术研究院被产业资源部选定为老龄服务产业综合体验馆。2008年12月开馆。主要开展产品展示、生涯体验、痴呆体验,介绍老龄用品和企业,企业进修、使用性能评价等业务。

2. 大邱老龄产品体验馆

2008年在大邱市开设老龄产品体验馆,由大邱保健大学主管,面向庆尚北道提供服务。体验馆设有体验老龄用品和服务的空间,帮助企业宣传,使体验馆紧密联系附近区域。

3. 建立社区展示体验馆

为了使社区老人和居民容易接触老龄产品,在老人福利馆内开设体验馆,提高对老龄产品的认识,扩大需求。2011年,在首尔银平、京畿道华城、易旺市三个地区开设"社区展示体验馆"。通过开设小规模体验馆,向老人宣传老龄产品,方便老人利用。开设培训课程,指导老人正确使用老龄产品。

第二章　韩国老龄本位产业

韩国老龄本位产业涉及长期护理产业、老年服装、老年食品、老年医疗、老年住宅产业。但本章只涉及老年护理服务产业和老年住宅。老年护理服务产业包括机构护理和居家护理,而老年住宅产业包括老年住宅建设和现有老年住宅改造。

第一节　韩国长期护理产业

韩国的长期护理产业是以长期护理保险制度为基础发展起来的。2008 年 7 月实施老年人长期护理保险制度后,原先以低收入老年人为对象的服务扩大到全体老人。护理产业以民间为主导,以营利性为中心,但带有公共性质。长期护理产业既有营利的部分,也有福利因素。老年人虽从市场上购买商品和服务,但老年人仍是弱势群体,需要由国家和社会保护,因此护理产业还带有社会福利性质。

一、韩国长期护理产业概念、分类

长期护理产业是指以老年人为对象,由民间生产和运营护理服务的产业,分为机构护理、居家护理及老年医院(参考表 3 -7)。机构护理服务指老年护理设施及老年共同生活护理之家所提供的护理服务。机构护理服务包括对入所老人的医学治疗、看护、康复、日生生活支援服务等。居家护理服务包括上门护理、上门入浴、上门照料、昼夜间保护、短期保护、福利器械租赁及购买服务、上门康复训练、日常生活支援服务等。

表 3－7　长期护理产业的范围

区分	种类
机构护理服务产业	老年护理机构
	老年共同生活护理之家
居家护理服务产业	上门护理服务
	上门入浴服务
	上门照料服务
	昼夜间保护服务
	短期保护服务
	福利器械的租赁及购买服务
老年医疗服务产业	老年专门医院

资料来源：[韩]韩国保健福利部保健产业振兴院：《老龄亲和产业现状及产业分析》，韩国保健福利部，2011 年，第 170 页。

二、长期护理产业有关法律制度

韩国护理产业是通过制定长期护理保险制度发展起来的。长期护理保险制度的实施使老年护理从家庭护理转变为社会护理，老年人根据护理保险制度，取得护理保险给付，并选择护理供给机构，从而使护理产业迅速发展起来。

1. 长期护理保险制度

2007 年 4 月，颁布《老年人长期疗养保险法》，规定有关长期护理给付的事项，并从 2008 年 7 月实施老年人长期护理保险制度，为利用者提供机构护理给付及居家给付（包括福利器械）。机构护理给付是指根据《老人福利法》第 34 条，为入住老年人护理设施及老年人共同生活护理之家的老人，提供长期护理给付，支援其身体活动和维持及提高身心功能的教育培训。居家护理给付是指上门护理、上门入浴、上门照料、昼夜间保护、短期保护及其他居家给付（提供福利器械）。老年医院是指在《老人福利法》中规定的专门以老年人为对象实施医疗的设施。老年医院有关设施标准及职员标准需遵循《老人福利法》,其他规定遵循《医疗法》。根据《老人福利法》第 22 条第 3 项规定,老年医院需遵守以下规定:第一,设备设施。需配备物理治疗室及中药治疗室。第二,设备标准。病床需设置能迅速呼叫医生或护士的紧急联络装置。物理治疗室要配备老年生活训练或康复训练所需的用具、装备及安全装置。第三,职员配备标准。每家医院必须配备 1 人以上物理治疗师,住院患者为 100 人以下时配备 1 人,超过 100 人,每 100 人就要配备 1 名物理治疗师。另外,每家医院要配备 1 人以上社会福利师。

2. 长期护理认定程序

老人长期护理保险是针对那些因年迈或老年疾病,6 个月以上无法独自完成日常生活的老人,基于社会连带责任,提供长期护理给付,支援其身体活动及家务的制度。韩国长期护理保险受保人为65 岁以上或65 岁以下但患有痴呆、脑血管疾病,被认定为6 个月以上无法独自履行日常生活的人。65 岁以下,普通残疾人排除在给付对象外。国家法律强制规定,国民健康保险受保人必须加入长期护理保险。要想得到长期护理保险给付,首先需要向国民健康保险公团支社提交老人长期护理保险认定申请。其次,由公团职员访问受保人家庭实施认定调查。申请人提交申请时还需要添加西医或韩医的意见。公团向长期护理等级判定委员会提交调查结果、申请书、医生意见及其他所需资料,委员会专家根据上述资料判定等级,申请人根据判定等级得到相应的保险给付。

3. 长期护理给付种类

长期护理保险给付分为居家给付、机构给付及特别现金给付(参考表 3 - 8)。居家给付包括上门照料、上门沐浴、上门照护等长期护理员上门提供的服务,另外还有昼夜间保护及短期保护服务和其他居家给付(如福利器械给付)。机构给付是指老人长期入住老人医疗福利设施,得到身体活动支援等服务。特别现金给付是指在那些缺乏长期疗养机构的地区得到现金的服务。根据《老人长期护理保险法》第 19 条,福利器械给付属于居家给付中的其他给付。对长期护理保险受保人,采取排泄、沐浴、就餐、做饭、烹饪、洗衣、打扫、护理、诊疗、疗养咨询等多种方式提供长期护理给付。

表 3-8 长期护理给付种类(法律第 23 条)

区分	种类	
机构给付	老年护理设施	为长期入住设施的老人,提供身体活动支援和提高身心功能所需的教育培训。
	老年共同生活护理之家	为长期入住设施的老人,提供身体活动支援和提高身心功能所需的教育培训。
居家给付	上门照料服务	护理人员访问老人家庭支援其身体活动及家务活动。
	上门入浴服务	护理人员携带入浴设备上门提供入浴服务。
	上门护理服务	护理人员(如护士)根据医生、韩医或牙科医生的指示,上门提供护理、辅助诊疗或清洁口腔。
	昼夜间保护服务	在一天的某个时间段,使老人入住长护理机构,提供身体活动支援及提高身心功能所需的教育培训。
	短期保护服务	根据保健福利部令规定,使老人入住护理机构,提供身体活动支援和提高身心功能所需的教育培训。
	提供福利器械及支援服务	为老人提供日常生活和身体活动所需福利器械,上门提供康复所需支援。
特别现金给付	家庭护理费	按照总统令规定的标准,给利用者提供相当于上门护理费的家庭护理费。
	特例护理费	在非专业护理机构得到相当于居家给付或设施给付的护理费时,根据总统令规定的标准,从当年护理给付中拿出一部分支付。
	医院护理费	入住护理医院时,根据总统令规定的标准,从护理给付费中拿出一部分充当护理费。

资料来源:[韩]韩国保健福利部保健产业振兴院:《老龄亲和产业现状及产业分析》,韩国保健福利部,2011 年,第 170 页。

三、韩国长期护理产业发展情况

1. 长期护理机构大幅度增加

长期护理保险制度的建立为长期护理产业的发展带来巨大商机。长期护理机构从2008年的8318家，增加到2018年的21000家，增加了1.5倍，其中从事居家护理的机构从2008年的6618家增加到16000家；从事设施护理服务的机构从2008年的1700家增加到5000家。①

从表3-9可以看出，护理机构可以分为居家护理机构和设施护理机构。2008年至2016年，居家护理机构中上门照料机构和福利用具部门增幅达1.6倍以上，上门入浴机构和日间照料机构增幅超过2倍。而短期保护机构大幅度减少，上门护理机构维持原来水平。设施护理机构分为老人专门护理机构及老人共同生活家庭。护理机构增加了2倍，其中老人专门护理机构增加了1.3倍，老人共同生活家庭增加了5.4倍。

表3-9　2008—2009年韩国长期护理机构现状　　单位：家

区分	2008年	2016年
居家护理机构合计	6618	14211
上门照料	4206	11072
上门入浴	2959	8957
上门护理	592	598
短期保护	694	267
日间照料	790	2410
福利用具	720	1823
设施护理机构合计	1700	5187
老人专门护理机构	1379	3137
老人护理共同生活家庭	321	2050
总计	8318	19398

资料来源：[韩]保健福利部：《第二次长期疗养基本计划研究》，韩国保健社会研究院，2017年，第76页。

① 根据[韩]保健福利部统计《2009年长期疗养保险主要统计》和《2018年长期疗养保险主要统计》整理。

值得注意的是,大部分长期护理机构都是在长期护理保险制度实施后发展起来的。这些机构中,国家和地方自治体开设的只占1%,其他都是社团法人、医疗法人、宗教法人以及民间企业建立的。这为民间部门提供了创业机会和就业机会。截至2017年底,护理保险制度为长期护理市场创造了44万个就业机会。150多万人取得护理保护师资格证,其中36万人在长期护理机构工作。

2. 长期护理保险给付情况

截至2018年底,韩国65岁以上老年人达到761万人,其中,申请长期护理保险给付的老年人为101万人,长期护理保险认定者数为67万人。① 护理保险给付总额从2008年的4268亿韩元,增加到2016年的44177亿韩元。② 护理保险给付主要靠护理保险费支出,但国家财政补贴也占很大比重。韩国国家财政对护理保险的投入从2008年的812亿韩元增加到2017年的5822亿韩元,这给国家财政造成很大负担。

3. 促进护理产业发展的政策措施

为了促进护理产业发展,韩国政府积极采取扶持政策。第一,加强护理保护师及护士的专业能力,改善待遇,提高服务质量。为此,修改《老人福利法》,加强对护理保护师的培训及资格管理制度,通过引进认证制度,加强护理保护师的资格管理。第二,提高老年人生活质量及节约医疗费用,扩大预防范围。为此,修改《老人护理保险法》,扩大预防,将服务种类从居家服务及设施服务扩大到预防服务。第三,提高护理机构及医疗机构的服务质量,制定第三方服务质量评价体系。需要给那些提供优质服务的机构给予奖励,保障护理及医疗服务的健康发展。第四,统一护理机构的服务标准,制定服务标准指南及服务程序。

第二节　韩国老龄住宅产业

韩国老龄住宅产业一般分为老年住宅和养老机构。养老机构又可以分为健

① [韩] 国民健康保险公团:《2018年长期疗养保险主要统计》,https://www.nhis.or.kr/wbdya/wbdyaList.xx,2020年。

② [韩]保健福利部:《幸福的老后生活伴侣》,国民健康保险公团,2018年,第281页。

康老人居住的养老院、提供护理服务的老年人共同生活家庭。本文研究的老龄住宅产业包括老年住宅、老年福利住宅、国民住宅。养老院及老年人共同生活家庭不在本研究范畴。

一、韩国老年住宅产业的对象、范畴及特点

住宅是老年福利的基础。完善老年住宅政策,大力发展老龄住宅产业,不仅有利于老年人自立,还有利于保障老年人身心健康。人的身体功能的衰老直接与居住环境有关。人的老化分一次老化和二次老化。二次老化影响一次老化的速度。假如老年人居住的地方,周围交通不方便,老年人自然就控制外出次数,时间长了,自然影响身体功能。这就促进二次老化,身体功能衰退、身患痴呆症等疾病,从而加重老年人对医疗机构的依赖。可以说,在某种程度上居住状态左右老年人的生活质量。如老年住宅没有滑坡就无法使用轮椅,没有扶手、特殊马桶就影响老人日常生活。而这些正是增加医疗费、护理费的直接原因。但是,目前住宅保障的重要性并未引起社会的广泛重视。① 老龄住宅产业包括老年住宅和老年居住设施(参考表3-10)。

表3-10 韩国老龄住宅产业的对象

区分		内容
老年住宅		老年人居住的普通住宅
老年居住设施	养老设施	让老年人入住后提供饮食和其他生活便利的设施
	老年人共同生活家庭	像家一样的居住条件及生活便利的设施
	老年福利住宅	出售或出租老年专用住宅,提供生活指导、安全管理等

资料来源:[韩]韩国保健福利部:《2010年老人福利设施现状》。

据韩国保健福利部《2017年度老年人现状调查》显示,从居住形式来看,老年人住在独栋住宅的最多(占48.8%),其次是住在中高层住宅的(占35.1%),

① [韩]韩国保健福利部保健产业振兴院:《老龄亲和产业现状及产业分析》,2011年,韩国保健福利部,第375页。

住在其他类型住宅的老年人占 16.1%。78.9% 的老年人表示对现有住宅满意，不满意的占 8.4%，主要对浴室、卫生间、楼梯不满意。从老年人家庭形式来看，老人独居家庭占 23.6%，老年夫妻家庭占 48.4%，与子女共同生活家庭占 23.7%。希望与子女一起住的老年人占 15.2%，这比 2005 年的 50.6% 降低了 35.4%。这些数据，一方面说明需要建设更多的老年住宅供老年家庭居住，另一方面也说明很多老年住宅年久失修，需要维修及增加辅助功能。如消除楼梯、门槛、安装浴室手把、浴盆、防滑地板。

韩国老年住宅分为租赁、购买、会员制、终身使用等类型（参考表 3－11）。租赁是支付一定保证金后获得居住权。购买是拥有住宅所有权，并签署各种服务协议。会员制是可以终身使用，并有权出售，但只能出售给老人。终身使用可以分为拥有使用权和信托年金两种形式。拥有使用权是指入住时一次性支付一定数额的保证金，取得终身使用各种服务设施的权利；而信托年金型是以年金作保证，入住后用年金支付费用，入住者可以终身居住。

表 3－11　韩国老年住宅类型

区分	内容	优点	缺点
租赁型	支付保证金，以租赁形式签约入住 每月支付租赁费、生活费 业主有权使用租赁费 保证金全部或 20% ～50% 作为折旧费	可以随时解除合同 入住时没有太多费用负担	投资回收期长 管理费随物价上涨 租赁费上涨时，退租的可能性增加
购买型	拥有住房所有权 根据服务内容签约	拥有住房所有权 承认资产价值	需改造、维修及新建 法律程序复杂 流动性差

续表

<table>
<tr><th colspan="2">区分</th><th>内容</th><th>优点</th><th>缺点</th></tr>
<tr><td colspan="2">会员制型</td><td>出售会员证,回收前期投资
购买会员证获得终身使用权
以会员证价格的10%作为名义变更费,退房时返还其余90%</td><td>不存在所有权转让问题
运营方便
征收管理费方便</td><td>要求公司信誉度高</td></tr>
<tr><td rowspan="2">终身型</td><td>使用权型</td><td>额外支付各种服务费
获得终身使用权
不得向他人转让或继承
计算入住费方法:土地费 + 维修费 + 护理费</td><td>无须转让所有权
可以回收初期投资
无须处理财产,可有效利用资金</td><td>入住者的居住权无法得到法律保障
征收管理费时可能出现摩擦</td></tr>
<tr><td>信托年金型</td><td>保证金或终身年金形式
加入年金或医疗保险者
用年金、补贴、保险充当费用</td><td>入住后不追加费用
可回收前期投资
保险、年金等费用负担</td><td>预存资金存在贬值的压力
不追加费用
解约损失部分资金</td></tr>
</table>

资料来源:[韩]高在郁、黄进株:《老人福利论》,良书苑2010年版,第199页。

随着人口老龄化及子女赡养父母的传统价值观弱化,老年人对单独居住的需求增加。尤其是随着年金制度和退休制度的完善,具有经济实力的老年人增加,从而出现带有各种功能的住宅产业。老年住宅产业不同于一般居住产业,具有鲜明的特点:一是方便老人在家中安全独立生活;二是为退休老人提供居住空间。为老年人提供低廉的老年住宅及老年福利设施可以减轻老年人负担。老年住宅政策以全体老人或老年家庭为对象,考虑老年人需求及收入水平。政府根据老年人收入、家庭人口、几代同堂等情况,采取不同的住宅产业政策。对于低收入阶层,主要以国家财政、金融扶持为主;对于高收入阶层,主要运用市场经济原理,发展老年住宅产业。另外,对独居或老年夫妻家庭,提供老年专用住宅,而对三代同堂家庭，扩大三代共同居住型住宅。①

二、老年福利住宅类型

为了保障老龄住宅产业健康发展，韩国政府实施供给主体多样化，通过财政补贴方式，鼓励民间企业建设住宅。同时，为确保住宅质量，韩国政府制定了最低建设标准。国家针对低收入老年人，提供老年福利住宅、国民住宅，以减轻国民的购房和租赁房负担。

(1)老年福利住宅。国家或地方自治体根据《老人福利法》第 33 条第 1 项，建设老年福利住宅。国家或地方自治体以外的单位建设老年福利住宅，需要向市、道知事提出申请。入住老年福利住宅的资格为具有独立生活能力的 60 岁以上老人。其配偶未满 60 岁，也可以一同入住。如向不具备资格的人出售或转让老年住宅，处以 2 年以下徒刑或处于租赁或出售房屋所获款项乘以 1000 万韩元罚款。已购买或租赁老年福利住宅的人员，无权向无资格人员转让或出售住宅。违反规定的，处以 1 年以下徒刑或 1000 万韩元以下罚款。

(2)国民住宅。国民住宅是指由住宅公社或地方政府建设的面积在 85 平方米以下的住宅，或民间企业使用住宅基金建设的面积在 60 平方米以下的住宅。根据《住宅法》(1981 年修改)，国家专门设立国民住宅基金建设国民住宅。

国民住宅分为公共租赁住宅、公共销售住宅、劳动者住宅、农村住宅。国民住宅面向无房户出售，但购房者必须参加国民住宅认购储蓄才有资格购买。公共租赁住宅是指根据《租赁住宅法》建设的住宅，由“大韩住宅公社”利用国民租赁住宅基金建设和购入的公共住宅，租赁期为 30 年以上。低收入家庭可以用较少的资金租赁公共租赁住宅。公共租赁住宅分为两种类型，一种是租赁期满 5 年后，可以购买面积在 83.66 平方米以下房屋；另一种是只能租赁的住宅，每隔 2 年续约，最多可以租赁 50 年。目前，韩国已停止建设 50 年长期租赁住宅，因此只有租赁者解约，其他人才能续租。

三、韩国老龄住宅市场

从韩国老年人家庭财产情况来看，91.3% 的老年人家庭拥有房地产，其规模

① [韩]朴光俊、金惠道等：《老人福利政策与课题》，良书苑 2010 年版，第 210 页。

达到 24546 万韩元。随着老年夫妇及独居老人家庭数量的增加，老人对居住环境的关注度增加。由于收入、健康、地域、教育水平不同，老年人对居住环境的要求不同，但都希望能居住在具有服务功能的老年住宅。韩国老年住宅分为普通老年住宅、养老机构、老人共同生活家庭、老人社会福利住宅。由于过去限制民间企业投资福利产业，导致老年护理机构严重不足。韩国老龄服务产业发展主要以老龄村或收费老人福利设施等居住领域为主。韩国最早建设的收费老人福利设施叫柔堂村。目前除了三星、现代等大企业外，休闲业、建筑业、金融机构、社会福利法人、宗教团体、个人和民间企业都逐渐参与到与居住有关的老龄服务产业。代表性的老年村项目有三星诺布尔卡云特。

第三章　韩国老龄相关产业

在韩国，老龄用品和医疗器械、康复器械有重合的部分。由于老龄用品对象是失能或半失能老人，因此经常与残疾人使用的康复器械混淆概念。医疗器械是专门用来诊断和治疗的器械，与老龄用品有差异。但是医疗器械中助听器、血压计、血糖仪、轮椅、升降机、个人用通电治疗仪等可以纳入老龄用品范围。随着老年人口的增加及老年人收入水平的提高，与老年人有关的产品和服务产业发展潜力巨大。

一、老龄用品概念及范围

老龄用品是指以老年人为对象，为了方便其健康管理、照护、日常生活、休闲、文化生活，考虑老年人的精神、身体等特点的用品。康复辅助器械和老龄用品虽然用户不同，但都面向身体不便的人，因此有很多重合的地方。老龄用品包括个人健康、医疗用品、防衰老用品、移动器械、入浴用品、排便用品、寝具用品、家务用品、居住设备用品、信息通信仪器、休闲用品（参见表 3 - 12）。

表 3－12 韩国老龄用品分类

品种	产品
个人健康、医疗用品	健康测试用品、呼气器、投药用品、防褥疮用品、加热降温用品、刺激器、鞋子、服装、护身用品
防衰老用品	有氧运动用品、肌肉运动器械、功能训练器械、测试肌肉及运动量用品
移动器械	代步用品、步行辅助器、福利车辆、手动轮椅、电动轮椅、电动车、更换姿势用品、升降机、步行辅助器部件、轮椅部件、车改部件
入浴用品	入浴辅助用品、其他入浴用品
排便用品	排便处理器、尿不湿、卫生间用品
寝具用品	床、垫子、被子、枕头、床上用品、床具部件
家务用品	炊事用品、洗涤用品、用餐用品、清洁用品、服装制作及修改用品、桌子
居住设备用品	照明器具、椅子、收纳家具、调节家具高度装置、安全手把、控制门窗窗帘装置、住宅用建筑部件、垂直升降机、建筑用安全装置
信息产品	视觉用品、听力用品、发声用品、画画写字用品、电话及通话装置、信号及报警器
休闲用品	玩具、游戏、体育用品、乐器、相框及手工艺品、宠物用品

资料来源：[韩]韩国保健福利部保健产业振兴院：《老龄亲和产业现状及产业分析》，韩国保健福利部，2011 年，第 332 页。

二、《老龄亲和产业振兴法》中有关老龄用品的内容

1. 老龄用品给付标准

2006 年，韩国政府制定《老龄亲和产业振兴法》，2007 年制定《老人长期疗养保险法》，并为实施老人长期护理保险制度制定了标准和认证事业。根据受保人的身体功能及必要性、长期护理认定调查表，福利器械事务所可以向受保人提供国民健康保险公团指定的福利器械。根据“福利器械给付范围及给付标准的告示”，受保人根据自身身体状况和需要，可以购买或租赁国民健康保险公团认定的品种，福利器械事务所也只能向受保人提供指定的品种。受保人平均每人每

年最多使用 160 万韩币的产品，这是长期护理保险公团负担的最高额度和个人负担的额度的合计。受保人只能在规定的限额内购买和租赁，如总额超过限额，超额部分需要由受保人自己负担。①

当受保人购买保健福利部规定的福利器械时，在其使用期限内只能购买一个品种的产品，租赁时也只能租赁一个品种的产品。但是，给付品种中，防滑袜子可以购买 5 双，防滑垫子、防滑液、体位转换器等可以购买 5 个。虽然规定了产品使用期限，但在使用期限内产品被损毁或磨损，或受保人的身体状况发生变化，无法继续使用产品时，受保人可以向国民健康保险公团提出追加给付申请，待确认之后，可以取得给付。如果受保人住院，在住院期间则无法获得电动床、手动床、移动浴缸、沐浴垫子等租赁产品给付。

2. 老龄用品给付方式、品种及价格

(1)给付方式：福利器械分为购买品种和租赁品种，受保人要负担一部分费用。普通受保人个人负担 15%，属于负担重的个人负担 7.5%，最低生活保护者不用负担费用。没有入住机构的受保人才有资格申请福利器械给付。

(2)选择产品及决定价格：经老龄用品给付评价委员会审查产品有关资料后，认定为合格的产品，制造商或进口商可以跟国民健康保险公团协商价格。一般从国民健康保险公团估算的价格、企业希望销售的价格及市场价格中选取最低价。② 截至 2018 年 5 月，能享受老年人长期护理保险的福利器械品种为 18 大类，563 种产品。其中能够租赁的有 8 大类，214 个品种，能够购买的有 10 大类，349 种产品。③ 能够租赁的 10 大类产品和能够租赁的 7 大类产品如下(参考表 3-13)：

---

① [韩]韩国保健福利部：《关于福利用具产品种录及给付费用等的告示》，http://www.longtermcare.or.kr，2012 年。

② [韩]金大中、孙寿锡等：《福利用具产业市场规模推计及搞活方案》，韩国保健社会研究院，2012 年，第 3 页。

③ [韩]保健福利部：《幸福的老后生活伴侣》，国民健康保险公团，2018 年，第 280 页。

表 3－13　老人长期护理给付用具及用品

购买品种	租赁品种
移动坐便器	手动轮椅
洗澡椅	电动轮椅
成人用助行器	手动床
安全扶手	移动浴缸
防滑用品（防滑垫子、防滑液、防滑袜子）	沐浴垫子
简易便器（大便器、小便器）	迷路感知器
拐杖	便携式斜坡
防褥疮床垫	
体位变换器	
拉拉裤	

资料来源：［韩］韩国保健福利部：《关于福利用具给付范围及给付标准的告示》第 2 条第 3 项，http://www.longtermcare.or.kr。

3. 老龄用品筛选标准

为了筛选给付范围内的福利器械，在国民健康保险公团内设立福利器械给付评价委员会。该委员会不仅筛选给付范围内的福利器械，还决定产品定价及使用期限。评价委员会只审议提交申请的产品，审议时要考虑保险给付的适度性及费用效果、预期需求规模、对保险财政的影响、制造商及进口商的供给能力及其他对评价产生的影响。

三、韩国老龄用品产业的特点及存在的问题

老龄用品产业的特点是企业规模小、专业化程度低、企业历史短。[①] 流通中存在的问题是老龄用品市场不成熟、信息不充分、缺乏系统支持、市场规模小。2015 年，韩国保健福利部委托保健产业振兴院对韩国老龄企业进行了“2014 年

① ［韩］孙寿石、韩东根、金宗雄：《我国老龄亲和用品供给者及流通特点和搞活方案》，《经济研究》2010 年第 28 卷，第 127—145 页。

度老龄用品产业状况调查”，并出具了调查报告书。① 现根据调查报告，做如下分析：

1. 企业数量增加快，但企业规模小

随着长期护理保险制度的实施及老年人对生活质量重视的增加，老龄用品产业增幅很快。据韩国老龄用品产业协会调查显示，截至2014年，韩国有594家企业生产和销售869种福利用具和老龄产品，其中个人健康用品和医疗用品达到519种，占总数的一半以上。韩国594家老龄产品制造企业中，96.4%是国内企业，而且多数企业属于由国内资本成立的中小企业（占94.5%）。

2. 企业历史短、销售额少

从成立时间来看，47.3%的企业成立时间在2000年至2009年之间，2010年后成立的企业占23.1%。594家企业的年生产额达到10188亿韩元，年销售额达到41797亿韩元。其中，对内销售额达到38124亿韩元，对外出口额达到3673亿韩元。按生产品种来看，个人健康用品和医疗用品年生产额达到5788亿韩元。但从销售额来看，信息通信仪器销售额达到23224亿韩元，占销售总额的一半以上。从销售品种来看，助听器的销售量最大，达到22800亿韩元。此外，韩国专门进口老龄用品的企业年进口额为1147亿韩元，销售额达到3408亿韩元。

3. 老龄用品企业从业人员少，专业化程度低

韩国594家老龄用品企业的从业人员总数为18697人，平均每家企业职工数为19.6人。而且大部分企业不是专门生产老龄用品，还生产其他产品。据韩国老龄用品产业协会调查，生产个人健康及医疗用品的企业专业化程度最高，为94.8%，其次是生产信息通信仪器和抗衰老用品的企业，其专业化程度分别为87.7%和80.8%。但生产其他用品的企业专业化程度不到50%。由于专业化程度低，企业很难开发专业性强的老龄用品。为了改变专业化程度低的局面，2014年，老龄用品企业在研发上投入了625.6亿韩元。从研发项目来看，投入最大的是新产品开发（占40.7%），其次是新技术开发（占33.9%），再次是改良原有产品（占18.8%）。

① ［韩］韩国保健福利部：《2014年度老龄用品产业状况调查》，韩国保健产业振兴院，2015年。

四、老龄用品产业存在的问题

韩国老龄用品产业存在以下问题①:第一,老年人消费文化尚未成熟。老人会调查的结果显示,老年人虽然对老龄用品需求大,但实际上使用老年用品或仪器的人数比重低。使用率最高的产品依次为家庭用血压计(30.8%)、拐杖(21.1%)、花镜(78.6%)、眼镜(69.4%)、普通床(51.1%)。第二,提供老龄用品的信息不足。老年人需要充分掌握有关产品信息、了解产品性能及效果后才可以购买。但是,目前不仅老年人,就连家属也很少了解老龄用品信息,因此很难通过市场购买老龄用品。大部分老年人主要通过电视了解产品信息,而且老年人年纪越大,越是通过子女购买老龄用品。第三,国家需要扶持中小企业。中小企业财力、技术力有限,很难独自开发新产品。为了提高中小企业竞争力,需要国家提供研发资金补贴,帮助中小企业培养技术人才及销售人才。第四,领头企业缺失。不管是何种产业,都需要龙头企业。在韩国老龄服务产业,不管是生产,还是流通,都缺乏具有国际竞争力的龙头企业。第五,企业缺乏市场营销能力。从事老年服务产业的企业,大部分属于中小企业,规模小。目前,市场上销售的很多产品都是进口产品,营销也主要通过医院渠道。很多老龄用品需要面对面地向消费者介绍产品性能,因此中小企业很难打开营销渠道。

五、促进老龄用品产业发展的政策

韩国政府扶持老龄用品产业发展政策可以分为老龄用品研发支援、设立老龄服务产业支援中心、制定优秀老龄用品指定制度、经营老龄服务产业综合体验馆。只有企业生产出质量好的优秀产品并以合理的价格出售,再把利润投入到再生产及产品研发,才能形成良性循环。为此,政府需要扩大老龄用品需求、加强产业竞争力、改善给付制度。②

1. 建立老龄用品支援中心

为了扶持老龄用品产业,韩国政府在保健产业振兴院下设立"老龄用品支援

---

① 孙寿石、韩东根、金宗雄:《我国老龄亲和用品供给者及流通特点和搞活方案》,《经济研究》2010年第28卷,第138—139页。

② [韩]孙寿石、韩东根、金宗雄:《我国老龄亲和用品供给者及流通特点和搞活方案》,《经济研究》2010年第28卷,第138—145页。

中心”,在知识经济部下设立“老龄用品支援中心”。同时,通过老人长期护理保险制度,支援16个品种的福利器械。2009年,韩国政府决定作为增长动力产业扶持老龄服务产业。①

2. 建立优秀老龄用品指定制度及成立老龄用品质量认定中心

韩国政府对老龄用品进行审查并指定优秀产品,向消费者普及,从而促进老龄用品企业发展。负责指定老龄用品的单位为韩国保健产业振兴院,从2008年起每年进行2次审查。同时,实行产品质量标识制度。产品质量标识制度不仅向消费者传达产品信息,还为厂家提供产品生产所需的重要标准。韩国《老龄亲和产业振兴法》第12条规定了有关优秀产品的指定及标识。建立质量认证制度,不仅可以保护老年人健康,也可以扩大市场需求。对生产和流通过程进行质量检查,引导厂家按国际标准生产,杜绝不合格产品在市场上流通,从而防止消费者利益受损,提高产品竞争力。老龄用品质量认定中心主要业务有:指定老龄用品标准规格、质量认证试验、指定检查方法、引进RFID质量认证标识。

3. 制定老龄用品标准化方案

随着老龄化的加剧,对老龄用品的需求持续增加,但是由于产品质量及安全性存在问题,有必要实现产品标准化,确保产品安全性,建立对产品的信任。韩国有必要开发老龄用品的国内标准,并为确保国际竞争力,开发国际标准。对《分散在产业标准化法》(KS)、《质量管理及公共产品安全管理法》(KPS)、《老龄亲和产业振兴法》(P)中老龄用品标准进行统一。另外,积极争取老年人及残疾人辅助器械标准化机构(ISO/TC)的支持。

4. 研究开发老龄用品设计及培养专门人才

大部分产品的附加值由产品技术含量及品牌价值决定,韩国老龄用品企业大部分属于中小企业,很难独立开发自主品牌,因此需要成立统一品牌研发中心,提高附加值。研发中心的主要业务是系统研究品牌价值,支持有关企业独自或联合其他企业开发品牌,提高已有品牌价值以及大企业和中小企业开展合作

① [韩]金大中、孙寿锡等:《福利用具产业市场规模推计及搞活方案》,韩国保健社会研究院,2012年,第14页。

研究。加之大部分企业规模小,很难开展人才培养和在职培训,因此由老龄服务产业协会、支援中心和体验馆承担培训任务。政府和民间团体可以提供经费支持。

5. 建立老龄用品产业集群,搞活老龄用品体验馆

为了系统发展老龄服务产业,需要把散落在各地的生产、研究等功能集中起来,形成网络,发展产业集群。老龄用品体验馆是展示、体验、文化讲座、企业支援等为一体的老龄产品及服务综合体验馆。老年人及其家属访问展示体验馆,不仅观看和体验国内外有关产品,还可以体验先进的老年居住文化。为了扩大老龄用品需求及提高老年人生活质量,开设老龄服务产业综合体验馆,通过展示老龄用品,使老年人亲身体验产品的方便性和安全性,并向老年人提供信息(护理、住宅、文化、旅游、资产管理)。目前,韩国已在城南市(2008 年)、大邱市(2008 年)、光州市(2011 年)开设综合体验馆。

6. 系统支援研发资金,增强产业竞争力

开发老龄用品研发体系,一方面要建立有关消费者需求数据库。了解国内老龄用品使用现状,了解有关服务需求,掌握研发项目。对于已取得国家专利的产品,国家优先扶持其产业化。另一方面,要加大研发力度。生产老龄用品的企业大多没有摆脱小规模,因此很难做到长期投资及研发新产品。加之老龄用品的需求和销路有限,限制和束缚了老龄用品研发体系的发展,因此,国家应重点扶持国内企业的生产及投资环节,以降低成本,提高产品质量,提高国际竞争力。

第四章　韩国老龄衍生产业

随着平均寿命的增加,老年人进入老年期后需要度过漫长的时间,这需要为老年期做好系统的综合准备。衍生产业是由老年人的深层次养老需要而衍生出

的相关产业，包括专门面向老年人的金融保险服务业，如投资理财建议、生命周期财富规划、生命健康与长寿风险管理以及长期护理保险等。① 本章重点阐述韩国金融保险产业。老年人退休后丧失自己的作用，如何解决贫困问题是老年金融保险产业需要解决的问题。

一、韩国老龄金融产业范畴及特点

1. 韩国老龄金融产业范畴

老龄金融产业是指为了应对人口老龄化，通过个人金融资产的积累和管理，保障老后稳定收入的金融服务。可以根据老年人承担的生存风险、健康风险、财务风险划分老龄金融产业。与生存风险有关的金融产业包括个人年金、住宅反向贷款等金融商品及服务（参考表3－14）；与健康风险有关的金融产业有健康保险、长期护理保险等金融商品和服务；与财务风险有关的金融产业有资产管理等金融服务。在韩国，除了个人年金、退休金信托及保险业务以外，其他金融产业发展缓慢。②

表3－14 老年金融产业范畴

区分	社会保险	老年金融产业
生存风险	国民年金、特殊职业年金	个人年金（包括一次性支付年金）、退休年金、住宅反向贷款
健康风险	国民健康保险、老年护理保险	健康保险（包括癌症保险、人身伤害保险）、长期护理保险
财务风险	基础年金	资产管理服务（PB、WA、FP）

注：PB = Private Banking，WA = Wrap Account，FP = Financial Planning

资料来源：［韩］韩国保健产业研究院：《老龄亲和产业现状调查及产业分析》，韩国保健福利部，2011年，第348页。

① 魏华林、金坚强：《养老大趋势》，中信出版社2014年版，第1页。

② ［韩］韩国保健产业研究院：《老龄亲和产业现状调查及产业分析》，韩国保健福利部，2011年，第348页。

老龄金融可以分为强制性公共金融和自发性个人金融。强制性公共金融就是国家用强制的方式让国民加入公共年金，为老后做准备。公共年金分为国民年金、公务员年金、军人年金、私立学校教职工年金。虽加入对象不同，但这些年金都具有强制性。自发性个人金融是指个人自由选择是否加入年金，如退休年金和个人年金。退休年金是企业考虑职工的老后生活而提供的年金，受政府监督并享有税收优惠。个人年金是个人为自己老后稳定生活而自愿存入的长期储蓄。

2. 金融保险市场规模

老年金融保险市场发展迅猛。老年人家庭的金融资产平均达到 3631.8 万韩元。[①] 个人年金类商品、长期储蓄类商品、住宅倒按揭贷款等属于老年金融市场范畴（参考表 3-17）。[②] 2020 年，老年金融市场规模将达到 61404 亿韩元，占金融市场规模的 7.1%。

表 3-17　韩国金融保险市场规模　　单位：韩元

区分	国民年金	退休一次性支付	企业年金	个人年金	住房倒按揭贷款
颁布年	1988 年	各公司定	未定	1994 年	1995 年
实施年	2002 年	2005 年	2005 年	2004 年	2000 年
公积金	865470 亿	1154061 亿	292372 亿	170000 亿	44300 亿

资料来源：[韩]李元雄、高在郁：《老龄亲和产业研究》，韩进出版社 2011 年版，第 233 页。

3. 老年金融产业特点

为了减轻老后负担及风险，需要长期积累和管理资产。按照年龄，接受老龄金融服务的阶层可以分为 30～50 岁之间需要积累资产的阶层和 60 岁以上需要管理资产的阶层。目前对系统管理资产的需求增加。为了保障老人退休后有稳定的收入来源，需要采取综合对策，如社会保障年金、年金、年金保险、股票、债

① [韩]韩国保健福利部：《2017 年度老年人现状调查》，2017 年，第 13 页。
② [韩]李元雄、高在郁：《老龄亲和产业研究》，韩进出版社 2011 年版，第 232 页。

券、长期护理保险、住宅反向抵押贷款等。由于老年人需要专门的系统的资产管理,有关退休金及保险、风险管理的市场潜力巨大。

4. 老龄金融资产及老后生活现状

2017 年,韩国保健福利部针对 60 岁以上老年人的生活状况进行了调查。从 60 岁以上家庭生活费来源来看,本人及配偶负担占 69.9%,子女及亲戚资助占 20.2%,政府及社会团体资助占 9.9%。其中,本人及配偶负担的生活费中劳动收入占 54.2%,年金及退休金占 28.1%,财产收入占 10.3%,存款占 7.3%。① 从 60 岁以上老年人资产情况来看,国民年金所占比重最多(36.9%),其他依次为存款及存款类保险(25.1%)、房地产(12.6%)、其他公共年金(13%)、个人年金(8.2%)、其他(0.2%)。② 老年人对年金(公共年金及个人年金)的依存度高达 58.1%,将年金作为收入的最大来源。打算依靠子女的老人占 28%。随着人口老龄化的加剧,资产中房地产所占比重减少,债券及年金、保险比重增加。因为房地产无法为老年人提供流动收入,因此,年金及保险所占比重增加。

二、年金类金融产品

目前,韩国年金由国民年金(基础保障)、企业年金(平均保障)、个人年金组成三层次保障体系。

1. 国民年金

国民年金是国家实行的强制性储蓄,是以全体国民为对象而构成的最基本的安全网。1986 年韩国制定《国民年金法》,1988 年 1 月正式实施。国民年金由保健福利部(国民养老金管理公团)主管,适用于 18 ~ 60 岁普通公民。领取年金需要缴纳 20 年,因此 2008 年才能正式领取国民年金。国民年金受保人分为单位受保人、地域受保人和任意受保人。单位受保人是指 5 人以上规模企业劳动者和雇主。地域受保人为城市个体经营者、农民、临时工及失业者、军人、学生等。任意受保人是指单位和地域加入者以外的加入者。截至 2019 年 9 月,韩国加入

---

① [韩]韩国国家统计厅:《2017 年社会调查结果》, http://www.index.go.kr/potal/main/EachDtlPageDetail.do? idx_cd = 2767,2020 年 2 月 11 日。

② [韩]韩国国家统计厅:《2017 年社会调查结果》, http://www.index.go.kr/potal/main/EachDtlPageDetail.do? idx_cd = 2767,2020 年 2 月 11 日。

国民年金的人数为2213万人。① 国民年金给付分为老龄年金、残疾年金、遗属年金三种(参见表3－15)。

表3－15　国民年金给付种类、条件、水平

给付种类	给付条件	给付水平
老年年金	加入20年以上,60岁领取保险给付	基本年金的100%(未满1年减少5%)+抚养家庭成员年金额
残疾年金	加入后出现残疾(1～4级)情况时可以领取保险给付	根据残疾程度,按基本年金的60%～100%+抚养家庭成员年金额
遗属年金	加入者或加入10年以上者死亡时,可以领取保险给付	根据加入期限,按基本年金的40～60%+抚养家庭成员年金额
返还一时金	未达到上述给付条件者	根据缴纳保险费加上一定利息一次给付

资料来源:[韩]韩国国民年金公团,www.nps.or.kr,2017年3月15日。

据韩国保健福利国民年金发展委员会数据显示,基础国民年金总收入从2000年的11.2兆韩元,增加到2030年的126兆韩元,2050年将达到188兆韩元。总支出将从2000年的11兆韩元,增加到2030年的100兆韩元,2050年将达到297兆韩元。而基础国民年金公积金从2002年的86.54兆韩元,增加到2010年的200兆韩元,2041年将达到914兆韩元,到2050年减少到874兆韩元。

2.企业退职年金

由于国民年金给付水平过低,很难保障劳动者退休后生活,韩国政府于2005年12月颁布《劳动者退职给付保障法》。根据该法,制定实施退职年金制度。政府制定退职年金制度的目的,在于弥补国民年金不足部分。为了保障劳动者退休后的生活,按照《劳动基本法》及《劳动者退职给付保障法》,由企业独自或同

① 韩国国民年金公团:《国民年金制度》,https://www.nps.or.kr/jsppage/info/easy/easy_01_01.jsp,下载日期:2020年1月13日。

劳动者一起筹措资金，并委托金融机关运营管理。直到劳动者退休时，该资金会一次性或作为年金支付给劳动者。这样即使企业倒闭，劳动者也可以从金融机关拿到退休金，从而减轻了企业负担。到规定年龄后，劳动者可以领取退休金。领取年限为15年，可以选择多次领取或一次性领取。韩国政府要求，到2022年，所有企业必须采用退职年金制度，从而发挥补充国民年金的作用。据韩国保健开发院数据统计，2005年韩国国内退休金规模为115.40兆韩元，2007年为134.85兆韩元，2010年为170.35兆韩元。

3. 个人年金

单靠国民年金和企业年金是无法满足老年人需求的，因此韩国政府鼓励国民购买个人年金。个人年金不带强制性，并享有所得税优惠。每缴纳个人年金一年，最多可以减免240万韩元税。领取年金给付时，国民可以减免10%的利息所得税。个人年金制度始于1994年6月20日。国民开始关注个人年金，这也为长期金融市场的发展奠定了基础。2001年1月1日规定，加入个人年金的资格为18岁以上所有公民，储蓄期限最少为10年。年金支付期间和支付形式为55岁起按月支付，最少支付5年。个人年金分为个人年金信托、个人年金保险及个人年金基金三种。银行、保险公司、投资信托公司、农业协会和邮局出售的个人年金产品大同小异。

三、老年资产管理

1. 银行长期储蓄

为了鼓励国民为老年期做准备，政府对长期储蓄所产生的利息和收入不征税。长期储蓄一般指存期在3～10年的储蓄。随着老龄化的加剧，专门针对老年人设计的金融商品种类增加。金融商品根据稳定性、收益率及流动性，具有不同的特点。比起收益率，老年人更重视资产的稳定性和流动性，因此储蓄类商品深受老年人推崇，而股票类商品需求较少。由于老年人担心遇到金融商品风险及经济损失，因此，除了个人年金和退休信托保险以外，老年人很少利用其他金融商品。因此，有必要开发综合性的金融产品，有效运用老年人拥有的股票、房地产、贵金属、知识产权等产品。

2. 住房反向抵押贷款商品

2006 年,韩国政府为了解决老年人居住和现金流之间的矛盾,作为老年福利政策的一环,颁布《韩国住宅金融公社法》,大力扶持老年住房反向抵押贷款项目。住房反向抵押贷款项目主要针对那些虽然拥有住宅但缺乏收入的老年人。老年人以自己名下的住宅作为担保,从金融机关每月领取养老金。等老人去世后,住房归金融机关所有。该制度可以增进老年人的福利水平。抵押类型可以分三种:一是租赁契约形式,即把住宅抵押给金融机关,金融机关给予抵押人生活费,待抵押人死亡或搬迁或出售时,把资金返还给金融机关。二是期限契约形式,规定一定期限,在一定期限内支付一定金额,但期限一般不超过 10 年。三是信用形式,以过去的信用为基础,可以得到一定金额的贷款,还贷条件与租赁契约形式相同。但是,这种抵押形式对未来房产价格做现价处理,因此存在不确定性。

申请条件为户主年满 60 周岁且夫妻只拥有 1 套住宅(市值 9 亿韩币以下的住宅),而且未抵押或未签租赁合同(参见表 3 - 16)。支付养老金方式为终身支付型(未限定随时领取的最高限额,终身按月领取)和终身混合型(设定随时领取的限额,终身按月领取)两种。根据房价和夫妻中年龄最小的老人为标准,设定住房反向抵押年金的额度。房价越高和年龄越大,领取的养老金就越多。当夫妻死亡或丧失住宅所有权,或 1 年以上未居住且未履行抵押追加手续时,终止支付养老金。老人根据自己的意愿,随时可以返还全部或部分贷款,恢复住房所有权。假如老人死亡后继承人未偿还,可以出售住宅偿还贷款,并向继承人返还剩余款项。

表 3 - 16　终身支付型住宅年金月支付额　　单位:万元(韩币)

住宅价格	60 岁	65 岁	70 岁	75 岁	80 岁
1 亿韩币	23	28	35	44	56
3 亿韩币	70	86	106	133	168
6 亿韩币	141	172	212	266	337
9 亿韩币	212	259	319	354	385

资料来源:[韩]韩国住宅金融公社:《幸福的老年——住宅年金》,2009 年。

3. 信托商品

关于老人的信托商品主要有遗产信托和家庭信托两种。遗产信托是指为了避免遗产纷争,围绕遗言提供咨询、遗书公证及保管、执行的金融服务。家庭信托是老人把金融商品或财产委托给金融机构,由金融机构代管,老人靠财产信托收入安度晚年。当老人身体功能衰退或思考能力下降时很难自己管理资产,因此,老人通过家庭信托获得收益,并将收益用于医疗费。

4. 老年保险商品

老年保险商品是将年龄和保障内容限定在老年人的保障性保险商品。这类商品很少由老人自己加入,一般由子女帮父母加入,因此也叫"尽孝保险"。这种保险商品主要针对老年病,特别是骨折、痴呆、癌症、脑梗死、心肌梗死等疾病。这种商品不对以前患的疾病提供保险,因此参加保险之前,必须接受体检。

四、韩国老龄金融产业发展的政策课题

为老后做准备就是把老年期面临的三大要素(长寿、医疗费增加、市场不确定性)的风险最小化。老年人退休后不得不靠微博的收入生活,因此有必要从国家角度提前准备。1994 年世界银行根据人口老龄化趋势,提出"应对老龄化危机报告",提出应对人口老龄化的"三层次年金体系"。三层次年金体系的第一层是由国家作为主体实行的国民年金制度,保障基本生活水平;第二层是企业作为主体推行的退休年金,确保标准生活;第三层是个人年金,目的在于让个人安度宽裕的老年生活。为了做好老年收入保障,需要老年人、普通国民及政策决策者转变社会意识,充分认识到满足老年人的需求是全社会共同责任。由于财政赤字,国民年金的保障水平持续调整。因此需要政府、企业和个人做出更多努力。

第一,扩大公共救助范围,转变年金支付方式。政府可以集中精力保障老年人最低收入。公共救助应该照顾到所有需要帮助的人群,但由于预算等原因,很多老年人得不到救助。因此,扩大预算及适用范围尤为重要。在韩国,国民可以一次性领取年金,但由于通货膨胀或房地产及证券投资失败等原因,很多老年人一次性领取年金后全部花光,生活依然很艰苦。因此,为了保障老年人的生活,需要废除一次性支付年金制度。

第二,增加个人储蓄,保障老年人权益。社会保障的目的是保障最低生活水平,单靠社会保障很难过上充裕的生活。现行国民年金收入替代率只有40%,为了生活充裕,需要进行长期个人储蓄。为此,国家出台各种鼓励长期储蓄的优惠政策,使国民自觉为退休后生活奠定基础。例如,针对老年人销售金融商品,制定老年人权益保护制度,消除老年人购买金融商品带来的风险。同时为了避免金融财务风险,加强对金融机构的监管。另外,为了方便老年人利用各种金融商品,政府有必要对民间金融机构经营的老年金融商品给予税收优惠。再者,考虑到企业退休年龄为55岁,而领取公共年金的年龄为65岁,有必要为55~65岁之间的老年人开发过渡期金融产品。

第三,促进老龄金融产业发展。一是为了满足老年人的多样化需求,通过对老年人及金融机关的调研,制定中长期发展老年金融产业的策略。二是根据老年人的健康、护理及医疗服务需求,积极扶持保险市场。三是放宽金融管制,扩大金融商品的种类,扶持有关生涯周期、投资意向等方面的综合咨询服务。这样既可以拓宽消费者的选择范围,又可以促进金融领域退休人员的再就业。

参考文献

日文文献

1.[日]川村匡由:《护理保险与银发产业》,密涅瓦书房 2000 年版。

2.[日]增田雅畅、岛田美喜:《社会福祉与社会保障》,美的卡出版社 2005 年版。

3.[日]本间义人:《住宅政策向何处去》,东信堂 2006 年版。

4.[日]成清美治、加纳光子编著:《社会福祉》,日本学文社 2007 年版。

5.[日]成清美治、加纳光子编著:《社会福利》,学文社 2007 年版。

6.[日]渡边孝雄等:《福祉产业经营》,同文馆 2008 年版。

7.[日]本泽一善:《社会保障与年金制度》,密涅瓦书房 2008 年版。

8.[日]内阁府:《21 年度老龄社会白书》,佐伯印刷株式会社 2009 年版。

9.[日]永和良之助等:《高龄者福利论》,密涅瓦书房 2009 年版。

10.[日]社会福利士养成讲座编辑委员会:《社会保障》,中央法规 2010 年版。

11.[日]社会福利学习丛书编辑委员会:《老人福利论》,全国社会福利协议会 2010 年版。

13.[日]公益社团法人全国老人保健设施协议会:《介护白书》,泰克出版 2011 年版。

14.[日]内阁府:《关于老年住宅及生活环境的意识调查》,2010 年版。

15.[日]内阁府:《平成 22 年版高龄社会白书》,佐伯印刷株式会社 2010 年版。

16.[日]社会福利学习丛书编辑委员会:《高龄者福祉论》,全国社会福利协议会 2010 年版。

17. [日]和田胜、唐泽刚、稻川武宣:《护理保险手册》,协成出版社 2012 年版。

18. [日]西村周三:《地域综合护理体系》,庆应义塾大学出版会 2013 年版。

19. [日]内阁府:《平成 28 年版老龄社会白书》,日经印刷株式会社 2016 年版。

20. [日]鞠川阳子:《银发产业三维产业链的潜力》,《第一财经日报》2009 年 10 月 30 日。

21. [日]一般社团法人老龄服务产业振兴会:《老龄服务产业振兴会现状》, http://www.espa.or.jp/shinkoukai/member/associate_member.html,2015 年 3 月 13 日。

22. [日]一般社团法人老龄服务产业振兴会网站:

http://www.espa.or.jp/shinkoukai/member/associate_member.html,2015 年 3 月 13 日。

韩文文献

23. [韩]朴贤植、李允正等:《老龄亲近产业及福利经营的理解》,良书苑 2009 年版。

24. [韩]朴贤植、李允正、李先形、裴智艳:《老年亲近产业及福利经营的理解》,良书苑 2009 年版。

25. [韩]高在郁、黄振秀:《老年社会福利论》,良书苑 2010 年版。

26. [韩]朴光俊、金惠道等:《老人福利政策与课题》,2010 年版。

27. [韩]金珠英等:《老龄服务产业的理解》,学知社 2011 年版。

28. [韩]李元雄、高在郁:《老龄亲和产业研究》,韩进出版社 2011 年版。

29. [韩]权重燉:《老人福利论》,学知社 2011 年版。

30. [韩]韩国老龄化及未来社会委员会:《老龄亲和产业发展方案》,2005 年。

31. [韩]韩国保健社会研究院:《第一次低出生老龄社会基本计划研究方案》,2006 年。

32. [韩]韩国国家统计厅:《保健、社会、福利社会调查资料》,2009 年。

33. [韩]韩国住宅金融公社:《幸福的老年——住宅年金》,2009 年。

34. [韩]韩国国民健康保险公团统计资料室:《长期疗养保险主要统计》,2010 年。

35. [韩]韩国国民健康保险公团统计资料室:《长期疗养保险主要统计》,2010 年。

36. [韩]韩国保健产业振兴院:《老龄亲和产业现状调查及产业分析》,2011 年。

37. [韩]韩国保健福利部:《2010 年老年福利设施现状》,2011 年。

38. [韩]韩国保健社会研究院:《全国老人生活现状调查》,2011 年。

39. [韩]韩国保健福利部:《2012 年业务资料》,2012 年。

40. [韩]韩国国民健康保险公团:《老人长期护理保险统计年报》,2013 年。

41. [韩]金大中、孙寿锡等:《福利用具产业市场规模推计及搞活方案》,韩国保健社会研究院,2012 年。

42. [韩]孙寿石等:《我国老龄亲和用品供给者及流通特点和搞活方案》,《经济研究》2010 年第 28 卷。

43. [韩]朴株天:《通过日本老龄服务产业对韩国老龄服务产业的政策提案》,《老人福利研究》2005 年夏季号。

44. [韩]韩国保健福利部:《关于福利用具给付范围及给付标准的告示》,
http://www.longtermcare.or.kr,2015 年。

45. [韩]韩国保健福利部:《关于福利用具产品种录及给付费用等的告示》,http://www.longtermcare.or.kr,2012 年。

46. [韩]韩国统计厅:《将来人口推计》,http://kostat.go.kr/portal/korea/index.action,2014 年 2 月 10 日。

47. [韩]韩国统计厅:《2013 年社会调查》,http://kostat.go.kr/portal/korea/index.action,2015 年 3 月 10 日。

48. [韩]韩国统计厅:《老年人口统计》,http://kostat.go.kr/portal/korea/index.action,2015 年 3 月 10 日。

49.［韩］韩国国民年金公团:www. nps. or. kr,2017 年 3 月 15 日。

50.［韩］韩国产业技术振兴协会:《产学研合作》,http://www. koita. or. kr/eng/data/Brochure. Pdf,2017 年 3 月 30 日。

51.［韩］韩国城南老龄亲和体验馆:

http://www. miraeseum. or. kr/contents/info_0101. php? breadcrumb = 1_1_1, 2017 年 3 月 30 日。

中文文献

52. 于富增主编:《国际高等教育发展与改革比较》,北京师范大学出版社 1999 年版。

53. 程勇:《21 世纪的朝阳产业——老龄产业:第二届全国老龄产业研讨会论文集》,华龄出版社 2001 年版。

54. 陈叔红主编:《养老服务与产业发展》,湖南人民出版社 2007 年版。

55. 张暄:《日本社区》,中国社会出版社 2007 年版。

56. 台恩普、陶立群:促进老龄服务产业发展的机制和政策,科学出版社 2009 年版。

57. 麻凤利主编:《中国老龄产业发展的机遇与挑战》,中国社会出版社 2010 年版。

58. 张恺悌、郭平:《中国人口老龄化与老年人状况蓝皮书》,中国社会出版社 2010 年版。

59. 冯佺光等:《养老产业开发与运营管理》,人民出版社 2013 年版。

60. 杨立雄:《老年福利制度研究》,人民出版社 2013 年版。

61. 吴玉韶、党俊武主编:《中国老龄产业发展报告(2014)》,社会科学文献出版社 2014 年版。

62. 魏华林、金坚强:《养老大趋势》,中信出版社 2014 年版。

63. 张珂:《产学研联盟中的技术创新型企业的发展战略研究》,吉林大学硕士学位论文,2014 年。

64. 秦玉萍:《基于开放式创新的日本产学官合作模式研究》,华中科技大学硕士学位论文,2011 年。

65. 顾鉴塘、谢蔼:《老龄产业——一门在人口老龄化过程中兴起的特殊产业》,《人口研究》2001 年第 2 期。

66. 陆杰华:《我国老龄产业研究述评及展望》,《北京大学学报》(哲学社会科学版)2002 年第 1 期。

67. 汪雁:《对老龄产业内涵及性质的再思考》,《市场与人口分析》2004 年第 3 期。

68. 于继斌、朱学超:《老龄产业朝阳渐红》,《商业周刊》2010 年第 1 期。

69. 王章华、黄丽群:《中国老龄产业现状、问题与建议》,《宏观经济管理》2010 年第 1 期。

70. 王洪梅:《我国老龄产业发展面临困境的原因分析》,《特区经济》2010 年第 6 期。

71. 李洁明:《政府应发挥发展养老产业的应有作用》,《今日浙江》2010 年第 7 期。

72. 黄润龙:《我国老龄产业发展瓶颈探索》,《现代经济探讨》2010 年第 8 期。

73. 陈元刚、李雪:《发展老龄产业应突出政策措施配套》,《重庆社会科学》2011 年第 1 期。

74. 郭琳、刘永合:《中国老龄产业为何"叫好不叫座"?——对我国老龄产业发展现状及趋势分析》,《理论界》2011 年第 1 期。

75. 陈英:《中国老龄产业发展路径探析》,《人才资源开发》2011 年第 2 期。

76. 张梦冰:《我国老龄产业发展策略探讨》,《科技创业月刊》2011 年第 3 期。

77. 韩振燕等:《江苏老龄产业发展需求与对策建议》,《南京邮电大学学报》(社会科学版)2011 年第 4 期。

78. 吴婵君:《浙江老龄服务产业市场化融资模式创新研究》,《浙江学刊》2011 年第 4 期。

79. 查建华:《中日两国老龄产业发展比较研究》,《上海金融学院学报》2011 年第 4 期。

80. 李昕旸:《中国商业保险在老年产业中的商机探究》,《保险研究》2011 年第 5 期。

81. 廉军伟:《构建浙江特色的老龄产业体系》,《浙江经济》2011 年第 17 期。

82. 冯永华:《我国老龄产业发展问题与对策研究》,《经济研究导刊》2011 年第 35 期。

83. 李倩等:《老龄产业发展策略探析——以广东省为例》,《福建论坛》(人文社会科学版)2012 年第 1 期。

84. 胡湛、彭希哲:《发展型福利模式下的中国养老制度安排》,《公共管理学报》2012 年第 3 期。

85. 辛本禄、高和荣:《拉动经济增长的新兴消费产业研究——以老龄产业为例》,《西部人口》2012 年第 4 期。

86. 伏绍宏、李俊霞:《四川省人口老龄化及老龄产业发展态势及对策研究》,《理论与改革》2012 年第 4 期。

87. 张洋、韩俊江:《我国老龄产业存在的问题和对策探析》,《税务与经济》2012 年第 4 期。

88. 张兴杰等:《老龄产业发展:需求评估与问题梳理——基于 400 份问卷数据的分析》,《浙江学刊》2012 年第 5 期。

89. 王曼:《日本老龄产业的发展与启示》,《特区经济》2012 年第 7 期。

90. 张梅:《探索我国老龄产业发展之路》,《现代管理》2012 年第 7 期。

91. 李珊珊:《江苏连云港老龄产业的 SWOT 分析》,《统计科学与实践》2012 年第 8 期。

92. 黄清峰、刘恒:《典型国家和地区老龄产业管理的经验和启示》,《财政监督》2013 年第 12 期。

93. 金太顺:《吉林省老龄产业存在的问题及对策研究》,《经济视角》(下)2013 年第 3 期。

94. 郭正模、魏宇菲:《老龄产业的弱质性与政府对老龄产业的扶持政策探讨》,《天府新论》2014 年 3 期。

95. 吴玉韶:《对老龄产业几个基本问题的认识》,《老龄科学研究》2014 年第 1 期。